Knud Rasmussen

Mythen und Sagen aus Grönland

Knud Rasmussen

Mythen und Sagen aus Grönland

Übersetzt von Julia Koppel

Mit Zeichnungen von Kârale

Anaconda

Die dänische Originalausgabe dieses Bandes erschien 1921 bei Gyldendal in Kopenhagen unter dem Titel *Myter og Sagn fra Grønland,* Bd. 1: *Østgrønlændere*. Die deutsche Übersetzung erschien 1922 beim Gyldendal'schen Verlag in Berlin unter dem Titel *Grönlandsagen*. Der Text wurde behutsam überarbeitet. Die Rasmussen'sche Verwendung des Begriffs »Eskimo« blieb unangetastet. Orthografie und Interpunktion wurden unter Wahrung von grammatischen Eigenheiten auf neue Rechtschreibung umgestellt.

Penguin Random House Verlagsgruppe FSC® N001967

Die Deutsche Nationalbibliothek verzeichnet diese Publikation in der Deutschen Nationalbibliografie; detaillierte bibliografische Daten sind im Internet unter http://dnb.d-nb.de abrufbar.

Umschlagmotiv: Grönland, Kaiser-Franz-Josef-Fjord (um 1900),
INTERFOTO / TV-Yesterday
Umschlaggestaltung: www.katjaholst.de
Satz und Layout: InterMedia – Lemke e. K., Heiligenhaus
Druck und Bindung: GGP Media GmbH, Pößneck
Printed in Germany
ISBN 978-3-7306-1110-4
www.anacondaverlag.de

Vorwort

Alle Eskimostämme besitzen eine große Anzahl Mythen und Sagen, die durch mündliche Überlieferung von Geschlecht zu Geschlecht gehen. Es ist die Geschichte des Volkes, die, in die Form von Erzählungen gekleidet, von allen Ereignissen berichtet, großen und kleinen, guten und schlimmen, von Zeiten des Überflusses und von Zeiten der Not.

Diese Sagen haben einen doppelten Boden, indem sie teils die Quelle aller religiösen Vorstellungen sind, teils dazu dienen, die Nächte zu verkürzen, wenn die große Dunkelheit das Land verhüllt und der strenge Winter die Familien zu unfreiwilligem Stubenleben versammelt.

Man glaubt unbedingt an die Wahrheit dieser Mythen und Sagen; wenn etwas gegen die gesunde Vernunft streitet, so liegt es nur daran, dass jüngere Generationen nicht zu fassen vermögen, was bei den Vorfahren unantastbare Wahrheiten waren.

Wie bekannt, sind die Eskimos vorzügliche Beobachter, und darum ist es begreiflich, dass die alten Sagenerzähler, die im Besitz großer Beredtsamkeit sind, sich zu farbenreichen Schilderungen hinreißen lassen.

Beweis, dass die Sagen vielfach zum Zeitvertreib da sind, ist, dass die meisten mit den Schlussworten enden: Jetzt ist die Geschichte aus und der Winter wieder etwas kürzer!

Es ist schwierig, die Sagen dem Inhalt nach einzuteilen, da viele Themen häufig in ein und derselben Erzählung behandelt werden. Dennoch habe ich eine Gruppierung versucht, wie in der nachfolgenden Sammlung angegeben.

Die Eskimos unterscheiden zwischen Oqalugtuat und Oqaluatât.

Oqalugtuat sind die alten Mythen, die aus einer fernen Vorzeit stammen, als die Eskimos ihre Urheime in Gegenden hatten, die westlich von der Hudsonbucht lagen, vielleicht ganz drüben bei der Beringstraße. Darum kommen sie bei allen Eskimos vor und sind von Alaska über Baffinsland und Westgrönland, ganz bis nach Angmagssalik an der Ostküste bekannt.

Oqaluatât sind Sagen, die von Menschen handeln, die zu einer Zeit lebten, deren man sich noch erinnern kann. Sie sind stets lokal und deshalb leicht an ihren Entstehungsort zurückzuführen; doch haben auch diese die phantastische Ausschmückung der eskimoischen Sagen bekommen und unterscheiden sich kaum von den alten Mythen.

Gemeinsam für die Mythen und Sagen ist, dass der Erzähler immer die Auffassung hat, dass sie in seinem eigenen Lande vor sich gehen. Die langen Reisen, die während der Völkerwanderung in den Gegenden um die Hudsonbucht und bis zu Grönlands Küsten vorgenommen wurden, sind in Vergessenheit geraten, und darum finden wir dieselben Mythen an vielen Orten wieder, während ihr eigentlicher Herd in Wirklichkeit irgendwo fern im Westen ist, dort, wo die nordamerikanischen Stämme jetzt leben.

In groben Zügen kann man alle Mythen und Sagen nach vier Inhaltsrichtungen einteilen: Die epischen, die religiösen, die humoristischen und die einschläfernden.

Die epischen Sagen handeln meistens von dem grönländischen Sagenhelden, der als Ausgestoßener beginnt – einem armen Elternlosen –, der sich aus Not und Elend emporkämpfen muss und als ein »Allerweltskerl« endet, einem gewaltigen Kämpfer und einem unüberwindlichen Improvisator bei Sängerkriegen. Durch Reisen in fremde Gegenden muss er seinen

Ruhm befestigen, und seine Pflicht ist es, zwischen seinen Landsleuten die Stärksten herauszufordern. Wie die Helden geschildert sind in »Kamikinak«, »Alorutaq«, »Kâgssagssuk« und vielen anderen.

Die religiösen charakterisieren sich selbst.

Von den humoristischen ist zu sagen, dass sie entstanden sind, um die Menschen zu erheitern und zu unterhalten; darum werden sie immer mit drastischem Humor vorgetragen, von lebendiger Mimik und Gesten begleitet, sodass dem Erzähler Gelegenheit gegeben ist, wirkliche Schauspielkunst zu entfalten.

Die einschläfernden Erzählungen aber haben nur die Aufgabe, die Zeit zu verkürzen und so schnell wie möglich durch den Schlaf die Menschen aus der einförmigen Wartezeit des Winters zu erlösen. Bei diesen muss der Erzähler sich eines monotonen Vortrages befleißigen, der die Zuhörer einschläfert. Das größte Lob, das einem Erzähler gespendet werden kann, ist, dass die Zuhörer seine Erzählungen nie zu Ende gehört haben.

Die Ostgrönländer sind vorzügliche Sagenerzähler; zwischen den Alten haben einige es zu solcher Vollkommenheit gebracht, dass sie zu fremden Wohnplätzen eingeladen werden, wo sie von ihrer Kunst leben.

Indem ich diese Auswahl von Mythen und Sagen, die bei einem Volke gesammelt sind, das keine Schriftsprache besitzt, vorlege, möchte ich darauf aufmerksam machen, dass nachfolgende Erzählungen darum ausschließlich darauf berechnet sind, *erzählt* und nicht *gelesen* zu werden. Dazu kommt, dass der Erzähler die Ereignisse nicht nur durch seine Darstellung lebendig macht, sondern ihnen auch durch die ganze Kraft seiner Persönlichkeit ein Gepräge gibt.

Der mündliche Vortrag ist natürlich nicht so abgeschliffen wie eine schriftliche Darstellung, und darum stößt man wieder und wieder auf große Schwierigkeiten, wenn man die mündliche Darstellung eines Naturvolkes in die Schriftsprache eines Kulturvolkes verpflanzt.

Ich möchte versuchen, von den leitenden Grundsätzen meiner Arbeit Rechenschaft abzulegen: So oft eine Sage zu Ende erzählt worden war, war mein Haupteindruck stets Bewunderung für die Vollkommenheit, mit der der Erzähler unbewusst seiner Darstellung Form gab. Darum habe ich Wert darauf gelegt, der Übersetzung ebenfalls eine abgeschliffene Form zu geben, obgleich Pedanten vielleicht den Einwurf machen werden, dass es auf Kosten der echten Wiedergabe geschehen

Das Innere eines ostgrönländischen Winterhauses.

musste. Eine Wiedergabe in den naiven Sprachwendungen aber schien mir unangebracht, weil das nicht allein naiv auf den Leser wirken würde, etwas, was der grönländische Erzähler keineswegs beabsichtigt, sondern auch ermüdend und unerträglich. Der ganze Aufbau der originalen Erzählung aber ist genau beibehalten.

Ich ließ mir die Erzählung zuerst ohne Unterbrechung von Anfang bis Ende erzählen. Darauf schrieb ich die Sage nieder, indem ich sie mir Satz für Satz wiederholen ließ. Durch die tägliche Arbeit mit demselben Stoff erlangt man solch große Übung im Zuhören und Erinnern, dass man die Erzählung, indem man sie hört, gleichzeitig auswendig lernt. Wenn der Erzähler darum, von meinem langweiligen Niederschreiben ermüdet, seine ursprüngliche Darstellung zu verkürzen oder zu verflachen suchte, konnte ich eingreifen und ihn zu seiner ursprünglichen Form zurückführen.

Meine Hauptquellen für die Sagen waren teils Kârale, teils die drei alten Frauen, die im nachfolgenden Kapitel erwähnt werden.

Einleitung

Die Phantasie der Eskimos

Die Dämmerung hatte uns überrascht, und da von Westen drohende, schwarze Wolken heraufzogen, suchten wir Schutz in einer kleinen Bucht und schlugen dort unser Zelt auf. Es war nicht ratsam, bei dem heraufziehenden Unwetter über den Fjord zu setzen.

Trotz des weißen Neuschnees, der das ganze Land bedeckte, war es ungewöhnlich dunkel. Ein frischer Ostwind hatte tagsüber alles Großeis ins Meer gefegt, und darum lag das Wasser des Fjords von Felsen umgeben ganz schwarz da, ohne den Widerschein der gleitenden Eisflächen. Der Himmel war in schwarze Wolkenfetzen zerrissen, die vor dem Sturm hertrieben; durchschnitt sie der Mond, so zeigte sich für einen kurzen Augenblick die wilde große Landschaft, die ihr strahlendes Lächeln verloren hatte und in barscher Unzugänglichkeit dalag. Hohe Felsen mit grimmigen Spitzen schossen drohend in die Höhe: Die Berge, bar aller Schönheit, standen in tiefem Schweigen, nackt, wie Gerippe. Über den offenen Schlünden der Abgründe dröhnte schon der Gesang des Sturmes. Alles ließ eine furchtbare Abrechnung ahnen, und stummes Entsetzen legte sich auch auf uns. Bei den äußersten Schären begann die Brandung zu lärmen, eine Warnung für die Menschen, die noch draußen waren. Jetzt hieß es Deckung suchen, um sich vor dem Unwetter zu schützen.

Wir wussten nicht, wie lange das Wetter uns auf der kleinen Felseninsel festhalten würde, wo wir uns vorläufig niedergelassen hatten, und obgleich wir nicht in Gefahr waren, wurden wir doch auf seltsame Weise von der Stimmung des Himmels und der Landschaft beeinflusst. Immer dichter legte sich die Dunkelheit um uns, und immer stärker wurde unser Verlangen nach Licht.

In aller Eile wurden große Haufen von Zwergweiden und Kassiope zusammengetragen, und bald knisterte ein großes Feuer in der kleinen Felsenkluft, wo wir uns gelagert hatten. Es war, als ob Feuer, Licht und Wärme uns der unheimlichen Stimmung des Wetters wieder entrückten; unsere geblendeten Augen sahen nicht mehr die Drohungen um uns herum, alles Grauen war vom hellen Feuer verzehrt. Unsere Unterhaltung belebte sich, seltsamerweise aber blieben unsere Gedanken dennoch an das gebunden, was wir zu fliehen suchten. Es flüsterte und tuschelte um uns herum, und eine phantastische Atmosphäre zog uns in die Mystik der Herbstnacht hinein: Es war, als ob wir das Herz der Welt schlagen hörten, und ich begriff, warum ein Eskimo nie allein ist, selbst wenn er die Einsamkeit zwischen den Eisbergen sucht. Seine Umgebung macht ihn zum Geisterbeschwörer, vorausgesetzt, dass er den Mut hat, sich dem Übernatürlichen hinzugeben. Die Natur selbst diktiert ihm seine Religion, alles um ihn her gewinnt Leben; Abenteuer und Zauberei, Riesen und beschwörende Geister lösen sich aus der Umgebung, deren Großartigkeit ihn in die Knie zwingt.

Darum gibt es keine Märchenwelt, so mannigfaltig und voll unheimlicher Zauberei wie die hier oben zwischen Fels, Meer und Gletschern in der großen Polarnacht. Der Menschengeist verkrüppelt hier nicht, sondern wächst mit den unglaublichen Visionen, denen eine fruchtbare Einfalt Schwingen verleiht. Die Wunder der Welt entschleiern sich, die großen Rätsel nehmen die Gestalt von Gnomen und Riesen an, und aus dem Übernatürlichen wachsen die Sagen mitten hinein in die handgreifliche Wirklichkeit des täglichen Lebens der Eskimos. Sie glauben selbst, dass alle Orgien der Phantasie Botschaften aus einer großen Welt sind, die dem Menschen unverständlich ist …

Ich war zum ersten Mal im Lande der Angmagssalikken. Der erste Eindruck hatte mich schwer enttäuscht, weil ich bei der Kolonie begonnen hatte, in der die Verlogenheit einer unverdauten Zivilisation sich immer am stärksten bemerkbar macht.

Ich zweifelte, ob es mir wirklich in dieser Umgebung und bei diesen Menschen glücken würde, mich zu der unberührten Ursprünglichkeit durchzuarbeiten, die zu finden ich so weit gereist war. Darum war ich so bald wie möglich zu den kleinen Wohnplätzen aufgebrochen, wo das alte Leben noch am tiefsten wurzelt.

In meinem Boot fuhren Männer und Frauen; andere Männer folgten in eigenen Kajaks; außerdem gehörten zwei ehemalige Geisterbeschwörer zu uns und ein paar alte Sagenerzählerinnen, die getauft worden waren, und in der Taufe Namen von so feinem Klang bekommen hatten, dass sie sie selbst kaum aussprechen konnten; ich will nur Klementine, Barbara und Apollonia nennen, weil sie es waren, die uns ihre Visionen verdolmetschten und dadurch der Stimmung in unserem improvisierten Lager Farbe gaben.

Auf der kleinen Insel, im Sturmesbrausen der Natur, fühlte ich mich plötzlich mitten in das große grönländische Märchen versetzt, und meine Freude darüber war umso größer, als ich von vornherein meine Erwartungen nicht sehr hoch gespannt hatte. Befand ich mich doch hier an der Quelle von Gustav Holms wunderbaren und unübertrefflichen Eskimoschilderungen, und in derselben Gegend hatte William Thalbitzer sein gründliches und gewichtiges ethnografisches Material gesammelt.

Und dennoch – unter dem Eindruck der gewaltigen Umgebung gab ich mich der Hoffnung hin, dass ich nicht umsonst gereist sei, denn alles, was ich jetzt erlebte, war ja Beweis genug dafür, dass die alten Traditionen noch im Gedächtnis der Geschlechter lebten. Die Ur-Religion und die Geschichte des Volkes waren ineinander übergegangen, Märchen und Wirklichkeit hatten sich im Bewusstsein des Volkes zu einer großzügigen Geschlechtssage verwoben und waren zu Volksmärchen und Volksliedern geworden; ich zweifelte nicht, dass, wer das Vertrauen dieser einfachen und unverdorbenen Naturmenschen gewonnen hatte, auch in die Seele ihres Volkes Einblick gewinnen konnte.

Plötzlich hören wir ein Wimmern, das wie fernes verzweifeltes Kinderweinen klingt. Es kommt aus dem Eis, einem Überbleibsel vom vorigen Winter, das der Sommer nicht zu schmelzen vermochte und das das Innere unserer kleinen Bucht einschließt. Während das Hochwasser jetzt darüber hinwegspült, knirscht es, in seinen Grundfesten erschüttert, gegen die Schären. Dadurch entstehen jene menschlichen Seufzern ähnlichen Laute. Wir können uns ihrem Eindruck nicht entziehen, das Gespräch stockt. Nur die alte Klementine, die die unheimliche Stimmung von sich abzuschütteln versucht, richtet sich auf und blickt prophetisch durch die Dunkelheit. Ihr Mund bewegt sich, irgendwo muss etwas Schreckliches geschehen sein, wenn die Unterirdischen weinen, und wir wissen, dass sie uns mit einer kräftigen Beschwörung einkreist.

Klementine, die viel von geheimen Dingen weiß, erzählt uns von ihren verschiedenen Begegnungen mit den Unterirdischen, die sie vor ihrer Taufe gehabt hat. Alle wollten sie bezaubern und zum Bleiben bewegen, sie aber war die Stärkere. Von dem

Augenblick ihrer Taufe an hatten sie ihren Weg nicht mehr gekreuzt, denn sie fürchteten sich vor ihr. Keiner von uns bezweifelte die Wahrheit dessen, was sie erzählte, denn die Unterirdischen leben in ihrer Welt wie die Menschen auf Erden. Doch nur ein Heide kann ihnen begegnen.

Schlimmer aber als diese gutmütigen und den Menschen stets hilfsbereiten Unterirdischen sind ihre Verwandten, eine Art Riesen, die aus tiefen Klüften und Abgründen emporwachsen, ganz plötzlich, aus der großen Stille, unter Gelächter und Hohngeschrei, häufig ganze Bootsbesatzungen, lauter Männer, die sich auf einsame Reisende stürzen. Oder sie erscheinen im halben Kajak und töten alle, die ihnen begegnen. Einer der Riesen im halben Kajak heißt Sarquiserassak und ist mit einer Frau verheiratet, die noch gefährlicher ist als er; sie wohnt hoch oben in den Bergen, hat lange eiserne messerscharfe Nägel an Händen und Füßen, mit denen sie imstande ist, selbst in den härtesten Oranit Löcher zu graben.

Klementine schweigt, als sie ihr Teil zu der unheimlichen Stimmung beigetragen zu haben meint; Apollonia aber, die jüngere, hat voll Ungeduld gewartet, und nun beginnt sie von dem übernatürlichen Leben in den Einöden zu erzählen.

Sie erzählt von den Mákákâjuit, jenen kleinen nackten Wesen, die auf den höchsten Felsgipfeln wohnen und von dort das Treiben der Menschen beobachten, um ihnen den Fang zu rauben.

Von Aqajarorsiorpua, dem lebenden Stein in Riesengestalt, der ganze Wohnplätze allein durch sein Erscheinen zu Tode erschreckt.

Von den Erqitaliten, den gefährlichsten Feinden des Menschen, die, halb Mensch halb Hund, nur aus Freude an Mord und Vernichtung töten.

Und sie erzählt vom Mond, der am meisten gefürchtet ist.

Wenn jemand sich der Weisheit und den Sitten der Vorfahren nicht beugen will, steigt der Mond zur Erde herab, um den Ungehorsamen zu züchtigen, und wem kein Geisterbeschwörer mit vielen und mächtigen Hilfsgeistern beisteht, der ist verloren.

Der Mond gebietet über Ebbe und Flut. Wenn die Ebbe nicht kommt, und den Tang längs der Küste aufdeckt, haben die Menschen in den mageren Zeiten nichts zu essen. Auch über die Fangtiere des Meeres und der Erde gebietet er: Denn er sorgt dafür, dass die Tiere sich vermehren und mannigfaltig werden, damit es den Menschen nicht an Nahrung fehle.

Und dann berichtet Apollonia von der Mutter des Meeres, Imapukua, die auf dem Grunde des Ozeans wohnt. Die Sünden der Menschen sammeln sich als Schmutz und Scherben in ihrem Haar und auf ihrem Lager, und aus Zorn darüber hält sie die Fangtiere zurück. Dann muss ein Geisterbeschwörer sie aufsuchen und reinigen, worauf sie aus Dankbarkeit von Neuem die Tiere zu den Menschen zurückkehren lässt.

Auch Asiaq, die Gebieterin über Wind und Regen, muss ein Geisterbeschwörer aufsuchen, wenn das Eis im Frühjahr nicht aufbrechen will, und er muss sie überreden, dass sie Regen über die Erde strömen und den Föhnwind über das Eis des Meeres wehen lässt …

Barbara erzählt ohne weibliche Zungenfertigkeit; sie legt nur feierlich Zeugnis ab von Dingen, die wie ferne Erinnerungen wirken – und indem sie erzählt, erleben wir alle die unheimliche Nähe der übernatürlichen Wesen, mit denen die Phantasie der Eskimos die Natur bevölkert.

Ein großer Eisberg segelt langsam an der Mündung unserer Bucht vorbei, seine scharfe, weiße Silhouette gegen die Dunkelheit abzeichnend, wie ein Flüstern in der Nacht; er gleitet langsam vorbei und wiegt sich wie ein lebendiges Ungeheuer in den Dünungen des Atlantischen Ozeans, die jetzt ihre gewaltigen Rücken durch den Fjord schieben. Der Eisberg erhitzt Barbaras Phantasie, sie meint den Bären des Meeres zu sehen, das größte aller Ungeheuer, von dem die Sage zu berichten weiß. Er gleicht dem Eisbären, ist aber so riesengroß, dass er durch das Meer wie durch eine Wasserpfütze watet, nur die Beine sind unter Wasser. Wenn er den Kopf auf seinem langen Hals nur ein wenig reckt, kann er den Schnee von den höchsten Berggipfeln lecken, und wenn er atmet, erheben sich Wirbel auf dem Meere, und große Eisblöcke und ganze dichtbesetzte Boote fliegen ihm in die Nasenlöcher.

Mehr Holz wird ins Feuer geworfen, und indem wir die Flammen mit Speckstücken nähren, recken sie sich knisternd in die Höhe und werfen unsere Schatten weit über die Felsen, wo sie zu lebendigen Riesengeistern werden, die sich im Kreise um uns lagern.

Es wirkte wie eine Erlösung, als der Schneesturm endlich über uns kam. Die Beherrscherin des Windes bedachte sich nicht länger, heulte ihren Gesang aus vollen Lungen über die Kluft und löschte unser Feuer in einem Wirbel von Schnee.

Das Meer wälzte sich mit schweren weißen Bergen heran, die an den Klippen zerbarsten und vor unseren Füßen zerfielen.

Das Weinen der Unterirdischen war nicht mehr zu hören, es wurde von dem Unwetter übertönt, das jetzt über die Berge kam und jede Aussicht in dem weißen Schneegestöber vergrub.

Wir aber waren wieder wache Menschen, fern von Zauberei und ungesunden Träumen, und krochen unters Zelt, um Schutz gegen die Nacht zu suchen.

Von der Natur

Ehepaar aus Angmagssalik, Zeichnung von Kârale.

Die ersten Menschen

Vor langer, langer Zeit lebten die Menschen im Himmel und waren unsterblich. Da aber stürzte ein Mann herab und zeugte eine Tochter mit der Erde. Ihre Nachkommenschaft war so zahlreich, dass sie bald die Erde übervölkerte. Da kam ein großes Erdbeben, das die Länder spaltete, und viele Menschen stürzten in die Risse hinab; von ihnen stammen die Unterirdischen, die Ingnerssuit, die großen Feuerbewohner ab.

Ihr Land ist rätselhaft und wunderbar, und nur Menschen, die sich auf verborgene Dinge verstehen, können dorthin gelangen. Wer sich in die Erde begibt, dorthin, wo Meer und Land sich begegnen, dem öffnet sich ein weiter Blick zu ganz neuen Gegenden der Welt. Dort hausen die großen Feuerbewohner. Sie gleichen den Bewohnern der Erdoberfläche, haben aber keine Nase; sie wohnen in Häusern, die wie die der Menschen gebaut sind, und leben und treiben Jagd auf dem Meere, ganz wie diese. Wer sich nicht auf Zauberei versteht aber geht ihnen am besten aus dem Wege, sonst vergisst er leicht die Rückreise und kommt nie wieder an die Oberfläche. Nur die großen Geisterbeschwörer begegnen den Ingnerssuit häufig und bedienen sich ihrer gern als Hilfsgeister. Denn sie sind tüchtige Kajakruderer und beschützen die Geisterbeschwörer, wenn sie vom Sturm auf dem Meere überfallen werden und geben ihnen guten Fang.

Die Ostgrönländer stammen von ganz wenigen Familien ab; denn als die Menschen zu zahlreich wurden und die Wohnplätze sich übervölkerten, schwoll das Meer plötzlich und überschwemmte alle Länder; nur die allerhöchsten Bergzinnen ragten aus den Wellen hervor, aber sie waren so steil, dass sie kein Mensch erklimmen konnte. Nur in dem großen Angmagssalik-

Fjord erhob sich ein hoher, massiver Felsen, Querrorssuit, der oben flach war; dort hinauf flüchteten einige Menschen und schlugen ihre Zelte auf. Das waren die einzigen, die sich vom Tode des Ertrinkens gerettet hatten. Von ihnen stammen die Ostgrönländer ab.

Viele glauben, dass das Meer noch einmal bei einer großen Flut alles Land überschwemmen wird; aber niemand, selbst nicht die mächtigsten Geisterbeschwörer, ahnen, wann es sein wird.

Die Alten erzählten auch, dass einstmals alle Süßwasserseen austrocknen und die Menschen an Durst sterben werden.

Das ist alles, was man von der Erde weiß und von den ersten Menschen, die vom Himmel gekommen sind.

Das Land der Toten im Himmel

Avggo war ein großer und berühmter Geisterbeschwörer. Er hatte Geisterflüge in fast alle Gegenden unternommen, die von großen Geisterbeschwörern besucht werden; nur oben im Himmel war er noch nicht gewesen, im Land der Toten. Darum entschloss er sich eines Tages, einen Geisterflug dorthin zu unternehmen; er ließ sich nur seine Strümpfe und nicht seine Stiefel zurechtlegen. Darauf wurde es dunkel im Hause, und er begann seine Hilfsgeister herbeizurufen. Bevor es aber ganz dunkel geworden war, begann die Trommel sich von selbst zu rühren. Es ist immer ein Beweis von der Größe des Geisterbeschwörers, wenn die Zauberei lebendig wird, bevor die Vorbereitungen für die Beschwörung noch beendet sind. Als es ganz dunkel geworden war, hörte man die verschiedenen Hilfsgeister kommen. Einige waren groß und gewaltig und traten so schwer auf, dass die Erde dröhnte; sie sprachen mit tiefem, dröhnenden Bass; andere sprachen mit leisen, zarten Frauenstimmen, denen man anhören konnte, dass ihre Besitzer klein und leichtfüßig waren. Als alle Hilfsgeister sich versammelt hatten, konnte der Geisterflug beginnen.

Wenn die Seele des Geisterbeschwörers den Körper verlässt, der im Hause zurückbleibt, pflegt ein Hilfsgeist seinen Platz einzunehmen. Hin und wieder hört man seine Stimme, im Übrigen aber soll er nur achtgeben, dass den Menschen, die versammelt sind, nichts zustößt, während der Geisterbeschwörer unterwegs ist. Diesmal blieb ein alter Hilfsgeist mit Namen Titigaq an Stelle des Geisterbeschwörers zurück. Er war ein Greis, in beiden Hüften lahm, mit schiefem Mund. Man erzählte, dass er einst so schnell geflogen war, dass sein Mund sich durch den Luftdruck verrenkt hatte.

Wer in den Himmel will, muss bis zum Horizont fliegen, wo Erde und Himmel sich begegnen. Als der Geisterbeschwörer dorthin gekommen war, stieß er auf eine Treppe mit drei hohen Stufen. Sie waren so hoch, dass er sich mit knapper Not von der einen zur anderen schwingen konnte, und schlüpfrig von Menschenblut, das darüberrieselte.

Wenn die Abgeschiedenen in den Himmel kommen, unterziehen sie sich einer Reinigung und Läuterung. Sie kriechen unter ein gewaltiges Fell, und bei der Mühe und Anstrengung, die sie dies kostet, verlieren ihre Körper alle Säfte und mit diesen alle Bosheit und Schlechtigkeit. Dies geschieht während des Trauerjahres, in dem die Hinterbliebenen den Verstorbenen beklagen und Buße tun: Denn durch die Berührung mit dem

Leichnam sind sie unrein geworden. Die Körpersäfte des Toten aber sind es, die blutig über die Himmelstreppe fließen.

Der Geisterbeschwörer stieg mit Mühe und großer Lebensgefahr die schlüpfrigen Stufen hinauf und gelangte zu einer weiten Ebene, der großen Himmelsebene. Kaum war er oben angelangt, als sich ein gewaltiger Ruf erhob:

»Er ist gekommen, er ist da! Wir haben Besuch bekommen!«

Von allen Seiten strömten Menschen herbei, und bald waren der Geisterbeschwörer und seine Hilfsgeister umringt. Unter den Herbeigeeilten aber erkannte er seinen verstorbenen Vater.

»Sieh' da, du bist gekommen?«

»Ja!«

»Um Land zu nehmen?«

»Nein.«

»Du bist Geisterbeschwörer geworden?«, sagte der Vater und sah im selben Augenblick die Hilfsgeister. »Wo aber ist deine Mutter?«

»Die ist schon lange tot.«

Als der Alte das hörte, wurde er traurig und schwieg. »Wir haben sie ins Meer versenkt«, sagte der Sohn. Nur die Menschen, die auf Erden begraben werden, kommen in den Himmel; wer ins Meer versenkt wird, kommt in die Unterwelt, wo es auch gut sein ist.

»Wo aber ist dein kleiner Bruder?«, fragte der Vater.

»Auch er ist tot, auch ihn versenkten wir ins Meer.«

Da brach der Alte in Tränen aus, denn nun würde er seinen Sohn nie wieder sehen. Gleich danach aber begann er zu singen, als ob er nie betrübt gewesen sei.

Der Sohn verwunderte sich sehr und fragte: »Was ist dir? Eben weintest du vor Kummer und jetzt singst du plötzlich vor Freude?«

Sein Vater antwortete: »Einst wirst du das alles verstehen. Hier oben lebt man nicht wie unten auf der Erde, von Sorgen beschwert; wir singen hier viel und sind glücklich.«

Wenn Menschen gestorben sind, müssen sie sich ein Jahr lang vom Tode in das ewige Leben hinüberarbeiten, indem sie von der einen Seite eines ausgebreiteten Felles zur anderen kriechen. Dabei wird der Körper von allen Säften befreit. Die Tränen der Hinterbliebenen aber binden die Toten an die Erde, sodass sie häufig, wenn sie sich durch das Fell hindurchgearbeitet haben, ganz kraftlos sind; darum darf man seine Toten nicht zu heftig beweinen. Am leichtesten haben es die totgeborenen Kinder, die von niemandem beweint werden; sie kriechen ohne Hindernis durch das Fell und laufen geradeswegs in das ewige Leben hinein.

Während sie noch zusammen sprachen, kam ein junges Weib mit aufgelöstem Haar auf sie zu, und er sah, dass sie Seehundsohren hatte.

Sein Vater fragte: »Kennst du sie nicht?«

»Nein«, sagte der Sohn.

»Es ist deine Schwester! Sie hat oft Beeren für dich gesammelt und sie dir auf den Weg gelegt, damit du sie finden solltest.«

Da erinnerte sich der Geisterbeschwörer, dass er einst eine kleine Schwester gehabt hatte; weil sie aber mit Seehundsohren auf die Welt kam, töteten sie die Eltern. So fand er auch seine Schwester unter den Toten wieder.

Sein Vater aber führte ihn voller Stolz umher, nahm ihn mit auf die Himmelsebene und erzählte ihm von all den seltsamen Dingen, die er kennenlernen sollte. So führte er ihn zu Qalerqat, dem großen Fell, unter dem es sich wand und wälzte wie Würmer.

»Hier befreien die Toten sich von ihren Säften«, erklärte der Vater, und da sah der Geisterbeschwörer, dass die ganze wimmelnde Masse eine einzige Wirrnis von toten Menschen war, die für ihre Wiederbelebung im Himmel kämpften.

Der alte Vater erklärte:

»Erst ein Jahr nach ihrem Tode kommen sie unter dem Fell hervor und vereinigen sich mit uns. Nur Totgeborene oder Kinder läutern sich schneller.«

Der Sohn wunderte sich über dies alles sehr und sagte plötzlich zu seinem Vater: »Und du? Bist du auch wirklich tot?«

Da antwortete der Vater:

»Überzeuge dich selbst, ob noch Säfte in meinem Körper sind.«

Da nahm der Sohn das Handgelenk seines Vaters und drückte es. Im ersten Augenblick fühlte er die gewohnten Knochen, plötzlich aber schienen sie ganz zu schwinden und er hielt nichts mehr in seiner Hand.

Da rief sein Vater:

»Lass mich los, sonst sterbe ich nochmals!«

Und als der Sohn ihn losgelassen hatte, dauerte es eine Weile, bevor der Alte wieder zu Kräften kam.

Die Himmelsbewohner leben von Beeren und Raben; Seehunde gibt es hier nicht, überhaupt keine Seetiere, und wer diese nicht entbehren will, muss Sorge tragen, dass er nach seinem Tode ins Meer versenkt wird; dann wohnt er unter dem Meeresgrund, wo es Seetiere die Hülle und Fülle gibt.

Der alte Vater erzählte vom Leben der Himmelsbewohner und führte den Sohn und seine Hilfsgeister auf der Ebene umher. Da begegneten sie einer alten Frau, die eine gewaltige Last Raben daherschleppte. Singend und überströmend glücklich rief sie dem Geisterbeschwörer zu: »Meinst du, es lohne sich, auf der Erde der Menschen zu leben? Wahrlich, erst hier oben nach dem Tode, trifft man die wahren Freuden an. Sieh' dort die sanft abfallende Halde! Dort fangen wir Raben, so viel wir mögen, und der Fang selbst ist uns ein Vergnügen.«

Im Himmel gibt es viele Raben, man sagt, dass Fliegen zu Raben werden, wenn sie in den Himmel kommen.

Ajarqissaq heißt ein alter Hilfsgeist, der immer anführt, wenn ein Geisterbeschwörer seinen Flug nach dem Himmel nimmt. Er vererbt sich von einem Geisterbeschwörer auf den anderen, und da alle die Himmelsebene besuchen müssen, kennt er alle Orte und machte auch jetzt den Führer zusammen mit dem alten Vater des Geisterbeschwörers.

Durch die Ebene floss ein breiter Bach, an dessen Ufern Knaben standen, die Forellen fingen. Einige hatten schöne Fanggeräte und fingen eine Forelle nach der anderen, andere dagegen hatten nichts zum Fangen und mussten zusehen.

Der alte Vater sagte:

»Sage den Menschen, dass sie den toten Kindern ihre Fanggeräte mit ins Grab geben sollen; du siehst, wie es sonst denen geht, die keine haben.«

Nun aber kamen sie zu einer Stelle, wo das Trinkwasser der Himmelsbewohner war.

»Jetzt aber wollen wir den Gesang hören, den die Menschen so sehr lieben!«, sagte der Vater.

Und sie gingen zu der Stelle, wo die Himmelsbewohner Sangesfeste und Sängerkämpfe abhielten. Man konnte den Chor brausen hören, Gesang von Frauen und Männern, doch war es unmöglich, näher heranzukommen, und der Geisterbeschwörer konnte die Kleider, die sie trugen, nicht erkennen. Das aber kam daher, dass sie an einen Ort gekommen waren, wo Leute aus fremden Ländern wohnten.

So viele Dinge gab's zu sehen, dass sie gar nicht merkten, wie die Zeit verging, und die Nacht verrann. Da sagte der alte Vater:

»Eile, dass du nach Hause kommst, bevor die Nacht vorüber ist, sonst musst du hierbleiben.«

Und alsogleich begab Avggo sich auf den Heimweg, denn es war kurz vor Tagesgrauen. Die Rückreise ging leicht und schnell vonstatten, nirgends stießen sie auf die Hindernisse, die ihnen auf dem Hinweg so viel Mühe gekostet hatten; sogar die Treppe mit dem rieselnden Blut war verschwunden. So kam Avggo glücklich nach Hause zurück und erzählte den Menschen von dem Lande der Toten auf der grünen Himmelsebene.

Das Land der Toten in der Unterwelt

Einst wollte Avggo das Land der Toten in der Unterwelt besuchen und ließ sich neue Fellstrümpfe und einen Regenpelz aus Darmfell nähen. Der Tag kam, und die Hilfsgeister wurden durch Beschwörung in der Dunkelheit herbeigerufen. Nur einer, der alte Ajarqissaq, wollte nicht kommen. Als der Geisterbeschwörer aber nicht aufhörte, ihn zu rufen, kam er schließlich doch.

»Warum wolltest du nicht kommen?«

»Weil es töricht von dir ist, ins Land der Toten hinunterzufahren, bevor du bei der Mutter des Meeres gewesen bist. Ein Geisterbeschwörer, der zuerst zum Lande der Toten reist, wird nie zur Beherrscherin der Meertiere gelangen.«

Avggo aber wollte seinen Willen durchsetzen. So erhob sich denn sein Geist zusammen mit allen Hilfsgeistern und fuhr zum Meere hinab, das sich bereitwillig vor ihnen öffnete.

Der Weg führte zur Tiefe, doch keiner spürte, dass man unter Wasser ging. Nur die Luft war feucht, als ob ein feiner Sprühregen fiel und durchnässte den Pelz des Geisterbeschwörers, lange bevor er am Ziel war. Schließlich sahen sie in der Ferne eine Lichtung und es klärte sich auf. Die Sonne aber war unter dem Meer ganz klein, viel kleiner als die Sonne des Himmels, und man konnte hineinsehen, ohne geblendet zu werden.

Endlich erreichten sie die Grenze zwischen dem Meer und dem Land unter dem Meere, die von einem schäumenden Bach gebildet wurde; um hinüberzugelangen, mussten sie über große, spitze Steine springen, die ganz von nassen Tanggewächsen bedeckt waren und so glatt schimmerten, dass niemand sich hinüberwagte. Ajarqissaq aber, der sich nie fürchtete, sprang zuerst, kam glücklich hinüber und rief die anderen. Alle Hilfsgeister folgten ihm, schließlich blieb nur Avggo zurück, der den Sprung nicht wagte, weil er fürchtete, auszugleiten und von dem schäumenden Bach davongewirbelt zu werden. Als Ajarqissaq sah, wie er zögerte, rief er zu ihm hinüber:

»Wenn du den Sprung nicht wagst und umkehrst, wirst du nie das Land der Toten erreichen; an diesen Steinen wird deine Reise immer enden.«

Da wagte auch Avggo den Sprung, und zu seinem Staunen zeigte es sich, dass der Tang gar nicht glatt war. So gelangten alle glücklich hinüber.

Jetzt kamen sie zu einer sanft ansteigenden Ebene, über die die Toten gehen, um von der Erde in das Land der Unterwelt zu gelangen. Sie war sehr glatt, und darum schwer zu besteigen; besonders die Alten kamen nur langsam vorwärts, viele erklommen sie nur halbwegs und glitten wieder herab; alle mühten sich, ihre Säfte loszuwerden – ebenso wie die Himmelsbewohner unter dem großen Fell. Auch hier gebrauchte man ein Jahr, um von dem Dasein auf Erden in das neue Leben nach dem Tode einzugehen.

Auf der anderen Seite der schrägen Ebene erblickten sie Holzpfähle, zwischen denen Seehundsriemen gespannt waren. Darauf saß ein Weib, das hin und her schaukelte; es war Quatsovauvak, der nichts verborgen blieb. Kaum hatte sie die Fremden erblickt, als sie rief, dass Besuch käme, und gleich stürmten von allen Seiten Menschen herbei. Darunter war auch ein sehr alter Mann, der, wie es sich zeigte, der Großvater des Geisterbeschwörers war, und in seiner Gesellschaft war ein noch älterer Mann. Das war ein Geisterbeschwörer aus uralten Zeiten, der einst bei einem Geisterflug so schnell geflogen war, dass er ein

Auge verloren hatte. Kaum war er herangekommen und hatte Avggo gesehen, als er auch schon rief:

»Du hast einen Fehler begangen, du hättest erst die Mutter des Meeres besuchen müssen, nun bekommst du sie nie zu sehen. Hörst du das Rauschen?«

Und sie hörten deutlich einen Elv brausen; das war der große Elv, der bei dem Hause der Herrscherin der Seetiere vorbeifließt.

Der Geisterbeschwörer ließ sich nun all das Seltsame zeigen, das es zu sehen gab. An einer Stelle sah er einen Seehund, über den ein Kajak gestülpt war. Als er hierüber erstaunte, erzählte man ihm, dass ein Mann dieses Seehundes wegen gekentert und ertrunken wäre; darum müsse es so sein.

Das Land der Toten in der Unterwelt war weites Küstenland; überall konnte man das Meer sehen und an seinem Strand wandeln.

Da fiel sein Blick auf einen kleinen Seehund, der dicht unter Land angeschwommen kam. Man erzählte ihm, dass es der Seehund sei, an dem die Toten ihre Kräfte erprobten. Wenn er auftauchte, wurde er von einem Neuangekommenen harpuniert, und wenn dieser seine Geschicklichkeit an ihm gemessen hatte, war der Seehund unverletzt wie vorher und tauchte zum Nutzen und Frommen für andere wieder auf.

An einer Stelle lagen viele Menschen, einige lebend, andere halb verwest.

»Was bedeutet das?«

»Ja, seht ihr, wenn jemand stirbt, und von den Hinterbliebenen gar zu sehr beweint wird, dann kann er nicht wieder zu Kräften kommen, sondern muss so liegen, bis man ihn nicht mehr beweint. Sage darum den Menschen, dass man die Gestorbenen wohl betrauern, aber nicht zu fassungslos beweinen darf.«

Draußen auf dem Meere hörte man unaufhörlich den Laut prustender Meerestiere. Seehunde, Narwale, Weißwale und andere große Tiere tauchten beständig auf, die die Luft mit ihrem schnaufenden Atem füllten. Jedes Mal aber, wenn der Geisterbeschwörer die Tiere näher betrachten wollte, entschwanden sie seinem Blick, denn er war ja ein Lebender und gehörte noch der Erde an.

Als der Geisterbeschwörer aufbrechen wollte, weil es kurz vor Tagesanbruch war, fragte man ihn, wo er lieber nach seinem Tod sein wolle, im Himmel oder unter dem Wasser?

Da antwortete er: »Das kommt auf das Trinkwasser an.«

Da beeilte man sich, ihn zu dem Orte zu führen, wo die Toten unter dem Meer ihr Trinkwasser holen. Das Wasser sah frisch und klar aus, als er es aber schmeckte, war es weder warm noch kalt.

»Nein«, sagte der Geisterbeschwörer, »Menschen müssen kaltes und frisches Trinkwasser haben.«

Hier wollte er nicht sein; als er aber fragte, ob man nicht sowohl in den Himmel wie unter das Meer kommen könne, da antwortete man ihm: Wer nach seinem Tode auf den Flutgürtel gelegt und erst nach Verlauf dreier Tage ins Meer versenkt wird, der kann sich abwechselnd unter dem Meere oder auf der großen Himmelsebene aufhalten.

Als der Geisterbeschwörer so belehrt worden war, trat er die Rückreise mit seinen Hilfsgeistern an und kehrte glücklich und ohne die Beschwerlichkeiten, die er auf der Hinreise hatte überwinden müssen, nach Hause zurück, wo er seinen Mitmenschen von seinen Erlebnissen ausführlich berichtete.

Besuch auf dem Monde

Als einst der Mond aufs Land herabschien, teilte der Geisterbeschwörer Migssuarnianga seinen Wohnplatzgenossen mit, dass er Beschwörungen vornehmen und einen Geisterflug zum Mond machen wolle. Viele Menschen strömten herbei, um zugegen zu sein, und die Lampen wurden gelöscht. Als es dunkel geworden war, kamen alle Hilfsgeister und fuhren mit dem Geisterbeschwörer von dannen, während ein alter Hilfsgeist statt seiner zurückblieb. Der alte Hilfsgeist blieb ganz still auf der Stelle liegen, wo man dem Geisterbeschwörer die Hände auf den Rücken gebunden hatte, und während die Zuschauer voller Spannung lauschten, teilte er ihnen hin und wieder mit, wie weit der Geisterbeschwörer auf seiner Mondreise gelangt sei.

Anfangs flog der Geisterbeschwörer ganz niedrig übers Meer, dicht über dem Wasserspiegel, bis er zum äußersten Rand des Horizontes kam, wo Meer und Himmel sich begegnen. Dort gelangten sie in den Himmel hinein und flogen über die große Ebene, die zum Hause des Mondmannes führt.

Tunuviat hieß einer von Migssuarniangas Hilfsgeistern, ein alter und erfahrener Geist, der schon häufig auf dem Mond gewesen war. Er sagte:

»Ich glaube, es ist uns geglückt, den Mond zu überlisten.«

Denn die Hunde des Mondmannes, die sonst anzuschlagen pflegten, lagen auf dem Hause und schliefen. Es sollte ihnen aber doch nicht glücken, unbemerkt ins Haus zu gelangen. Als sie ganz nah herangekommen waren, erhoben die Hunde sich plötzlich und bellten. So erfuhr der Mondmann, dass Besuch gekommen sei.

Auch im Hausgang lag ein großer gefährlicher Hund und hielt Wache.

Als sie zum Mondmann hineinkamen, war er sehr ärgerlich über ihren Besuch.

»Was wollt ihr?«, schrie er.

»Wir wollen dein Haus reinigen, denn es ist schmutzig!«

»Das ist mir recht«, sagte der Mondmann plötzlich besänftigt und freute sich. Der Geisterbeschwörer und seine Hilfsgeister gingen gleich an die Arbeit. In Haufen lag überall der Schmutz; als sie ihn aber zusammenfegten und hinauswarfen, verwandelte er sich in Fangtiere: Seehunde, Narwale, Bären, Füchse und Vögel. Auf diese Weise sandte der Geisterbeschwörer eine Menge Fangtiere zu seinem Wohnplatz hinab.

Das Haus des Mondmannes war seltsam eingerichtet. Im Innern sah man einen großen See, tief, ausgedehnt und schwarz. Seine Ufer verloren sich in der Dunkelheit. Von diesem See fällt der Regen auf die Erde hinab.

Doch gab es noch viel seltsamere Dinge im Hause des Mondmannes. Gleich hinter dem Eingangsloch lagen zwei große Steine, die sich ganz langsam im Kreise drehten. Von dem einen Stein gingen merkwürdige Laute aus, die hin und wieder zu lautem Getöse anschwollen. Das bedeutete, dass sich irgendwo auf Erden unreine Frauen gegen die alten Sitten versündigten. Während der Mondmann sein Haus zeigte, sagte er darum zum Geisterbeschwörer:

»Könnt ihr nun begreifen, warum ich böse werde, wenn Menschen die vorgeschriebenen Sitten, über die ich wachen soll, nicht befolgen?«

Darauf ging er hin, hob den Stein hoch und forderte sie auf, hinunterzuschauen. Eine weite Aussicht öffnete sich vor ihnen. Wunderlich dicht lagen alle Wohnplätze der Menschen beieinander, wie Hunde um einen Esstrog. So konnte der Mondmann mit Leichtigkeit über die Wohnplätze der Menschen Aufsicht führen.

Dann hob er den anderen Stein, und es öffnete sich ein Ausblick über alle Fangtiere, von denen die Menschen leben. Besonders deutlich waren Bären und Seehunde zu erkennen, weil sie am zahlreichsten sind. Walrosse und Narwale dagegen sah man wie in nebliger Ferne, weil sie viel seltener sind.

Inneres eines Hauses während einer Geisterbeschwörung. Der Geisterbeschwörer ist gefesselt. An seinem Rücken sind die Flügel einer Lumme befestigt. Der Handgriff der Zaubertrommel ruht auf seinem großen Zeh, während der Trommelschläger sich von selbst bewegt. Das bedeutet, dass der Geisterbeschwörer im Begriff ist, sich von der Erde zu erheben, um seinen Geisterflug zu unternehmen.

Auf diese Weise verschaffte der Geisterbeschwörer Migssuarnianga seinen Wohnplatzgenossen neue Fangtiere, und als er zurückkehrte, erzählte er von seinen Erlebnissen beim Mondmann.

Der Mond und die Sonne

Einst soll der Mond mit seiner jüngeren Schwester, der Sonne, zusammen in einem Hause gewohnt haben. Sie liebten einander sehr, und der Mond, der schließlich von Leidenschaft zu seiner Schwester ergriffen wurde, begann sie nachts zu besuchen. Die Sonne aber wusste nicht, wer zu ihr kam, weil es immer im Dunkel der Nacht geschah. Eines Nachts aber, als er neben ihr lag, bestrich sie seinen Arm mit Ruß, um ihn zu zeichnen, und auf diese Weise erkannte sie ihren Liebhaber.

Die Sonne schämte sich und machte sich gleich zur Flucht bereit; sie steckte ein Stück Torf, das in Tran getaucht war, in Brand und lief damit aus dem Hause. Leute aber, die es sahen, riefen:

»Da fliegt die Schwester des Mondes!«

Als der Mond das hörte, steckte auch er ein Stück Torf in Brand, lief aus dem Hause, schwang sich aufwärts und verfolgte die Schwester.

Die Schwester aber flog schneller, und das Torfstück des Mondes verlöschte bald. Die Sonne gelangte ganz bis zum Himmel hinauf, der Mond aber blieb mitten im Raum stehen.

So entstanden Sonne und Mond. Die Sonne wärmt, weil ihre Fackel noch brennt, der Mond aber ist kalt, weil die seine verlöscht ist.

Doch noch heutigentags verfolgt der Mond die Sonne am Himmel.

Nalikátêq

Das alte Weib, das auf dem Wege zum Mond wohnt und seinen Gästen etwas vortanzt, um ihre Lungen zu verzehren, wenn sie lächeln.

Es war einmal ein Fänger, der wohnte ganz allein mit seiner Frau. Sie mussten immer Buße tun, denn jedes Mal, wenn die Frau ein Kind gebar, starb es. Schließlich wurde es dem Mann leid, und als sie wieder ein Kind bekamen, das starb, sagte er:

»Diesmal will ich nicht Buße tun, denn es nützt doch nichts.«

Darum ruderte er wie immer in seinem Kajak hinaus und ging auf den Fang, und es stieß ihm auch nichts Ungewöhnliches zu. Als er eines Tages nach Hause kam, entdeckte er ein kleines Loch in seinem Kajak, und bat seine Frau, an den Strand hinunter zu gehen und es zu nähen.

»Das geht nicht an«, sagte sie, »ich tue ja Buße für das Kind, das gestorben ist, und darf nicht nähen.«

»Was nützt es, Buße zu tun? Geh an den Strand und näh für mich.«

»Du könntest wenigstens das Boot zum Hause tragen, damit ich nicht an den Strand hinunter zu gehen brauche.«

Der Mann aber erwiderte: »Geh nur hinunter an den Strand und fürchte dich nicht!«

Da wagte die Frau ihrem Mann nicht länger zu widersprechen, ging hin und begann zu nähen. Als sie aber eine Weile genäht hatte, war es, als ob der Faden eine Stimme bekäme, eine seltsam knurrende Stimme, die lauter und lauter wurde, und als sie fast fertig war, schien sie aus einer anderen Richtung zu kommen. Sie blickte übers Meer und sah, wie ein großer Hund herangeschwommen kam. Es war der Hund des Mondmannes. Die Frau stieß einen Schrei aus und gleich kam der Mann mit seiner großen Lanze angelaufen; als der Hund ein Vorderbein aufs Land setzte, harpunierte er ihn von der einen Seite, und als er das andere Bein hob, sprang er auf die andere Seite und harpunierte ihn von dort.

Mühsam schleppte sich der Hund an Land, dort fiel er um und verendete.

»Jetzt haben wir nichts mehr zu befürchten, mach deine Arbeit fertig«, sagte der Mann, und die Frau nähte weiter.

Es wurde Abend, bevor sie fertig war. Dann gingen sie ins Haus, und als sie im Bett lagen, sagte der Mann:

»Laus mich!«

»Du weißt doch, dass ich es nicht darf, wenn ich Buße tue.«

»Der Hund des Mondmannes ist tot, wir brauchen nicht mehr Buße zu tun.«

Die Frau wagte ihrem Manne nicht zu widersprechen und fing an, ihn zu lausen. Da ertönte von draußen eine furchtbare Stimme:

»Wer hat meinen Hund getötet?« Keiner antwortete. Da hörten sie die Stimme noch ein zweites und drittes Mal:

»Wer hat meinen Hund getötet?«

Schließlich antwortete der Mann: »Ich habe es getan.«

Da geriet der Mondmann außer sich vor Wut und schrie und drohte so furchtbar, dass der Mann sich von seinem Lager erhob und hinausging, um mit ihm zu ringen. Sie rangen lange und schienen einander gewachsen zu sein, plötzlich aber hob der Fänger den Mondmann hoch und schleuderte ihn so heftig zur Erde, dass er auf dem Rücken liegen blieb.

Der Mondmann war wie ein Mensch gekleidet, mit einer Kapuze aus dickem Bärenfell. Diese schnürte der Fänger dem Mondmann so fest um den Hals, dass er fast erstickte. Der Mondmann, der glaubte, dass er sterben müsse, rief verzweifelt:

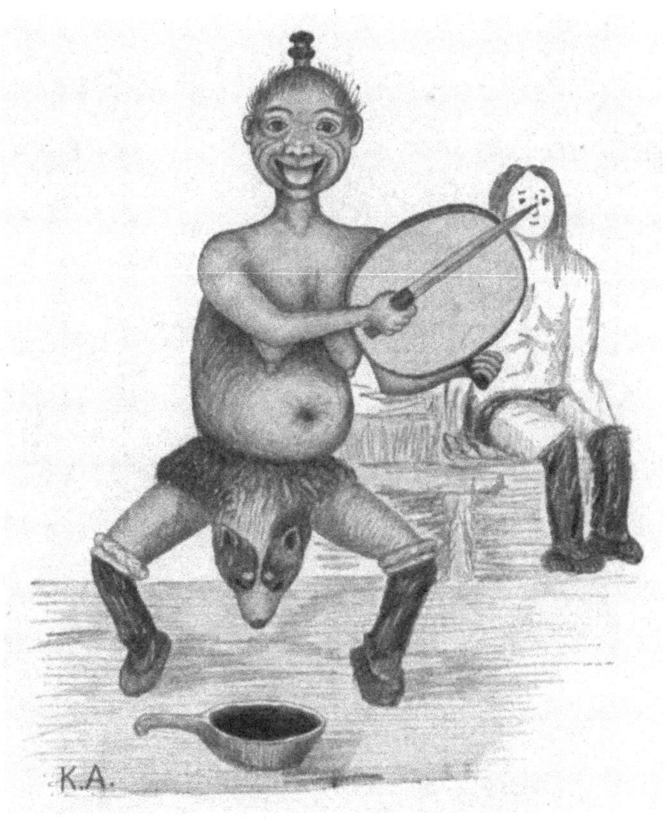

Jeder Geisterbeschwörer muss auf dem Wege zum Mond an einem Zauberweib vorbei, das so köstlich singt, dass man nicht an ihrem Hause vorbeikommen kann. Sie ist hässlich und boshaft und versucht durch komische Tänze ihre Besucher zum Lachen zu bringen. Sobald die Lippen sich zum Lachen verziehen, fällt sie über sie her, schneidet ihnen die Lungen aus der Brust und verzehrt sie.

»Soll denn nie mehr Ebbe auf Erden werden?«

»Was liegt daran«, antwortete der Mann.

»Soll denn nie mehr Flut werden?«

»Was liegt daran.«

»Sollen die Seehunde nie mehr Junge bekommen?«, stöhnte der Mondmann.

Diese Drohung wagte der Mann nicht zu überhören und ließ den Mondmann los. Als der Mondmann wieder zu Kräften gekommen war, machte er sich zur Abreise bereit und rief seine Hunde. Er hatte nur noch drei, den vierten hatte der Fänger getötet. Bevor er aufbrach, sagte er zu ihm: »Hast du nicht Lust mich zu besuchen?«

»Wie soll ich dich besuchen? Ich kann nicht fliegen.«

»Ich werde dir zeigen, wie man es macht.«

»Ich habe keinen Schlitten.«

»So kannst du dir einen anfertigen.«

Und als der Mann schließlich einwilligte, sagte der Mondmann:

»Tue nur, was ich dir vormache! Zuerst wirfst du deine Hunde in die Luft, einen nach dem anderen, darauf deinen Schlitten; doch musst du dich an ihn festklammern. Bist du erst einmal in der Luft, brauchst du nur dem geraden Weg zu folgen, der zu meinem Hause führt. Unterwegs wirst du zu einer Insel kommen. Bei dieser Insel gabelt sich der Weg, und du darfst nicht nach links fahren; denn jener Weg führt zu Nalikâtêq, der Menschenfresserin. Wenn du vorbeifährst, wirst du ihren lockenden Ruf »Mat–ta, Mat–ta!« hören. Lass dich das nicht kümmern. Gib nur acht, dass du nicht nach jener Seite blickst und folge dem geraden Weg.«

So sprach der Mondmann, nahm seine Hunde, einen nach dem anderen, und warf sie in die Luft, wo sie schwebend stehen blieben. Zuletzt kam der Schlitten an die Reihe und mit ihm der Mondmann selbst, und dann fuhren sie davon. Jedes Mal, wenn er über den klaren Himmel fuhr, hörte man die Schlittenkufen klingen, als ob sie über hartes Glatteis liefen, durch Wolken aber fuhr er lind und weich, wie über Neuschnee.

Der Mann blieb stehen und folgte dem Mond mit den Augen, solange er ihn sehen konnte; dann ging er ins Haus, riss ein Stück Holz vom Pritschenrand und begann einen Schlitten zu bauen.

Ein hübscher Schlitten wurde es nicht, dazu hatte er es viel zu eilig, und als er fertig war, trug er ihn geschwind auf den Gipfel eines kleinen Berges.

»Vielleicht schlage ich nur meine Hunde zuschanden«, dachte er, »aber ich will es trotzdem versuchen.«

Darauf warf er einen von seinen Hunden in die Luft, und siehe! er blieb oben schweben. Dann ließ er die anderen Hunde folgen, und zuletzt den Schlitten, an den er sich selber festklammerte; so schwebte er nun mit Hunden und Schlitten in der Luft. Die Spuren des Mondmannes waren noch deutlich sichtbar, und ihnen folgte er. Zu seiner Verwunderung aber ging der Weg gar nicht aufwärts, sondern schien über eine glatte Ebene zu führen.

Er war schon eine ganze Weile gefahren, als er eine Insel gewahr wurde. Der klare Himmel war wie Glatteis und die Wolken wie Meereis, von Schnee bedeckt. Auf dem Wege war nichts Besonderes zu sehen; als er aber die Insel erreichte, entdeckte er eine Spur, die nach links abbog, und gleichzeitig hörte er fernen Gesang, eine schöne, lockende Frauenstimme, der er kaum widerstehen konnte: »Mat–ta, Mat–ta!« Die Stimme klang so lieblich, dass er wider Willen ein ganz klein wenig zur Seite blicken musste. Und schon schlugen die Hunde die Spur ein und sausten mit ihm auf das Haus zu, woher die wunderschöne Stimme kam. Die Hunde krochen in den Hausgang hinein, und ihm blieb keine Wahl, er musste mit hineingehen.

Drinnen im Hause saßen sich ein altes Weib und ein Mann gegenüber. Der Mann sagte nichts, die Frau aber war freundlich und einschmeichelnd gegen den Fremden und forderte ihn auf, näherzutreten. Er nahm am Fenster Platz, und gleich ergriff die Frau eine Trommel und machte sich zum Singen bereit. Sie war nur mit einem Gürtel bekleidet, vor ihrem Unterleib aber hing der Kopf eines Hundes, der hin und her baumelte und lächerlich aussah. Sie fing an zu singen und schlug die Trommel mit einem Messer. Da war es, als ob der Hundekopf lebendig würde, manchmal verschwand er zwischen ihren Beinen, kam dann wieder zum Vorschein und reckte sich nach dem Besucher; dazu sang das Weib und machte alle möglichen komischen Bewegungen. Das alles wirkte so lächerlich, dass der Mann merkte, wie es ihm gegen seinen Willen in den Mundwinkeln zuckte; im nächsten Augenblick aber fühlte er einen stechenden Schmerz unter seinem Schlüsselbein, und bevor er sich wehren konnte, hatte das Weib einen Schnitt in seine Brust gemacht und seine Lunge herausgezogen. Todesmatt eilte er zu seinem Schlitten hinaus und fuhr zum Mondmann. Halbtot kam er dort an.

»Ich habe dich gewarnt vor dem Gesang der Frau«, sagte der Mondmann. »Nun siehst du, wie es dir ergangen ist.« Und damit spannte er seine Hunde vor und fuhr schleunigst zur »Lungenverzehrerin«. Sie hatte die Lunge vor sich auf einer Schüssel liegen und wartete nur darauf, dass sie abkühlen sollte. Als der Mondmann hereinkam, ergriff er die Schüssel, nahm die Lunge an sich und warf die Schüssel so hart auf den Boden, dass sie zerbrach.

Da öffnete der Alte, der Mann der »Lungenverzehrerin«, den Mund und sagte traurig:

»Nun ist die Schüssel entzwei und wir haben niemand, der uns eine neue macht.«

Der Mondmann aber eilte hinaus und erreichte seinen Gast, bevor er ganz tot war. Er legte die Lunge vor ihm hin und sagte:

»Du musst deine eigene Lunge essen, sonst kannst du nicht wieder lebendig werden.«

Der Mann aß seine Lunge Stück für Stück und hatte sie fast verzehrt, als er sagte:

»Ich kann keinen Bissen mehr essen!«

»Du musst, wenn du wieder gesund werden willst«, sagte der Mondmann.

Da versuchte der Mann von Neuem, und es gelang ihm mit großer Mühe, die letzten Stücke herunterzuschlucken. Im selben Augenblick aber war er auch wieder gesund.

Er blieb noch lange beim Mondmann und lernte sein Haus mit allen Merkwürdigkeiten kennen und sah viele Dinge, die ihm vordem verborgen gewesen waren. Erst als die Sehnsucht nach der Erde ihn überkam, nahm er Abschied und erreichte ohne Unfall seinen Wohnplatz und seine Frau, die ihn schon für tot gehalten hatte.

Dies ist die Geschichte von dem Fänger, der stärker war als der Mondmann.

Der strafende Mondmann

Bei dem Wohnplatz Pûlortussaq, in der Nähe des Kap Dan, brachten einst zwei Frauen Kinder zur Welt, die gleich nacheinander wieder starben. Darum mussten sie, wie es bei Menschen Sitte ist, ein Jahr lang Buße tun. Sie aber weigerten sich, die alten Gebräuche zu befolgen. Sowohl ihre Hausgenossen als auch die Geisterbeschwörer des Wohnplatzes taten ihr Bestes, um sie zur Vernunft zu bringen und ihnen klar zu machen, was sie durch ihren Ungehorsam aufs Spiel setzten. Sie aber antworteten, sie wollten nicht Buße tun, denn nichts in der ganzen Welt könne geschehen, das so schwer zu tragen sei, wie ihr eigener Schmerz über den Verlust der Kinder; so sprachen sie, weil sie ungläubig waren und die Überlieferungen ihrer Vorfahren nicht fürchteten. Und obgleich sie unrein waren und sich dem Meere nicht nähern durften, gingen sie doch zur Ebbezeit zum Strand, um Tang zu essen; auch wollten sie sich nicht im Hintergrund der Pritsche halten und den anderen den Rücken kehren, wie es sich gehörte. Auf solche und ähnliche Weise versündigten sie sich gegen die alten Sitten.

Zur selben Zeit kamen von einem ferngelegenen Wohnplatz Leute nach Pûlortussaq, um die Einwohner zum Sängerkampf herauszufordern. Auch von dem Wohnplatz Sivtungassormiut, der Pûlortussaq gegenüber lag, kamen alle Einwohner, nur zwei Frauen blieben dort zurück.

In Pûlortussaq gab es zwei Geisterbeschwörer. Als der Sängerkampf beendet war, sagte der eine zum anderen:

»Hilf mir, die Geister bei gelöschten Lampen zu beschwören.«

Sie hingen Felle vor Fenster und Hausgang und begannen dann die Hilfsgeister herbeizurufen. Zuerst wollte die Trommel nicht tönen, ganz plötzlich aber fing sie an, und gleichzeitig hörte man einen furchtbaren Lärm von Fenster und Hausgang, von den Wandfellen und von der Pritsche her. Ebenso plötzlich aber, wie der Lärm begonnen, ebenso plötzlich verstummte er wieder. Da wussten die Geisterbeschwörer, dass unreine Frauen zugegen waren, die der Sitten nicht achteten, und dass der strafende Mondmann kommen und die Menschen züchtigen werde. Und der eine Geisterbeschwörer sagte, dass der Mondmann schon da sei.

Kurz darauf hörte man den anderen sagen:

»Du gehst den falschen Weg, du gehst den falschen Weg! Du musst auf der anderen Seite hereinkommen!«

Niemand aber antwortete. Da sagte plötzlich der Geisterbeschwörer:

»Jetzt kommt er!« Und kaum hatte er es gesagt, da brachen alle Männer in lautes Geschrei aus, warfen sich auf den Mondmann, der durchs Eingangsloch herein wollte, und rangen mit ihm, um ihn wieder hinauszudrängen.

Am selben Abend, als sich dies in Pûlortussaq zutrug, ruderte ein fremder Geisterbeschwörer von Nianakitsormiut nach Pûlortussaq. Als er nach Sivtungassormiut kam, legte er an und ging zu dem Hause, wo man die beiden Frauen zurückgelassen hatte, während alle anderen zum Sängerkampf gefahren waren. Der Geisterbeschwörer trat ins Haus und die beiden Frauen setzten ihm etwas vor. Er aber wollte nichts essen und sagte, er könne nicht lange bei ihnen verweilen, und er fügte hinzu:

»Ich hatte meine ganze Kraft nötig, um hierher zu rudern, so sehr habe ich mich gefürchtet.« Er hatte einen Mann in Bärenfell auf einer Insel gesehen und wusste, dass es der Mondmann sei.

Darauf reiste er weiter und ruderte gleich nach Pûlortussaq hinüber. Dort angekommen, legte er das Fleisch, das er bei sich hatte, in die Fleischgrube und versuchte den großen Stein, der vor der Fleischgrube lag, wieder zurechtzuschieben. Schließlich glückte es ihm, und er näherte sich dem Hause. Im selben Augenblick kamen viele Menschen heraus, die sich nach allen Seiten umblickten, suchend und spähend. Der Mondmann, mit dem sie alle so wild gekämpft hatten, war plötzlich hinausgesprungen und verschwunden. Das erzählten sie dem fremden Geisterbeschwörer; dieser aber antwortete:

»Nichts von alledem ist mir neu, denn ich sah den Mondmann bereits, wie er, in Bärenfelle gekleidet, auf dem Gipfel einer kleinen Felseninsel stand.«

Den ganzen Abend blieb man nun unter Angst und Beben im Hause, es ereignete sich aber nichts Ungewöhnliches. Die beiden Frauen aber, die die Sitten nicht befolgt hatten, bekamen viele böse Worte zu hören.

Tags darauf begaben sich alle Einwohner von Pûlortussaq nach Sivtungassormiut, um dort ein Sängerfest abzuhalten, und die beiden unreinen Frauen, die tags zuvor so viele böse Worte zu hören bekommen hatten, gingen mit, ohne sich um das Verbot zu kümmern.

So ging es zu, dass nur ein Mann und eine Frau an jenem Abend in Pûlortussaq zurückblieben.

Der Mann aber hatte die Ereignisse des vergangenen Abends noch in frischer Erinnerung, und als die anderen beim Feste waren, holte er seine Lanzen und legte sie auf das Trockengestell über der Lampe. Er besaß auch ein Amulett, das seinen Platz unter der Pritsche hatte. Es bestand aus einem Steinhammer und einer alten Holzkumme, die als Wandlampenhalter gedient hatte. Um den Steinhammer band er einen Riemen und hing ihn über das Eingangsloch des Hauses auf; die Lampenschale aber legte er auf den Hausgang. Dann sagte er:

»Verwandelt euch und zeigt eure Kraft, wenn es Zeit ist.«

Nachdem das Sängerfest beendigt war, begannen alle, die in Sivtungassormiut versammelt waren, Geister zu beschwören. Und abermals teilte der Geisterbeschwörer mit, dass der Mondmann käme, um die Menschen, die seine Vorschriften nicht befolgt hatten, zu bestrafen. Im selben Augenblick hörten alle draußen ein gewaltiges Knallen. Es war der Mondmann, der seine Peitsche durch die Luft sausen ließ, und es schien, als ob alle Felsen- und Bergspitzen plötzlich eine Stimme bekommen hätten: Auf jeder stand einer der Hunde des Mondmannes und heulte. Von überall her hörte man ihr Winseln und Bellen. Furcht und Beben erfasste die Menschen, und die Geisterbeschwörer riefen ihre Hilfsgeister herbei; doch alle fürchteten sich vor dem Mondmann.

Der Mondmann, der in seinem Zorn immer furchtbarer und furchtbarer wurde, begann jetzt seinen Stock durch den hinteren Teil des Hauses zu bohren, um es niederzureißen. Schon wankte es, da erbebten die beiden Ungläubigen am ganzen Körper, denn endlich sahen sie ein, dass der strafende Mondmann ihretwegen auf die Erde gekommen sei, und sie weinten vor Angst.

Die Hilfsgeister kamen zur Stelle, einer nach dem anderen, aber keiner konnte etwas ausrichten. Zuletzt war nur noch einer übrig, dessen Kraft noch nicht erprobt war. Lange ließ er auf sich warten, und schließlich sagte der Geisterbeschwörer:

»Komm herbei, wenn du auch Furcht hast und versuche es, dich mit dem Mondmann zu messen.«

Kaum hatte er es gesagt, als der Hilfsgeist kam. Er ging gleich auf den Mondmann zu, entriss ihm seinen Stock, legte ihn übers

Knie und brach ihn durch. Der Mondmann aber musste machtlos zusehen, weil der Geist stärker war als er.

»Willst du ihn zerbrechen, damit die Seehunde keine Jungen mehr bekommen? Willst du ihn zerbrechen, auf dass nie mehr Ebbe und Flut wird?«

Als der Mondmann so drohte, gab der Hilfsgeist ihm seinen Stock zurück.

Imap ukûa, die Mutter des Meeres, verschafft den Menschen Fangtiere. Alles Böse, das Menschen tun, legt sich als Schmutz auf sie, und so viel wird gesündigt, dass sie und ihr Haus häufig von Schmutz starren. Dann verliert sie die Geduld, lässt keine Fangtiere mehr zur Erde hinauf und es gibt Missfang, bis ein Geisterbeschwörer zu ihr hinabfährt und sie und ihr Haus reinigt. Anfänglich ist sie so böse, dass der Geisterbeschwörer sich an ihr festklammern muss, um nicht in den See neben ihrer Pritsche geschleudert zu werden. Nach und nach aber lässt sie sich besänftigen, und aller Schmutz wird zu Fangtieren verwandelt, die als Seetiere, Vögel und Landwild zur Erde hinaufsteigen.

Der Mondmann ergriff ihn und knallte mit seiner Peitsche, und sogleich hob er sich von der Erde; gleichzeitig klang auch das Bellen und Heulen der Hunde immer entfernter, bis es sich schließlich ganz verlor.

Und damit endigt die Geschichte von dem Mondmann, der zur Erde niederstieg, um die Menschen zu züchtigen.

Der Mann und die Frau aber, die in Pûlortussaq zurückgelassen worden waren, hatten alles gesehen, und nicht umsonst hatte der Mann seine Vorsichtsmaßregeln rechtzeitig getroffen; denn kaum fingen die Hunde des Mondmannes an zu bellen, als der Hammer über der Tür sich auf und nieder bewegte, während die Lichtschale sich herumdrehte. Und so oft das Bellen der Hunde näher klang, verdoppelten sie ihre Geschwindigkeit. Hätte der Mann an jenem Abend seine Amulette nicht aufgehängt, so wären die Hunde ins Haus gedrungen und hätten sie beide gefressen.

Die beiden Frauen aber, die an allem schuld waren, bereuten ihren Unglauben und befolgten von da an alle Gebote.

Imap ukûa

Die Mutter des Meeres.

Einst entschloss sich Uitsataqangitsoq, »der Blinde«, zur Mutter des Meeres, die über alle Seetiere und Seevögel herrscht, hinabzufahren. Er war ein großer Geisterbeschwörer, und seine Landsleute hatten ihn gebeten, den Geisterflug zu unternehmen, weil der Fang seit geraumer Zeit sehr spärlich gewesen war.

So reiste denn »der Blinde« zur Mutter des Meeres, indem er genau dem Weg der Toten folgte; es dauerte nicht lange, da kam er zu einem anderen Weg, der nach links abbog, diesen schlug er ein, und alle seine Hilfsgeister folgten ihm. Schließlich hörte er ein starkes Brausen; es war der Elv, der durch das Haus floss, in dem die Mutter des Meeres wohnte. »Der Blinde« setzte seinen Weg fort, bis er schließlich den Elv erreicht hatte. Dort musste er über drei große Steine springen, die mit glatten Algen bewachsen waren. Er stand ratlos; als aber alle seine Hilfsgeister drüben waren, wagte er den Sprung und kam glücklich hinüber.

Wieder flog er weiter und erblickte endlich das Haus, in dem die Mutter des Meeres wohnte. Als er es erreicht hatte, sah er, dass der Eingang von einem schäumenden Bach versperrt war. Er fand aber einen Übergang. Seine Hilfsgeister hielten ihn zurück und sprachen zu ihm:

»Sobald du im Hause bist, musst du auf die Mutter des Meeres zuspringen, sie am Haar packen und es dir um den rechten Arm schlingen, denn sie wird den Versuch machen, dich in den Abgrund hinter ihre Pritsche zu schleudern. Glückt es ihr, so wirst du in der Dunkelheit ersticken.«

Als sie so gesprochen hatten, gingen alle ins Haus. Im Hausgang entdeckten sie, dass der Elv nicht aus dem Hause herausfloss, sondern ins Haus hineinschäumte. Deshalb waren keine Seehunde mehr aus dem Haus der Mutter des Meeres herausgekommen und der Fang war immer spärlicher geworden.

Kaum stand »der Blinde« im Hause, als er die große Frau am Haar packte und es sich geschwind um den rechten Arm wickelte; ihr Versuch, ihn nach rückwärts auf die Pritsche zu werfen, missglückte, sie hob ihn aber so hoch, dass ihm war, als ob ein Abgrund sich unter ihm auftäte. Dann kämpften sie miteinander; aber seine Hilfsgeister kamen ihm zu Hilfe, indem sie der Frau auf die Ohren schlugen und riefen:

»Sei ruhig, sei still, er ist ja gekommen, um dein Haar zu kämmen und dich von Ungeziefer zu reinigen.«

Die Mutter des Meeres aber hörte nichts in ihrem Zorn und mühte sich nur, ihn in den Abgrund hinter der Pritsche zu werfen; schließlich wurde sie aber müde und schien plötzlich zu verstehen, was die Hilfsgeister ihr in die Ohren schrien. Da wurde sie gleich ganz still und sagte:

»Mit Freude hör' ich diese Kunde, denn ich verkomme unter dem Schmutz der Menschen. Die Unreinheit eurer Übertretungen beschmutzt mich. Schnell, schnell, reinige meinen Kopf und kämme mein Haar!«

Darauf legte sie sich auf ihre riesige Pritsche, und »der Blinde« begann ihr Haar zu kämmen. Es war eine mühselige Arbeit, weil es so lang, so widerspenstig und so verfilzt war.

Als er die Reinigung beendet hatte, fegte er den Schmutz zusammen und warf ihn hinaus. Im selben Augenblick wurde der Schmutz lebendig und verwandelte sich in Bären, Füchse, Seehunde, Walrosse, Narwale und alle möglichen Vögel, und alle eilten durch den Elv dem Meere zu. Und wie »der Blinde« ihnen nachsah, fiel ihm ein junger Seehund auf, der sich nach ihm umdrehte und lächelte. Das war der erste Seehund, den er nach seiner Heimkehr fangen sollte.

Nachdem alle Fangtiere ihre Herrscherin verlassen hatten, begann »der Blinde« ihr Haar zu ordnen und steckte es zu einem Knoten auf, und als er fertig war, hieß er sie, sich zu erheben. Ihre Danksagungen kannten jetzt kein Ende, und sie sprach zu ihm mit folgenden Worten:

»Große Freude hast du mir bereitet, weil du nicht nur des Essens wegen zu mir kamst. Du hast mich froh gemacht, weil du von Kindheit an nur an ernste Dinge gedacht und ein großer

Geisterbeschwörer geworden bist. Lange, lange ist es her, seit jemand zu mir kam, um mich zu reinigen.«

So sprach sie zu ihm und fügte hinzu:

»Wenn du zur Erde zurückkehrst, so sage deinen Wohnplatzgenossen, dass sie alle Glaubensvorschriften genau befolgen sollen. Die Menschen geben sich keine Mühe, das Leben richtig zu leben, ihr Trotz aber kommt als Schmutz zu mir und macht mich hässlich. Gern hätte ich meine Fangtiere den Menschen geschickt, doch musste ich sie zurückhalten, um sie zum Nachdenken zu erziehen.

Solange du auf Erden lebst, musst du häufig zu mir kommen und mich reinigen, und dasselbe sollst du Spätergeborenen von mir bestellen. Denn es schickt sich nicht, dass Menschen nur ans Essen denken.«

Als die große Frau so gesprochen hatte, sagte »der Blinde«: »Darf ich eines deiner Haare behalten?«

Die Mutter des Meeres antwortete: »Du darfst eines meiner Haare behalten, doch musst du es dir um deinen Arm binden.«

Da riss »der Blinde« ihr ein Haar aus, wickelte es sich um den Arm und begab sich auf die Rückreise. Draußen im Hausgang fand er alles ganz verändert, ein kleiner Elv plätscherte munter aus dem Hause heraus, der Erde entgegen, und der Grund war nicht mehr mit Steinen angefüllt, sondern glänzte von weißem Sand.

»Der Blinde« trat seine Heimreise an und sah nichts von dem großen Elv, der ihm auf der Heimreise so viele Schwierigkeiten bereitet hatte, und er reiste mit großer Geschwindigkeit und traf unterwegs viele Seetiere und Vögel, die ihm alle zulächelten. Bald erreichte er sein Haus, beendete seine Geisterbeschwörung und sagte darauf zu seinen Wohnplatzgenossen:

»Habe ich richtig gehandelt und meine Kunst zu eurem Besten ausgeübt, so wird es bald regnen und ein Südwest aufkommen, der das Eis bricht und den Fangtieren den Weg öffnet.«

Er schwieg eine Weile und fuhr dann fort:

»Von der Mutter des Meeres soll ich euch bestellen, es sei nicht recht, nur an Essen und Trinken zu denken. Und sie befiehlt, alle Sitten und die Vorschriften der Geisterbeschwörer genau zu befolgen, denn die Übertretungen der Menschen beschmutzen sie und machen sie unrein und hässlich.«

Abermals schwieg er, und zwischen den Lauschenden war tiefe Stille, als er zuletzt noch sagte:

»Das Eis wird aufbrechen, und wir werden offenes Wasser bekommen; viele Fangtiere werden eintreffen, doch darf niemand während der ersten drei Tage mehr als einen Seehund am Tage fangen.«

Alles traf ein, wie er es vorausgesagt hatte: Es gab mildes Wetter und Regen, ein Südwest setzte ein und brach das Eis auf, und mit dem offenen Wasser kamen die Fangtiere. Sobald der Wind sich gelegt hatte, gingen alle in die Kajaks und richteten sich genau nach den Vorschriften des »Blinden«. Nur einer fing in seiner Gier mehr als einen Seehund und bekam von da an nie mehr als einen am Tag, wenn auch alle anderen so viele fingen, dass sie sie kaum nach Hause schleppen konnten.

Der erste Fang des »Blinden« war aber just der kleine Seehund, der ihm im Hause der Mutter des Meeres zugelächelt hatte.

Asiaq

Die Herrin über Wind und Wetter.

Es war einmal ein Großfänger, der bei Pikiutloq wohnte. Er hatte nur ein einziges Kind, einen kleinen Jungen, der der Liebling aller war; besonders seine Großmutter liebte ihn sehr, weil er nach ihrem verstorbenen Sohn genannt war.

Eines Tages kam der Großfänger mit einem Seehund nach Hause, und als seine Frau an den Strand ging, um ihn zu zerlegen, übergab sie den kleinen Sohn ihrer Mutter, dass sie ihn warte. Die Großmutter saß nun bei ihm und hütete ihn wohl, bis er zu weinen begann, und sein Weinen wurde so heftig, dass sie schließlich ihrer Tochter zurief:

»Komm herauf und nimm ihn eine Weile! Er weint so sehr und ich kann ihn nicht beruhigen.«

Die alte Großmutter aber war blind, und als jemand ins Haus kam, konnte sie nicht sehen, wer es war. Sie glaubte aber, dass es ihre Tochter sei, die zu ihr sagte: »Leg das Kind in meinen Amaut!« Kaum aber hatte sie es getan, als sie merkte, dass der Rückensack, in den sie das Kind gelegt hatte, hohl war wie eine tiefe Schlucht. Vergeblich rief sie da, so laut sie konnte:

»Ich habe das Kind in einen fremden Amaut gelegt, zu spät habe ich gemerkt, dass der Rückensack hohl war!«

Im selben Augenblick kam die Tochter herein, um ihr Kind zu holen, aber da war es schon längst entführt. Sie suchten und suchten überall, fanden es aber nirgends und trauerten bis an ihr Lebensende über den Knaben, der ihnen geraubt ward.

Das Kind aber hatte niemand anderes als Asiaq, die Herrscherin über Wind und Wetter, gestohlen. Von ihr wird erzählt, dass sie seit Beginn der Welt umherzog, um einen Mann zu finden;

aber keiner wollte sie haben. In jenen ältesten Tagen war Asiaq immer auf der Wanderung, von Wohnplatz zu Wohnplatz, und sorgte für gutes Reisewetter für sich selbst; darum soll das Wetter in alten Zeiten auch längst nicht so unruhig und wechselnd gewesen sein, wie heutzutage.

So aber ging es zu, dass Asiaq endlich doch einen Mann bekam. Sie ließ den Knaben schnell heranwachsen, und als er groß geworden war, nahm sie ihn zum Mann. Von da an ging sie nicht mehr auf Wanderschaft; und seit sie in ihrem Haus sesshaft geworden war, sorgte sie nicht mehr für das Wetter, sodass die Menschen, die auf Fang ausziehen wollten, sehr darunter zu leiden hatten. Darum war es die Aufgabe der Geisterbeschwörer, hin und wieder zu Asiaq zu reisen, um sie um gutes Wetter zu bitten.

Kein Geisterbeschwörer aber konnte Asiaq überrumpeln, denn sie schämt sich, dass sie ein Kind zum Mann genommen hat. Sie ist furchtbar anzusehen, und alles in ihrem Hause steht auf dem Kopf …

Viele, viele Jahre, nachdem sich das Erzählte ereignet hatte, wurde ein Mann geboren, der den Namen Ajak bekam. Bereits im Heranwachsen begann er Geister zu beschwören und wurde darum, als er erwachsen war, einer der größten Geisterbeschwörer unseres Landes. Er hatte bei Simiutaq Land genommen und überwinterte dort. Er bewohnte ein großes Haus mit vielen Hausgenossen, und als der Winter kam, gab es immer schlechtes Wetter, es schneite, als ob es nie wieder aufhören wollte. Schließlich waren Land und Eis so mit Schnee bedeckt, dass man nicht mehr auf Fang ausgehen konnte und Not unter den Menschen entstand. Da begannen sie zu murren und sagten:

Asiaq, die Beherrscherin der Winde. Es ist die Natur des Windes, alles auf den Kopf zu stellen; darum ist auch an ihr alles anders, als bei anderen Lebewesen.

Der Hilfsgeist Angiut, der alles von den Menschen weiß.

»Man hat uns erzählt, dass Ajak ein großer Geisterbeschwörer sei und Fangtiere herbeischaffen könne, wenn die Zeiten schlecht sind. Warum tut Ajak nichts, um uns zu helfen?«

Ajak aber tat, als ob er nichts höre, eines Abends aber ergriff er das Wort und sagte:

»Bringt ein Fell und hängt es vor den Hausgang.«

Wenn Geister beschworen werden sollen, verdeckt man den Hausgang mit einem Fell. Darum hing man alsogleich ein Fell vor den Hausgang und fesselte Ajak, der einen Geisterflug zu Asiaq unternehmen wollte, um sie zu überreden, das Wasser zu lassen; denn wenn sie ihr Wasser lässt, regnet es auf Erden.

Ein Geisterbeschwörer, der einen Geisterflug unternimmt, muss sehr fest gebunden werden, damit seine Seele den Körper verlassen kann, der im Hause zurückbleibt. Darum band man Ajak die Hände auf dem Rücken mit starken Fellriemen. Wie er so gebunden dalag, ohne sich rühren zu können, geschah es, dass die Zaubertrommel, die neben ihm lag, sich rührte. Die Trommelschläger schlugen auf das Darmfell, dass es durchs ganze Haus dröhnte; das war das Werk der Geister, und ein Zeichen, dass Ajak ein sehr großer Geisterbeschwörer war.

Nachdem man ihn gebunden hatte, ging einer der Männer hin, steckte den Mittelfinger in seinen Hinteren und zog ihn schnell wieder heraus. Dadurch bekommt die Seele auf ihrer Reise große Geschwindigkeit. Dann befestigte man die Flügel einer Lumme an seinem Rücken; alle Geisterbeschwörer haben eine Lumme als Hilfsgeist, der ihnen beim Fliegen behilflich ist. Darauf löschte man alle Lampen des Hauses und es wurde dunkel. Sogleich begann die Zaubertrommel sich zu bewegen, die Trommelschläger schlugen, dass es dröhnte, und der Geist verließ den Körper, flog aus dem Hause und durch die Luft, gefolgt von den Hilfsgeistern. Sie flogen landeinwärts, weiter und immer weiter, aufs Inlandeis zu, bis sie zu einem Haus kamen. Dort stiegen sie aufs Dach hinauf und sahen durch die »Nase« in das Haus hinunter.

Unter den Hilfsgeistern war einer, der Ijajiuatsiaq hieß, ein sehr lachlustiger kleiner Zwerg. Als er hinunterschauen wollte, warnten die anderen ihn; denn das Ungewöhnliche hatte sich ereignet, dass Ajak und sein Geistergefolge ins Haus gekommen waren, ohne dass Asiaq es gemerkt hatte. Darum konnten die Fremden sich ungestört umsehen: Asiaqs Mund und Augen standen senkrecht im Gesicht, die Nase quer, der Haarschopf senkrecht; die Lampe stand auf dem Kopf, ebenfalls der Topf und der Wassereimer; ja, sogar ihre Pritsche und Seitenpritsche standen anders, als man es gewohnt war, und neben ihr lag ihr riesiger Mann, mit schönen Armbändern an den bloßen Armen. Als Ijajiuatsiaq dies alles sah, musste er lachen; im selben Augenblick aber warf Asiaq ihren Mann hinter die Pritsche, beklopfte seinen Körper schnell mit beiden Händen, und alsogleich wurde er zu einem kleinen Kind.

Ajak und seine Hilfsgeister betraten nun das Haus, und Asiaq fragte sie:

»Was wollt ihr hier?«

»Wir wollen dich bitten, dass du dein Wasser lässt.«

»Ho, ho, nehmt Platz!« Und als sie sich gesetzt hatten, sagte sie:

»Womit soll ich meine Gäste bewirten?« Gleichzeitig zog sie aus dem Raum unter der Pritsche einen Sack hervor, der aus den Flossen eines Seehundes gefertigt war, die Riemen aber waren aus Seehundsfell. Sie band den Sack an die Riemen und warf ihn in ihrem Hausgang aus; zuvor aber hatte sie in den Sack einen Fellhandschuh gelegt, wie man ihn beim Kajakfang verwendet.

Dieser Handschuh aber hatte Zauberkraft und konnte stehlen wie eine Hand. Und der Sack flog ganz bis hinab zu den Fleischgruben der Menschen; dort stahl der Handschuh Fleisch für Asiaq, sodass sie in Überfluss leben konnte, ohne dass ihr Mann sie zu ernähren brauchte.

Als sie den Fellsack ausgeworfen hatte, konnte man an der Leine sehen, dass er sich in verschiedener Richtung bewegte und dann stillhielt. Da zog sie ihn wieder ein, und als man ihn öffnete, zeigte es sich, dass er alle möglichen Sorten essbarer Pflanzen

Der Hilfsgeist Amô kommt in ein Haus, von dem gefesselten Geisterbeschwörer herbeigerufen, während die Trommel frei über dem Fußboden schwebt.

enthielt, die auf Erden wachsen; obenauf aber lag der Kajakhandschuh. Sie leerte den Sack und als sie ihn wieder auswarf, sagte sie: »Womit wird er sich jetzt wohl füllen?« Als sie ihn wieder heraufzog, enthielt er Qujut, Löffelkraut, in Specksülze eingemacht.

Wieder warf sie ihn aus, und als sie ihn einzog, enthielt er Nunat und in Speck eingelegte Wurzeln des Löwenzahn. Auf dieselbe Weise verschaffte sie Mattak und Inigarmiut, in Speck eingemacht und in geschnittenem Seehundsfell eingelegt. Auch getrocknetes Fleisch zog sie so herauf. Darauf aßen sie. Von den Hilfsgeistern aß der kleine lachlustige Zwerg eingemachte Pflanzen, Ingnerssuit aß Walhaut, und die Inlandsbewohner aßen getrocknetes Fleisch; so aß ein jeder, woran er gewöhnt war. Als die Mahlzeit beendet war, wühlte Asiaq zwischen ihren Sachen und zog ein Stück Bärenfell hervor, das mit Schnee gefüllt war; indem sie es hochhob, rieselte Schnee daraus herab; der Geisterbeschwörer und seine Hilfsgeister aber riefen:

»Nein, nein, das nicht, das nicht!«

Dann nahm sie ein anderes Bärenfell, das von Wasser tropfte, und dazu sagten die anderen:

»Ja, das soll es sein, das wollen wir haben!«

Da hob Asiaq es hoch, schüttelte es und Wasser tropfte heraus. So tat sie zweimal, als sie es aber das dritte Mal tun wollte, sagten sie:

»Nein, nein, nicht mehr!« Und darauf hielt sie inne; denn jedes Mal, wenn sie das Fell schüttelt, das von Wasser tropft, regnet es auf der Erde einen ganzen Monat.

Nachdem der Geisterbeschwörer und seine Hilfsgeister sie dazu vermocht hatten, ihr Wasser zu lassen, wie man zu sagen pflegt, begaben sie sich auf den Heimweg und kamen glücklich nach Hause.

Nachdem sie eine Zeitlang zu Hause gewesen waren, ging ein Mann hinaus, um nach dem Wetter zu sehen, und als er wieder hereinkam, sagte er:

»Es sieht nicht nach Regen aus, ein frischer Landwind weht, und der Schnee fällt dicht.«

Es wurde Nacht, und Ajak ging selbst hinaus, um nach dem Wetter zu sehen; als er zurückkam, sagte er:

»Mag jeder Ungläubige jetzt hinausgehen und nach dem Wetter sehen.«

Da gingen die Hausgenossen hinaus und sahen, dass es in Strömen regnete und ein steifer Südwest sich aufgemacht hatte.

So regnete es zwei Monate lang; Schnee und Eis schmolzen, und die Fänger konnten wieder auf Fang ausziehen.

Das ist die Erzählung von Asiaq, der Herrscherin über Wind und Wetter.

Wie der Nebel entstand

Es war einmal ein Mann und eine Frau, die ganz allein wohnten. Sie hatten den großen Kummer, dass ihre Kinder immer starben; und wenn sie sie begraben hatten und nach dem Grab sahen, war die Leiche stets verschwunden.

Einst bekamen sie wieder ein Kind, und als es wie die anderen starb, begruben sie es. Tags darauf sah der Mann nach dem Grab, und da war die Leiche wie gewöhnlich verschwunden. Da ging er zu seiner Frau, erzählte, was geschehen sei, und erklärte, dass er sich am folgenden Tage lebendig begraben lassen wolle, um zu sehen, wer der Räuber sei. Sie begaben sich zu dem leeren Grab, der Mann kroch hinein, und die Frau ordnete die Steine wieder, wie über einem frischen Grab. Darauf kehrte sie nach Hause zurück.

Als es Nacht geworden war, hörte der Mann in der Nähe des Grabes Schritte; kurz darauf wurden die Steine zurückgeschoben, und er hörte eine Stimme sagen:

»Sie haben diesmal eine herrlich große Leiche begraben.«

Darauf nahm der Leichenräuber einen Strick, band ihn dem Mann um die Fußgelenke und nahm ihn auf den Rücken, sodass sein Kopf nach unten hing, und so ging er mit ihm über Land. Als er ein gutes Stück gegangen war, wurde dem Mann diese Lage sehr unbequem, und als sie zu einer Felsspalte kamen, griff er mit beiden Händen nach der Felswand. Der Leichenräuber blieb stehen und wusste nicht, was ihn zurückhielt.

»Merkwürdig«, dachte er, »die Leiche ist plötzlich so schwer geworden.«

Und er mühte sich vorwärtszukommen; da ließ der Mann den Felsen los, sodass der Leichenräuber fast kopfüber hingestürzt wäre. Nun begann er die Leiche genau zu untersuchen, ob nicht noch Leben in ihr sei. Er legte sein Ohr an ihren Mund, und gleich hielt der Mann den Atem an; der Leichenräuber aber lauschte so lange, dass der Mann fast erstickt wäre. Aber der Leichenräuber richtete sich auf und sagte:

»Es ist kein Fünkchen Leben mehr in ihm.«

Hob ihn darauf wieder auf seinen Rücken und ging weiter.

Als er abermals ein Stück gegangen war, wurde die unglückselige Lage dem Mann wieder so unbequem, dass er sich nach etwas umsah, was er greifen konnte; und als sie an einem

Gebüsch vorbeikamen, griff er mit beiden Händen danach. Wieder blieb der Leichenräuber stehen und mühte sich aus allen Kräften, vorwärtszukommen.

»Was ist nun wieder los! Warum wird die Leiche so schwer?«

Da ließ der Mann die Büsche fahren, und wieder strauchelte der Leichenräuber. Er legte die Leiche auf die Erde und untersuchte sie wie das vorige Mal; als er aber auch diesmal nichts Verdächtiges fand, nahm er sie wieder auf den Rücken und ging weiter. Als er eine Weile gegangen war, bekamen sie ein Haus in Sicht und darauf ging er zu.

Er trat ein und warf den Mann vor die Pritsche auf die Erde, wo er zerlegt werden sollte. Drinnen im Hause waren seine Frau und seine zwei Kinder. Als sie den Mann erblickten, schrien sie durcheinander:

»Ich will die Hand haben! Und ich die andere Hand! Sie soll uns prächtig schmecken!«

Der Leichenräuber, der von dem langen Weg mit der schweren Bürde ermüdet war, legte sich auf die Pritsche und schlief gleich ein. Als er eingeschlafen war, öffnete der Mann die Augen, um sich im Hause umzusehen. Da entdeckte er über seinem Kopf eine Axt; kaum hatte er sie erblickt, als die Kinder durcheinander schrien:

»Vater, Vater, die Leiche öffnet die Augen!«

Der Vater richtete sich schläfrig auf, als er aber sah, dass der Mann immer noch mit geschlossenen Augen dalag, beschwichtigte er die Kinder und sagte:

»Was redet ihr! Er liegt ja ganz unbeweglich.«

Und drehte sich um und schlief weiter.

Nun begann die Frau ihr Messer zu schleifen, um die Leiche zu zerlegen, und als sie es genug geschliffen hatte, streifte sie ihre Ärmel hoch und wollte dem Mann den Bauch aufschlitzen; der aber zog seinen Leib so plötzlich ein, dass sie ihn gar nicht berührte.

»Ho, ho, was ist das? Habe ich mein Messer nicht genügend geschliffen?«

Sie betrachtete die Schneide und wetzte sie am Schleifstein. Als sie sie tüchtig geschärft hatte, versuchte sie es noch einmal. Wieder zog der Mann den Leib ein, diesmal aber berührte sie ihn und ritzte ihm ein wenig die Haut. Da dachte der Mann bei sich:

»Wenn doch die Lampen verlöschen wollten!«

Und er dachte es mit solcher Kraft, dass die Lampen wirklich verloschen.

»Mutter, Mutter, das Licht ist ausgegangen!«, schrien die Kinder. Im selben Augenblick aber sprang der Mann auf, nahm die Axt, die über seinem Kopfe hing und schlug dem schlafenden Leichenräuber den Kopf ab.

»Leiche, Leiche, Leiche!«, schrien die Kinder; sie wollten eigentlich sagen, dass die Leiche lebendig geworden sei, aber sie waren vor Schreck so gelähmt, dass sie nur: »Leiche, Leiche, Leiche!« rufen konnten. Und bevor die Lampen wieder angezündet waren, lief der Mann aus dem Hause und eilte davon, so schnell seine Füße ihn tragen konnten. Als er ein Stück gelaufen war, blickte er sich um und sah, dass das Weib hinter ihm herlief und ihm mit ihrem Messer immer näher kam. Als sie ihn fast eingeholt hatte, rief er:

»Ach, dass sich doch gewaltige Steinfelsen hinter mir erheben würden!«

Und gleich erhoben sich hohe Steinfelsen hinter ihm. Als die Frau sie sah, rief sie hinter dem Mann her: »Wie bist du über die Steinfelsen gekommen?«

»Bin hinübergesprungen!«, rief der Mann. Und gleich begann auch sie hinüberzuspringen; die Felsen aber waren so hoch, dass man nichts weiter sah, als ihren kleinen Haarschopf, der hin und wieder zwischen den Felsen auftauchte. Als er einsah, dass sie ihn in kurzer Zeit eingeholt haben würde, begann er wieder zu laufen. Und als sie ihm immer näher kam, rief er mit lauter Stimme, indem er über einen kleinen Felsspalt sprang:

»Felsspalt, erweitere dich, und werde zu einer tiefen Kluft mit steilen Wänden!«

Kaum hatte er das gerufen, als der Spalt sich erweiterte und zu einer gewaltigen Kluft mit steilen Wänden wurde.

»He, he, wie bist du über die Kluft gekommen?«

»Bin hinübergesprungen!«, rief der Mann, und kaum hatte sie es gehört, als sie hinübersprang. Als sie wieder drauf und dran war, ihn einzuholen, bestieg er gerade eine kleine Bergkuppe, und als er drüben war, rief er:

»Bergkuppe, werde ein gewaltiger Abgrund hinter mir!«

Und gleich wuchs die Bergkuppe zu einer steilen Wand, die so hoch war, dass man das Weib, das oben auf dem Gipfel stand und mit den Armen fuchtelte, kaum erkennen konnte. Sie rief zu ihm herunter:

»Wie bist du die Felswand heruntergekommen?«

»Bin heruntergerutscht!«, rief der Mann, und kaum hatte er es gerufen, als sie sich niedersetzte und herunterrutschte; sie fiel von Felsabsatz zu Felsabsatz, mit solcher Geschwindigkeit, dass sie wie eine rollende Kugel aussah.

»Dass sie sich doch zu Schanden schlüge!«, dachte der Mann, und als sie die Tiefe erreicht hatte, lag sie wirklich wie tot da. Einen Augenblick später aber richtete sie sich wieder auf, ihr

Messer noch in der Hand, und rannte wieder hinter dem Mann her, der jetzt um sein Leben lief.

Als er einsah, dass sie ihn doch noch einholen würde, sagte er, indem er über kleine Weidenbüsche sprang: »Weidenbüsche, wachset und werdet riesengroß!« Und alsogleich schossen sie in die Höhe und wurden zu einem großen, undurchdringlichen Wald.

»Wie bist du durch diesen Wald gekommen?«

»Bin durch die Büsche gekrochen.«

Und das Weib begann sich durch die Büsche zu brechen. Sie zerrissen ihr Zeug und kratzten sie blutig, sie aber hielt aus, kam glücklich hindurch und begann wieder hinter dem Mann herzulaufen. Als er merkte, dass er fast nicht mehr weiterkonnte, dachte er über einen neuen Ausweg nach, und indem er über einen kleinen Elv sprang, drehte er sich um und rief:

»Elv, wachse und werde groß und reißend!«

Und gleich schäumte der Elv und wurde ein großer und reißender Strom. Er sah das Weib am anderen Ufer stehen, konnte aber nicht hören, was sie rief; weil er aber schon wusste, was sie fragte, antwortete er ihr durch Zeichen, dass er hinübergekommen sei, indem er den Elv ausgetrunken habe.

Sofort legte das Weib sich auf den Bauch und begann zu trinken, und sie trank und trank und trank und fuhr fort zu trinken, und der Elv wurde wirklich niedriger. Da aber war das Weib so aufgeschwollen, dass sie sich auf den Armen aufrichten musste, indem sie zum Mann hinüberrief:

»Sag mir doch, wie bist du hinübergekommen?«

»Du hörst ja, ich habe ihn ausgetrunken.«

Von Neuem begann sie zu trinken, und als sie eine Weile getrunken hatte, war der Elv wieder niedriger geworden; da aber war sie so mit Wasser gefüllt, und ihr Leib so aufgeschwollen, dass ihre Beine in die Luft ragten. Sie konnte nicht mehr trinken und rief zum Mann hinüber:

»Sag mir doch, wie bist du über den Elv gekommen?« Wieder machte er ihr Zeichen zu und sagte:

»Trink nur immer zu, du hast ihn ja bald schon geleert. Trink nur, trink, trink!«

Sie schüttelte den Kopf, setzte aber noch einmal die Lippen an und trank – und da platzte sie! – Er hörte einen Knall und sah plötzlich eine Art Staubregen auf die Erde fallen, und der Regen schwoll und schwoll und wurde zu dichtem Nebel, der sich über das ganze Land legte, obgleich nirgends am Himmel eine Wolke stand.

So starb das Zauberweib, und so entstand der Nebel.

Der Mann aber kehrte zu seiner Frau zurück und erzählte, was er erlebt hatte.

Lange blieb der Nebel auf der Erde liegen; als es aber wieder klares Wetter geworden war, brach der Mann auf, um zu sehen, wie es den Gnomenkindern ergangen war, und sieh! – weinend hatten sie sich an die Hauspfosten geklammert und solange geweint, bis sie schließlich keine Luft mehr bekommen konnten und in ihren eigenen Tränen erstickt waren.

Der Mann aber freute sich dessen, denn so rächte er sich an der Gnomenfamilie, die seine Kinder gefressen hatte.

Der Unterirdische,

der die Gestalt der Menschen in Holz nachbilden konnte.

Es war einmal ein junger Mann, ein guter und tüchtiger Fänger und die einzige Freude seiner Eltern. Eines Tages aber, als er in seinem Kajak aufs Meer hinausruderte, verschwand er und kam nie wieder.

Und so war es ihm ergangen:

Er war an der Küste entlang gerudert, als er plötzlich ein großes Haus sah. Er ruderte darauf zu, stieg aus seinem Kajak und ging hinein. Drinnen im Hause saß ein großer Mann, der ihn packte und auf die Pritsche setzte; im selben Augenblick wurden Kleider von oben zu ihm herabgelassen. Diese Kleider zog der große Mann ihm an, und darauf kam eine Frau herein:

»Hier hast du etwas zu essen!«

Und im selben Augenblick hob die Frau ihn hoch und trug ihn hinaus. Draußen entdeckte er, dass über dem Hausgang, durch den er hineingekommen, ein anderer Hausgang war, durch diesen trug die Frau ihn in ein anderes Haus.

Dort lebten sie von da an als Mann und Frau, und der Mann vergaß bald sein Heimweh und befand sich wohl bei den fremden Menschen.

Seine alten Eltern aber beweinten den Verlust ihres Sohnes, sie betrauerten ihn so tief, dass der Vater sich schließlich aufmachte, um ihn zu suchen. Als der Alte eines Tages längst der Küste ruderte, entdeckte er ein großes Haus. Er ruderte an Land, stieg aus seinem Kajak und ging darauf zu. Beim Hause begann er aus voller Kehle zu rufen, ob er hineinkommen dürfe.

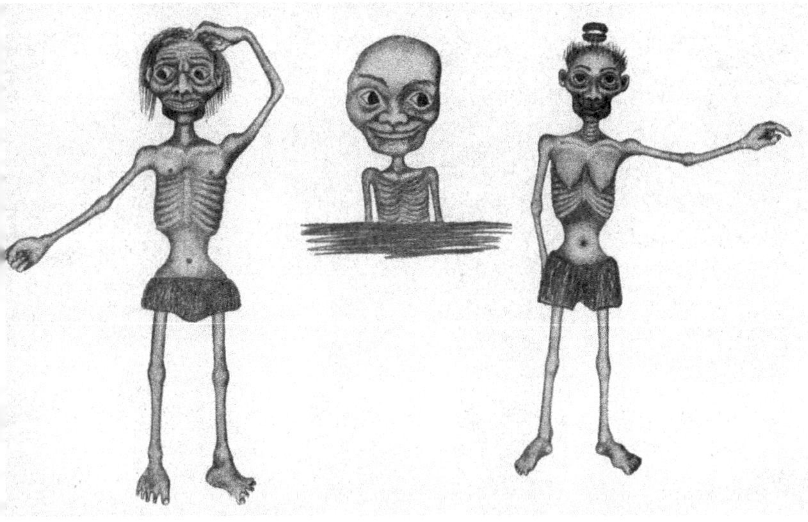

Jedem Menschen folgt ein böser Geist auf den Fersen – in der Gestalt eines Mannes, einer Frau oder eines Kindes. Immer, wenn wir Lust verspüren etwas Unrechtes zu tun, flüstert er uns ins Ohr: »Tu es nur!« Und ohne es selbst zu wollen, gehorchen wir nur zu gern. Sie sind so böse, dass sie ganz mager sind.

»Komm nur herein!«, antwortete man ihm, und gleichzeitig hörte er die Stimme seines Sohnes. Da ging er zu dem großen Mann hinein, der seinen Sohn geraubt hatte und bat ihn weinend, ob er seinen Sohn nicht sehen dürfe. Der Mann aber sagte nein, und es nützte dem Alten nichts, wie sehr er auch in ihn drang. Schließlich nahm der große Mann ein Stück Holz, in das er ein Bild geschnitzt hatte, das dem Sohn auf ein Haar glich. Dieses Bild gab er dem alten Vater, indem er sagte:

»Deinen Sohn kann ich dir nicht zurückgeben, hier aber ist sein Bild; nimm es mit, erfreue dich daran und vergiss ihn mit der Zeit.«

Der Alte reiste heim mit dem Bild, und lebte bis an sein Lebensende, ohne seinen Sohn wiederzusehen; der Sohn blieb bei den Menschen, die ihn geraubt hatten und lebte glücklich mit seiner Frau.

Die Leute aber, die ihn geraubt hatten, gehörten zu den Ingnerssuit, die einzigen, von denen wir wissen, dass sie die Gestalt der Menschen in Holz nachzubilden verstehen.

Das große Feuer

Vor langer, langer Zeit wohnten viele Menschen in einem großen Haus in Simiutaq beisammen. Einst beschlossen die Alten, einen Nachbarort zum Sängerkampf aufzusuchen, und zu Hause blieben nur die Kinder, viele Kinder, darunter ein kleiner elternloser Junge. Als es dunkel wurde, und die Kinder unter großem Geschrei spielten, bemühte der Elternlose sich, den Lärm zu dämpfen; die Kinder aber fürchteten sich nicht, während der Elternlose vor Angst zitterte, und bald ins Haus hinein, bald wieder heraus lief. Plötzlich kam er hereingestürmt und schrie, dass sich »ein großes Feuer« vom Meere her nähere; die anderen Kinder aber lachten ihn nur aus und sagten:

»Ein großes Feuer? Auf dem Meere gibt es kein Feuer.«

Da ging der Elternlose wieder hinaus und sah, dass das Feuer dem Lande schon viel nähergekommen war. Hierüber erschrak er so sehr, dass er ins Haus eilte und die anderen Kinder bat, sie möchten ihn auf das Trockengestell über der Lampe setzen. Er bat so inständig, dass sie schließlich Mitleid mit ihm bekamen und ihn auf das Trockengestell hoben; gleichzeitig aber kitzelten und neckten sie ihn, unter Spott und Gelächter. So brachte der Elternlose sich auf dem Trockengestell in Sicherheit, seinen Schlitten hatte er mit hinauf genommen. Kaum aber war er oben angelangt, als ein Feuerschein vor dem Hause alles rot färbte. Da bekamen die anderen Kinder auch Angst, liefen durcheinander und schrien:

»Was ist das für ein roter Feuerschein?«

Und schon kam »das große Feuer« durch den Hausgang, und zeigte sich am Eingangsloch, indem es einen gewaltigen Seehund, dem das Fell abgezogen war, vor sich herschob. Es übte eine furchtbare Anziehungskraft auf die Kinder aus, sie flogen widerstandslos darauf zu und starben, sobald sie es berührten. Auch den Elternlosen zog es mächtig an, doch hielt er sich tapfer an seinem Schlitten fest und widerstand der furchtbaren Anziehungskraft des Zauberfeuers.

Der Elternlose blieb lange auf dem Trockengestell sitzen, und erst als das Feuer verschwunden war, und er die Eltern der Kinder zurückerwarten konnte, stieg er herunter und setzte sich auf die Pritsche. Spät in der Nacht kamen die Eltern zurück, und als sie ihre Kinder unbeweglich auf der Erde liegen sahen, lachten sie und sagten: »Die haben während unserer Abwesenheit gehörig getollt; seht, wie ermattet sie auf der Erde liegen und schlafen.« Als sie aber näherkamen und sahen, dass sie tot waren, gab es ein großes Jammern im Hause.

Tagta,

der ertrank und wieder zum Leben kam.

Tagta war ein Großfänger, der bei Umîvik im Angmagssalik-Fjord lebte. Er hatte gehört, dass weiter südwärts ein Land liegen sollte, das auch Umîvik hieß; das hätte er gar zu gern gesehen. Da es aber fern von seinem eigenen Wohnplatz war, hatte er keine Aussicht, es je zu erreichen.

Als Tagta eines Tages in seinem Kajak draußen auf dem Meere war, sah er einen kleinen Seehund, der sich dicht über dem Wasserspiegel hielt, ohne sich, wie es schien, vor seinem Kajak zu fürchten. Er eilte auf ihn zu und hob schon seine Harpune wurfbereit, als er sah, dass es gar kein richtiger Seehund war, sondern ein Tupilak; da aber war die Harpune schon geworfen, und er konnte sie nicht mehr zurückhalten. Als er aber die Fangblase auswerfen wollte, um den getroffenen Seehund einzuholen, war sie wie festgewachsen am Kajak; da legte er seine Ruder seitwärts aus, damit der Kajak nicht kentern konnte. Als der Seehund nun an der Fangleine zu ziehen begann, flog der Kajak übers Wasser, hielt sich aber im Gleichgewicht. Bald darauf tauchte der Seehund aus dem Wasser auf; sowie er aber merkte, dass er den Kajak nicht zum Kentern bringen konnte, schwamm er dicht an ihn heran und begann die Fangleine um den Kajak zu wickeln, wobei er wie ein Hund kläffte. Kaum hatte er angefangen zu kläffen, als dem Mann so seltsam schwindlich wurde, und ehe er es sich versah, kenterte der Kajak. Er lag kielaufwärts und der Mann ertrank.

Als er wieder zu sich kam, erwachte er dadurch, dass sein alter Großvater ihn rüttelte und sagte:

»Wach auf und schlaf nicht so lange; erhebe dich, bevor die Hunde dich fressen!«

Er sah sich um und erblickte viele Haifische um sich herum, Hunde, wie sein Großvater sie nannte. Sein Großvater war schon vor vielen Jahren gestorben und ins Meer versenkt worden; vom Meeresgründe aus hatte er seinen ertrunkenen Enkel gesehen und kam ihm jetzt zu Hilfe. Als Tagta erwachte, gab der Großvater ihm einen Stoß, und er schoss mit dem Stab, den er zwischen die Querriemen seines Kajaks zu stecken pflegte und den er jetzt in der Hand hielt, vorwärts.

Tagta aber war ein Angerdlartugssiaq, ein Mann, der die Zaubergabe besaß, nach seinem Tode zu den Menschen zurückzukehren.

Mithilfe des kleinen Stabes, den er in der Hand hielt, fuhr er nun durchs Meer um die ganze Welt. Plötzlich spürte er Kälte an seinem Kopf und es zog von allen Seiten; er sah sich um und entdeckte, dass er über dem Wasser und just bei dem Wohnplatz Umîvik war, den er immer so gern hatte besuchen wollen. Er flog unsichtbar über ein Haus hinweg und erblickte eine Frau, die an einem Darmfellpelz nähte.

»Wenn sie sich auf Zauberei versteht, wird sie mich entdecken, bevor ich einen Laut von mir gegeben habe«, dachte er.

Und richtig: Sie blickte aus dem Fenster, und obgleich er für gewöhnliche Menschen unsichtbar war, rief sie:

»Da kommt Tagta, den ich immer schon so gern kennenlernen wollte.«

Darauf fuhr Tagta von rückwärts in den Hausgang hinein, die Bewohner aber kamen ihm entgegen and führten ihn ins Haus. Sie hielten ihn fest, denn man muss darauf achten, dass Tote, die ins Leben zurückkehren, nicht wieder entschlüpfen. Kaum war er im Hause, als man ihm den Stab wegnahm und in eine Lampe steckte; denn wenn man den Stab, mit dem ein »Wiederkehrender« um die Welt gefahren ist, nicht nimmt, kann kein Lebender ihn zurückhalten, er wird wieder aus dem Hause gleiten und sterben und kehrt nie zurück.

Kaum war der Stab in die Lampe gelegt, als Tagta umfiel und das Bewusstsein verlor. Drei Tage ließ man ihn in Kleidern liegen, und erst am vierten zog man ihn aus, und er war wieder Mensch und lebte weiter, froh, dass er nun endlich nach dem lieben Umîvik gekommen war, nach dem er sich so gesehnt hatte.

Tagta überwinterte nun in dem südlichen Umîvik, und als der Sommer kam, machte er sich einen Kajak, um zu seinem alten Land, dem nördlichen Umîvik zurückzukehren. Als er sich seinem alten Wohnort näherte, war großes Erstaunen; denn alle fanden, dass der Mann, der angerudert kam, Tagta gliche.

»Wer bist du?«, rief man ihm entgegen.

»Ich bin Tagta!«

Als man das hörte, lief man zu seiner Frau und sagte:

»Tagta kommt, Tagta kommt!«

Da er aber schon lange gestorben war, erschrak sie so, dass sie in Ohnmacht fiel, und man musste sie lange an den Haaren ziehen, bevor sie wieder zum Bewusstsein kam.

So kehrte Tagta zu seinem Wohnplatz zurück, nachdem er von einem Tupilak ertränkt worden war. Als der Tupilak aber sah, dass er keine Macht über ihn hatte, ließ er ihn in Frieden, und Tagta lebte viele Jahre glücklich bis an das Ende seiner Tage.

Der Großfänger Navagiaq,

dessen Seele nach seinem Tode durch alle Tiere wanderte, bis sie wieder Wohnung in einem Menschen nahm.

Es lebte einmal ein Großfänger mit Namen Navagiaq. Er war nicht nur ein tüchtiger Seehundsjäger, sondern auch ein guter Mensch, der denen Fleisch gab, die nichts hatten; und darum war er von allen geliebt und geachtet.

Eines Tages aber wurde er krank und starb nach wenigen Tagen. Da geschah das Seltsame, dass er sogar nach seinem Tode bei vollem Bewusstsein blieb und alles sah und hörte, was um ihn herum vorging, und als er zum Lande der Toten kam, dachte er:

»Ach, wie gern hätte ich noch eine Weile gelebt! Ich fand das Leben so schön und bin nun im Lande der Toten; wenn ich doch wieder lebendig werden könnte!«

Darum verließ er das Land der Toten, kehrte zur Erde zurück und suchte seinen Wohnplatz auf. Da es ihm aber nicht möglich war, wieder Mensch zu werden, kroch er in den Körper seines Hundes, und dort nahm seine Seele Wohnung.

Jeden Abend kam seine Frau heraus, um dem Hund Futter zu geben, und wenn Navagiaq das sah, dachte er bei sich, wie hart es sei, dass die arme Witwe, die niemanden hatte, der für sie fangen konnte, ihn mit satt füttern müsse!

Während er sich im Körper des Hundes befand, geschahen bisweilen Dinge, die er gar nicht verstand und an die er sich später nicht mehr erinnern konnte. Das war, wenn er ganz Hund war und nicht wie ein Mensch in dem Körper des Hundes dachte. Auf die Dauer befriedigte es ihn darum nicht, Hund zu sein, und er überlegte, ob er nicht etwas anderes werden könnte. Eines Morgens gewann die Natur des Hundes ganz die Oberhand, und als er zur Besinnung kam, ertappte er sich selbst dabei, wie er von dem Fleischvorrat seiner Frau fraß. Darüber wurde er sehr betrübt, denn jetzt war es sogar so weit gekommen, dass er sie bestahl. Als die Leute erwachten und sahen, was der Hund angerichtet hatte, warfen sie sich auf ihn und prügelten ihn. In seinem Schmerz aber sprang Navagiaq aus dem Körper des Hundes, und im selben Augenblick starb der Hund.

Darauf nahm Navagiaq Wohnung in einem Raben und lebte lange als Rabe. Das war ein herrliches Leben; er kam weit in der Welt herum und konnte so viel stehlen wie er wollte, ohne dafür Prügel zu bekommen. Schließlich aber wurde er dessen doch überdrüssig und kroch aus dem Körper des Raben heraus. Im selben Augenblick starb der Rabe, und Navagiaqs Seele begab sich in einen Grashalm.

Als Grashalm führte er ein angenehmes und bequemes Leben; er verhielt sich ganz ruhig an einer Stelle und tat gar nichts. Als es aber Herbst wurde, veränderte sich alles: Stürme kamen, fuhren über das Gras hin und rüttelten Navagiaq so fürchterlich, dass ihm der Kopf schmerzte. Da wurde er es müde, ein Grashalm zu sein, verließ ihn und im selben Augenblick verwelkte der Grashalm.

Lange war er auf der Erde gewesen und verspürte jetzt Sehnsucht nach dem Meere. Darum nahm er Wohnung in einem Lachs; doch wurde er ein sehr großer Lachs und konnte darum nicht so leicht in die Elve kommen, wie die kleinen, die mit Leichtigkeit über große Steine hüpften. Den ganzen Winter verbrachten die Lachse in einem See; wenn das Eis dick wurde, suchten sie die tiefsten Stellen auf. Als aber der Frühling und der

Sommer kamen, sehnten sich alle nach dem Meer und begaben sich nun dahin, wo der Elv seine Mündung hatte, und dort vertrieben sie sich die Zeit, indem sie Trommellieder sangen. Als endlich das Eis auftaute, schwamm Navagiaq mit den anderen Lachsen ins Meer hinaus, hatte es jetzt aber satt Lachs zu sein und wünschte sich in einen Seehund. In dem Augenblick, wo er ihn verließ, starb der Lachs.

Navagiaqs Seele fuhr eine Zeitlang heimatlos umher und kroch schließlich in einen gewöhnlichen großen alten Seehund hinein. Er schwamm lustig mit seinen Kameraden im Meer herum, nur in einem war er ihnen nicht gewachsen: Er konnte nicht so schnell tauchen wie sie. Als sie einmal im Haufen schwammen, wurden sie von einem Kajak überrascht, der ganz dicht an sie herankam und Navagiaq beinahe harpuniert hätte, weil er sich nicht schnell genug bergen konnte. Als er auf den Grund des Meeres kam, fragte er darum seine Kameraden, wie sie es machten, dass sie so schnell in die Tiefe schossen. Da fragten sie ihn, ob er nicht wie sie vom Horizont abstieße, dort, wo Himmel und Meer zusammenträfen? Und sie lehrten es ihn. Seitdem stieß Navagiaq immer mit den Hinterflossen vom Horizont zwischen Himmel und Meer ab, und alsogleich fuhr er in die Tiefe, und nur einige Blasen zeigten die Stelle, wo er verschwunden war. Das war ein herrliches Leben! Aber das Schönste war, sich auf der Windseite von den großen Wellen treiben und ganz vom Meer aufsaugen zu lassen.

Doch auch dessen wurde er mit der Zeit überdrüssig und verließ den Seehund, der sofort starb.

Jetzt entschloss er sich, in den Körper eines kleinen Fjordseehundes hineinzukriechen, und da es zur Winterzeit war, begann ein herrliches, neues Leben für ihn. Die Seehunde stießen Luftlöcher ins Eis und hielten sie offen, damit sie nach oben kommen und Atem schöpfen konnten. Wundervoll war es, durch das dicke Eis hinauszuschauen. Navagiaq beobachtete, dass seine Kameraden, die an den Luftlöchern saßen, oft von Jägern, die auf Luftlöcherfang waren, harpuniert wurden. Um solchem Schicksal zu entgehen, schwamm er aus dem Fjord hinaus und fand ein altes Luftloch, das verlassen war; das kratzte er auf und ließ sich dort nieder.

Wenn er unterm Eis lag, konnte er die Fänger vom Lande kommen sehen und sich vor der Harpune schützen. Nur einer war darunter, der wurde unsichtbar, sobald er aufs Eis kam. Dieser Fänger hatte ein Amulett unter den Füßen, das ihn vor den Seehunden verbarg.

Als Navagiaq eines Tages wie gewöhnlich zu seinem Luftloch heraufkam, um zu verschnaufen, fühlte er plötzlich einen Schmerz im Körper und wusste im selben Augenblick, dass er von dem Unsichtbaren harpuniert worden sei. Er versuchte den Atem so lange wie möglich anzuhalten, als er aber drauf und dran war zu ersticken, gab es keinen Ausweg mehr für ihn, er musste wieder zum Luftloch hinauf, und kaum tauchte er auf, als der Mann ihn tötete und aufs Eis zog. Wie gewöhnlich aber war es nicht Navagiaq, der starb, sondern nur der Seehund.

Navagiaq aber lebte in seinem Körper weiter und es machte ihm Vergnügen, als der Jäger ihn übers Eis schleifte, die unebenen Stellen kitzelten ihn so angenehm unterm Bauch. Im Hause trat eine Frau an ihn heran, um ihn zu zerlegen. Er musste sich vor dem scharfen Messer in Acht nehmen und flüchtete im Seehund von einer Stelle zur anderen, bis er schließlich ganz in die Kehle hinaufgedrängt wurde. Dort lag er nun und blickte in das Innere der Frau hinein, während sie mit gespreizten Beinen über ihm stand, und als er sah, dass ihr ganzes Innere mit einer Masse gefüllt war, die weißen Eisstücken glich, kroch er in sie hinein. Mehrere Tage verbrachte er damit, ihr Inneres zu reinigen und alles Eis hinauszufegen; währenddessen befand die Frau sich oft unpässlich und müde; als er aber fertig war, war die Frau wieder ganz gesund und gleichzeitig schwanger.

Während der Schwangerschaft der Frau sehnte Navagiaq sich oft nach seiner Freiheit, besonders des Morgens, wenn die übrigen Hausgenossen hinausgegangen waren, um nach dem Wetter zu sehen, und die Frau bis in den hellen Tag liegen blieb. Das ärgerte Navagiaq sehr. Aber endlich begannen die Geburtswehen, und Navagiaq sollte geboren werden. Da dachte er bei sich: »Jetzt will ich mich doch ein wenig rächen! So oft ich hinaus wollte, blieb sie auf ihrer Pritsche liegen, nun will ich dafür so lange wie möglich drinnen bleiben!« Und so kam es, dass die Frau trotz schrecklicher Wehen nicht niederkommen konnte. Da aber entdeckte Navagiaq plötzlich im Leib der Frau einen kleinen Mann mit schiefem Mund, vor dem er sich sehr fürchtete. Kurz darauf tauchten zwei widerwärtige Hände auf, und gleichzeitig hörte er eine Stimme rufen:

»Verlass deine Hülle, verlass deine Hülle!« Dies war der Ruf der Hebamme.

Voller Angst fuhr nun Navagiaq schleunigst aus der Frau heraus. Kaum aber hatte er ihren Leib verlassen, als er von einem brennenden Durst befallen wurde, da kam die Hebamme mit einer klaren Flüssigkeit und befeuchtete seine Lippen. Das war das Wasser, das Hebammen in den Nagel ihres kleinen Fingers schütten und Neugeborenen zu trinken geben.

Auf diese Weise wurde Navagiaq wieder Mensch und sollte einen Namen bekommen. Er selbst wünschte von ganzer Seele, dass man ihn Navagiaq nennen möchte. Jedes Mal aber, wenn er den Namen sagen wollte, kam nur Kindergeschrei über seine Lippen: Ungâ, ungâ, ungâ! Und jedes Mal, wenn die anderen ihm einen Namen geben wollten, war es ein anderer und ganz gewöhnlicher Name, den Navagiaq gar nicht haben wollte, und darum weinte er unausgesetzt.

Schließlich sammelte er alle Kraft zusammen und sagte das eine Wort: Navagiaq, Navagiaq, Navagiaq! Und kaum hatte er es herausgebracht, als seine Mutter sagte:

»Navagiaq sagt er! Vielleicht will er nach dem Verstorbenen genannt sein; wir wollen ihm diesen Namen geben.«

So wurde er denn Navagiaq genannt, und erst da war er zufrieden und froh und fing an zu wachsen, und als er groß geworden war, geriet er ganz dem alten Navagiaq nach und wurde ein großer und tüchtiger Fänger.

Alorutaq

oder der elternlose Barfuß und seine Abenteuer – Der Kampf zwischen Bär und Walross.

Beim »Kleinen Kap«, Kangârssuk, in der Nähe von Kap Dan, wohnte ein Großfänger, der einen armen elternlosen Knaben als Pflegesohn hatte. Der Knabe hieß Alorutaq »Barfuß«, und es ging ihm schlecht, weil sein Pflegevater ihn hungern und in Lumpen gehen ließ und ihm kein Spielzeug gab. Mitten im Winter trat einst eine Zeit mit schlechtem Fang ein, Großeis machte alle Jagd unmöglich, und die Menschen beim »Kleinen Kap« mussten hungern; in ihrer Not gingen sie zu den Leuten, die bei Siorartôq, dem »Großen Sand«, wohnten, und aßen sich satt; denn dort lagen noch ganze Seehunde in den Fleischgruben.

Es war ein weiter Weg bis zum »Großen Sand«, und wenn die Leute vom »Kleinen Kap« über Land gingen, pflegte Barfuß mitzulaufen; er hatte aber weder Kleider noch Fußzeug und musste halbnackend und auf bloßen Füßen gehen, obgleich es mitten im Winter und bitterlich kalt war; so jämmerlich fror ihn im Schnee an seinen nackten Beinen, dass er bei jedem Schritt stehen bleiben und den einen Fuß an dem anderen wärmen musste. Wenn er schließlich angelangt war, halbtot vor Hunger und Kälte, und von dem Seehund zu essen begann, der für die Hungrigen bereitgelegt war, pflegte der böse Pflegevater ihn bei der Schulter zu fassen und zu sagen:

»Nicht so gierig, Barfuß! Iss den Erwachsenen nicht alles weg.«

Und dann musste Barfuß dabeistehen und durfte nicht weiter essen.

Bisweilen brachte man den Hungernden auch Fleisch, und dann war immer eine Portion für Barfuß berechnet, zwei Rippen mit sehr viel Fleisch dran; der böse Pflegevater aber schnitt die eine Rippe ab und von der anderen das Fleisch, und für Barfuß blieb dann nur ein Knochen zum Benagen.

Eines Tages kam wie gewöhnlich eine Einladung von den Bewohnern vom »Großen Sand«, und alle Hungernden machten sich zum Aufbruch bereit. Barfuß wusste zwar, dass es zwecklos sei, mitzugehen, aber sein Magen war leer und seine Gedärme schmerzten vor Hunger. Und so humpelte er denn auf seinen bloßen Beinen durch den Schnee hinter den anderen her, indem er wie sonst bei jedem Schritt den einen Fuß am andern wärmte.

Als er beim »Großen Sand« angelangt war, wo man gerade einen Seehund aus der Fleischgrube herbeigebracht hatte, begann er zu essen. Gleich aber fiel sein Pflegevater über ihn her und schalt, er dürfe den Erwachsenen nicht alles wegessen.

Der Hausherr, der diese Worte hörte, sagte:

»Lass den armen Barfuß doch essen, hier ist genug für alle.«

Barfuß aber fürchtete seinen bösen Pflegevater so sehr, dass er es trotzdem nicht wagte. Der Hausherr sieht es, tritt ganz nahe an Barfuß heran und sagt:

»Hör' mal, kleiner Barfuß, willst du mir draußen bei meiner Fleischgrube behilflich sein?«

»Ja«, sagt Barfuß und macht sich zum Gehen bereit. Da aber sieht der Mann seine Kleidung und sagt:

»Du kannst doch nicht ohne Stiefel gehen, du kannst doch nicht barfuß in den Schnee hinaus!«

»Kann ich nicht mit dir vors Haus gehen, wenn ich den ganzen Weg vom ›Kleinen Kap‹ bis hierher ohne Stiefel durch den Schnee gegangen bin?«

Der Hausherr hatte Mitleid mit dem Knaben und sagte zu seiner Frau:

»Gib Barfuß meine alten Kleider und Stiefel.«

Aber in dem warmen Zeug begann Barfuß gleich furchtbar zu schwitzen und zu dampfen.

Einen ganzen Seehund hatte man ins Haus geschleppt, und als die Leute sich satt gegessen hatten, bekam noch jeder ein Fleischstück mit auf den Weg. Den Rest trug der Hausherr wieder zur Fleischgrube hinaus und Barfuß half ihm dabei. Als sie fertig waren, gab der Mann ihm ein ganzes Schulterblatt mit Fleisch daran, das sollte ihm ganz allein gehören.

Barfuß wollte seinen Augen nicht trauen und versteckte das Fleisch.

Bald darauf brachen seine Wohnplatzgenossen auf, der Hausherr aber hielt Barfuß zurück und sagte zu ihm:

»Du gefällst mir, Barfuß, willst du nicht hierbleiben und mein Pflegesohn sein?«

Barfuß antwortete: »Gern möchte ich bei dir bleiben, weil du gut zu mir bist, aber ich wage es nicht. Denn mein Pflegevater wird sich an mir rächen, wenn ich ihn verlasse und ihm nicht mehr helfe.«

Der Hilfsgeist Ajumâq schwebt während der Geisterbeschwörung in ein Haus; er hat schwarze Arme und Beine, und alles was er berührt, muss verderben und sterben.

»Lass dich das nicht kümmern, Barfuß, ich bin stärker als dein Pflegevater und fürchte ihn nicht.«

Als Barfuß das hörte, blieb er bei dem freundlichen Mann. Jetzt hatte er gute Tage, bekam so viel zu essen als er wollte und neue Kleider, die ihm passten, und darum dauerte es nicht lange, da wuchs er heran und wurde ein tüchtiger junger Fänger und nahm sich ein hübsches Weib.

Da aber geschah es eines Winters, dass wieder eine furchtbare, andauernde Kälte kam und das Meer zufror; nirgends waren Waken, wo man Seehunde fangen konnte. Und es kam Hungersnot. Eines Tages aber ging Barfuß zu seinem Pflegevater und sagte:

»Jetzt müsste man Hunde haben, mit denen man eine weite Fahrt übers Eis machen und ein Fangtier überraschen könnte!«

»Nimm meine Hunde«, sagte der Pflegevater.

Da wurde Barfuß froh, denn sein Pflegevater hatte große, kräftige Hunde, die zur Bärenjagd tauglich waren. Die spannte er vor seinen Schlitten und fuhr nordwärts übers Eis. Er war noch nicht lange gefahren, als er zu einer Spalte gelangte, der er weiter nordwärts folgte, bis etwas Dunkles vor ihm auftauchte. Er fuhr näher heran und sieh: Es war ein großes Walross, das aufs Eis hinaufgekrochen war und schlief, während seine gewaltigen Stoßzähne in der Sonne blitzten.

Barfuß hielt seine Hunde an und dachte nach, wie es wohl zu erlegen sei, denn es war so groß, dass er es nicht mit seiner Fangleine halten konnte, wenn es harpuniert war.

So saß er klopfenden Herzens und wusste weder aus noch ein. Da erblickte er einen alten Bären, der sich langsam und vorsichtig auf dem Eis auf das Walross heranschlich. Der Bär, der durch das Packeis gedeckt war, kroch lautlos und behände heran und näherte sich seiner Beute, ohne sie zu wecken. Das Walross kratzte sich hin und wieder behaglich im Schlaf, fegte Läuse mit den Vorderflossen weg und bohrte die großen Flossen mit grunzendem Behagen in den Schnee.

Als der Bär aber näher kam und sah, wie riesengroß das Walross war, blieb er ratlos stehen und versteckte sich hinter einem Eisberg. Dort bemächtigte er sich eines Blockes schimmernd harten Eises und begann ihn zu benagen, bald von der einen, bald von der anderen Seite. Kurz darauf hob er den Eisblock mit seinen Vordertatzen, richtete sich auf den Hinterbeinen auf und ging mit der großen Eiskugel, die er sich genagt hatte, ein Stück weiter vor, um sie auf das Walross zu werfen; aber sie war ihm noch immer zu schwer. Darum legte er sich wieder hin und nagte geduldig weiter. Als sie schließlich passend geworden war, erhob der Bär sich wieder auf den Hinterbeinen und schlich behände an das schlafende Walross heran.

Dort richtete er sich in seiner ganzen Größe auf, beugte sich ein wenig vor, richtete sich von Neuem auf und schleuderte mit aller Kraft das Eisstück gegen den Kopf des Walrosses. Das geschah mit solcher Gewalt, dass der Eisklumpen wie Schnee zerbarst. Im selben Augenblick warf er sich über das Walross und schlug mit seinen schweren Vordertatzen so schnell auf dessen Kopf ein, dass das verstörte Walross sich gar nicht wehren konnte. Danach setzte der Bär sich einen Augenblick hin, um zu verschnaufen. Das Walross aber hatte nur noch Kraft, sich halb auf seinen großen Vorderflossen aufzurichten, ihm stürzte das Blut aus Nase und Mund, und durch seinen Körper ging ein Zucken, das den Schnee rings herum aufwirbelte. Dann hob es den Kopf, jagte seine Stoßzähne in das Eis, streckte sich in seiner ganzen Länge, zappelte wie ein Fisch, der aufs Eis geworfen ist, und war tot.

Der Bär blieb einen Augenblick sitzen, füllte darauf seinen Rachen mit kühlendem Schnee und erhob sich, um mit dem Fressgelage zu beginnen. Da aber löste Barfuß seine Hunde und gab ihnen das Bärensignal. Kläffend flogen sie übers Eis und umringten den Bären, noch ehe er aus dem Rausch seiner Fressorgie erwacht war. Barfuß hatte ihm den Speer ins Herz gerannt. Die Hunde, die den erloschenen Ausdruck im Auge des Bären sahen, gruben ihre Zähne tief in seinen Körper. Noch einmal füllte der Bär sein Maul mit kühlendem Schnee und starrte den Menschen, der von Neuem seinen Speer in sein blutendes Herz jagte, ganz gleichgültig an. Dann sank er langsam in eine Schneewehe und hauchte hustend sein eigenes Blut aus.

Barfuß stand einen Augenblick sprachlos und war nahe daran, in Tränen der Erregung auszubrechen, als er die beiden großen Tiere tot liegen sah; dann jagte er sein Schlachtmesser noch einmal in das Herz des Bären und begann ihm sein Fell abzuziehen. Als er fertig war, schnitt er ein Stück zarten Fleisches aus dem Walross, lud es auf seinen Schlitten und fuhr nach Hause.

Inzwischen war seine Frau wieder und wieder vors Haus gegangen, um nach ihrem Manne auszuspähen, da sie fürchtete, dass ihm etwas zugestoßen sei. Endlich bekam sie den Schlitten in Sicht, und Barfuß, der in voller Fahrt ankam, rief mit freudiger Stimme: »Ich habe Fleisch beschafft, ich habe Fleisch für dich!«

»Hast du einen Bären erlegt?«, rief die Frau. »Ich kann an deiner Fuhre sehen, dass du einen großen Bären hast!«

»Ja«, sagte Barfuß, »und außerdem habe ich noch ein großes Walross erlegt!«

Jetzt war große Freude, und gleich wurden Boten in alle umliegenden Wohnplätze geschickt. Tags darauf strömten die

Gäste herbei, zu Schlitten und zu Fuß; man sammelte alle Hunde und fuhr zu der Stelle, wo der Bär und das Walross lagen.

Unter den Gästen aber war auch Barfuß' böser Pflegevater.

Sie erreichten bald die Fangstelle, und als man die Tiere zerlegt hatte, verteilte Barfuß Fleischportionen an alle, die gekommen waren. Alle erhielten reichlich, denn ein jeder sollte satt und froh sein in dieser strengen Zeit. Er ging von Mann zu Mann, von Speck glänzend und von Blut triefend, als er aber zu seinem bösen Pflegevater kam, nahm er zwei magere Walrossrippen und gab sie ihm, indem er sagte: »Du hast nie bedacht, dass ein Hungernder eine Fleischgabe zu klein finden kann; darum ist nun dies dein Anteil.«

Nachdem er es aber gesagt und ihm die Rippen gegeben hatte, ging Barfuß wieder zu seinem eigenen Fleischvorrat und gab ihm dann dieselbe Portion wie den anderen. So rächte Barfuß sich an seinem bösen Pflegevater – aber nur mit Worten.

Tierfabeln

Der Rabe,

der sich eine Wildgans zur Frau nahm.

Es war einmal ein Rabe, der hatte sich eine Wildgans zur Frau genommen. Als nun die Wildgänse fortziehen wollten, sagten sie zum Raben, er solle lieber zurückbleiben, denn ihr Land liege weit, weit fort, ganz auf der anderen Seite des großen Wassers.

Der Rabe aber antwortete: »Nein, ich will nicht Zurückbleiben, ich kann so gut wie ihr über das große Wasser fliegen, ich werde nie müde.«

»Du kannst dich ja nicht auf dem Meere ausruhen, wie wir«, sagten die Wildgänse.

Aber der Rabe erwiderte: »Ein Rabe kann alles, was er will; wenn ihr euch ausruht, werde ich über euch schweben und auf euch warten; oder ich werde vorausfliegen und euch später wieder entgegenkommen!«

So stritten sie eine Weile, bis die Wildgänse kurz abbrachen und sagten:

»Wir wollen mit dir nicht streiten, du bist zu eingebildet! Komm mit, und wenn du unterwegs ermattest und ertrinkst, ist es deine Schuld.«

Dazu schwieg der Rabe, die Wildgänse aber sammelten sich in Scharen und zogen fort; und sie flogen und flogen immer weiter übers Meer, und als sie das Land ganz aus dem Auge verloren hatten, setzten sie sich aufs Wasser und ruhten aus; der Rabe aber flog übermütig davon und war bald ganz verschwunden. Als sie sich ausgeruht hatten, flogen sie weiter und jetzt kam der Rabe ihnen schon wieder entgegen. Sie fragten ihn, ob er müde sei.

»Müde? – Ich werde nie müde, rab, rab, rab!«

Sie flogen weiter, mehrere Tage, und wenn sie müde wurden, ruhten sie auf dem Wasser. Als sie sich wieder einmal zur Rast niedergelassen hatten, fragten sie den Raben, ob er nicht müde sei, und wieder antwortete er, dass er nie müde werde; und während sie ruhten, kreiste er über ihnen. Dann flogen sie weiter; gegen Abend aber begann der Rabe zurückzubleiben und konnte sie nur erreichen, wenn sie auf ihn warteten. So ging es eine Zeitlang und die Wildgänse waren sich darüber klar, dass der Rabe nicht mehr folgen konnte und ihnen nur zur Last fallen würde. Da beschlossen sie, dass sie ihn ertränken wollten, indem sie folgende List anwandten: Sie wollten sich in einem dichten Haufen auf dem Meere ausruhen und den Raben auffordern, sich auf sie zu setzen; dann wollten sie plötzlich auffliegen, sodass der Rabe ins Wasser fiel. Nachdem sie sich so verabredet hatten, warteten sie.

Schließlich tauchte der Rabe auf, er flog ganz dicht über dem Wasserspiegel, und man sah, er war so müde, dass er sich kaum mehr halten konnte. Als er die Wildgänse erreicht hatte, rieten sie ihm, dass er sich auf sie setze und sich ausruhe. Und der Rabe, dem der Übermut vergangen war, ließ sich sogleich auf ihnen nieder und begann stöhnend nach Luft zu schnappen. Kaum aber hatte er sich zurechtgesetzt, als sie auseinanderflogen. Der Rabe fiel ins Wasser und begann gleich zu sinken. Die Wildgänse aber scharten sich um ihn und sahen zu, ohne ihm zu helfen, während der sinkende Rabe ein Lied anstimmte:

Seht, ich bin ins Wasser gefallen,
reicht mir doch eine helfende Hand!
Schon geht die Flut mir bis zum Spann,
eilt euch doch, helft mir heraus!

Jetzt ist sie schon den Knöcheln nah,
hört ihr nicht, dass ich ins Wasser fiel?
Reicht mir die Hand und helft mir heraus!
Schon geht es mir bis an die Waden –
hört ihr nicht, dass ich ins Wasser fiel?
Reicht mir die Hand und helft mir heraus!
Jetzt geht es schon bis an den Leib,
eilt euch, reicht mir die helfende Hand!
Schon reicht das Wasser bis an die Arme –
hört ihr nicht, dass ich ins Wasser fiel?
Reicht mir die Hand und helft mir heraus!
Nun geht das Wasser mir bis an die Schultern,
eilt euch doch, reicht mir die helfende Hand!
Schon hat das Wasser die Kehle erreicht –
hört ihr nicht, dass ich ins Wasser fiel?
Reicht mir die Hand und helft mir heraus!
Jetzt reicht das Wasser mir bis an den Kiefer,
eilt euch doch, reicht mir die helfende Hand!
Schon reicht das Wasser mir bis an die Lippen –
hört ihr nicht, dass ich ins Wasser fiel?
Reicht mir die Hand und helft mir heraus!
Jetzt ist mein Mund …

Er versuchte noch zu sagen:
»Wie werde ich mich nach Qaeq, meiner Frau, sehnen!«

Das war das Letzte, was der Rabe sagte, bevor er untersank; die Wildgänse aber flogen weiter und erreichten wohlbehalten ihr Land.

Von einer unreinen Frau,

die zu Bären in Menschengestalt kam.

Als einst eine Frau eines Todesfalles wegen unrein geworden war, Buße tun und alle Gebräuche befolgen musste, die unreinen Frauen vorgeschrieben sind, hatte sie folgenden Traum:

Sie trat aus dem Hause und entdeckte plötzlich einen breiten Weg, der über das vereiste Meer führte. Sie betrat den seltsamen Pfad und folgte ihm aufs Meer hinaus, weiter und immer weiter, bis sie ihren Wohnplatz ganz aus dem Auge verlor. Schließlich kam sie zu einem Haus, dessen Fenster gar hell und festlich leuchteten. Sie trat ein und traf mehrere Menschen an, große breitschultrige, kräftig gebaute Männer, und Frauen, die kaum weniger groß und kräftig waren, und alle hatten es sich gemütlich gemacht im warmen Haus und belustigten sich mit allerhand Spiel und Scherz.

Es waren aber Bären in Menschengestalt. Einer war besonders breit und stark; er hatte so breite Schultern und starke Muskeln, dass sein Kopf fast dazwischen verschwand. Das aber war ein Walross, der Schwager der Bären. Während das kleine unreine Menschenweib noch so stand und die gewaltigen Gestalten betrachtete, ergriff eine Frau, die auf der Pritsche saß, das Wort:

»Sag mal, du Kleine, fehlt es euch dort, wo du herkommst, auch so sehr an Sohlenleder?«

»Nein«, sagte die kleine unreine Frau, »bei uns ist kein Mangel an Sohlenleder.«

Als die Jüngsten unter den Riesen das aber hörten, wollten sie zum Land der Menschen reisen und Sohlenleder kaufen.

Nur ein kleiner dunkler und geschmeidiger Mann zog die Achseln hoch und kratzte sich den Kopf, indem er sagte:

»Das Sohlenleder mag ja ganz schön sein im Lande der Menschen, aber ich kenne auch ihre Messer, diese abscheulichen, scharfgeschliffenen Messer.«

Der Sprecher war ein Blaufuchs, der auch in die Bärenfamilie hineingeheiratet hatte, und als die jungen Bären von den Messern hörten, die im Lande der Menschen geschliffen wurden, verloren sie alle Lust. Als der kleine dunkle und geschmeidige Schwager merkte, welchen Eindruck seine Worte gemacht hatten, saß er eine Weile und schmunzelte; darauf kratzte er sich wieder den Kopf und sagte:

»Und dann riecht es immer so entsetzlich nach Kot in der Nähe der Menschenhäuser! Hat einer von euch Lust, den Geruch in die Nase zu bekommen?«

Als er so gesprochen hatte, wollte kein einziger Bär mehr Sohlenleder bei den Menschen kaufen. Da aber räusperte sich ein alter Graubär und ergriff das Wort:

»Wenn kein anderer will, so will ich! Ich werde ins Land der Menschen gehen und Sohlenleder kaufen.«

Kaum aber hatte der Schwager Blaufuchs es gehört, als er ganz außer sich geriet und schrie:

»Hu, hu, die abscheulichen Messer, der stinkende Kot, und die nackten Frauen, die auf Pritschen sitzen und Perlen auf Schnüre ziehen, und all die nackten Kinder, die barfuß über den schmutzigen Fußboden laufen!«

Weiter aber kam er nicht, denn der alte Bär unterbrach ihn und sagte: »Schweig, du Feigling, behalte alle Scheußlichkeiten, die es im Lande der Menschen geben soll, für dich! Ich habe gesagt, dass ich hingehen und Sohlenleder kaufen werde und dabei bleibe ich!«

Darauf wandte er sich an das kleine Menschenweib, das an der Tür stand und sich schämte, und sagte zu ihr:

»Hör mal, du kleines Menschenweib, ich werde mich zum Lande der Menschen begeben und es so einrichten, dass dein Mann mich morgen tötet; damit ihr aber wisst, dass ich es bin, werde ich euch ein Zeichen geben. Sieh her!«

Damit öffnete er sein Maul und die kleine Frau sah, dass sein rechter Eckzahn abgebrochen war. Darauf klappte er seinen gewaltigen Rachen wieder zu, sodass die Zähne knirschten.

Als der alte Bär gesprochen hatte, lief die Frau spornstreichs über den breiten Weg nach Hause. Kaum war sie angekommen, als sie erwachte. Da war große Freude, denn sie hatte so fest geschlafen, dass man schon gefürchtet hatte, sie würde nie wieder erwachen. Es war spät am Vormittag und die meisten waren schon draußen gewesen.

Nun war diese Frau unrein, und eine unreine Frau darf das Wort Bär nicht in ihren Mund nehmen; darum musste sie sich darauf beschränken, ihrem Mann durch Gebärden verständlich zu machen, dass noch am selben Tage ein Bär zu ihrem Hause kommen würde. Als der Mann es begriffen hatte, lief er hinaus, und sieh, er kam gerade rechtzeitig, um einen Bären zu sehen, der von einer Landzunge in der Nähe des Hauses angetrabt kam. Er griff nach seiner Harpune und harpunierte ihn. Alles kam herbeigelaufen und der Bär wurde ins Haus geschleppt. Das erste, was die unreine Frau tat, war, das Maul des Bären zu öffnen und sieh: Der rechte Eckzahn war abgebrochen! Darauf wurde der Bär zerlegt und das Fleisch verteilt! Über seinen Kopf aber hing man einen großen Haufen Sohlenleder. Denn wenn Bären von Menschen getötet werden, hat der Bär meistens freiwillig den Tod auf sich genommen, um für sein Fleisch und Fell eine Gegengabe zu erhalten. Drei Tage wird der Kopf des Bären im Hause des Mannes, der ihn erlegt hat, zur Schau gestellt, und drei Tage bleiben die Gaben über seinem

Kopf hängen, damit er, wenn er mit anderem Fleisch und anderem Fell aufersteht, die Gaben mitnehmen kann. Man gibt den Seelen der getöteten Bären meistens Sohlenleder, denn kein Tier geht so viel wie der Bär und darum verbraucht er so viele Sohlen.

Dies ist die Geschichte von der unreinen Frau, die zu Bären in Menschengestalt kam.

Von der Frau,

die sich einen Fuchs zum Mann nahm.

Es war einmal ein schönes junges Mädchen, das nicht heiraten wollte. Häufig kamen Fänger und warben um sie, und ihr Vater hätte es gern gesehen, dass sie einen großen Fänger von tüchtigen Eltern genommen hätte; das Mädchen aber wies alle ab; und ebenso, wie ihr Vater bedauerte, dass keiner von den tüchtigen jungen Leuten, die sich meldeten, sein Schwiegersohn wurde, ebenso gab es im Wohnort genug Alte, die beklagten, dass sie das schöne junge Mädchen nicht zur Schwiegertochter bekamen.

Schließlich sagte der Vater eines Tages voll Zorn zu ihr:

»Wenn dir keiner von all den jungen Leuten gut genug ist, sollst du einen Fuchs zum Mann bekommen!« Und von da an ließ er sie in Ruhe.

Eines Tages aber sah man Fuchsspuren dicht beim Hause und wunderte sich, dass ein Fuchs sich so nah an die Fenster herangewagt hatte. Mit jedem Tage kam er näher. Einmal sah man die Spuren sogar im Hausgang. Und am nächsten Morgen entdeckte man sie neben dem Lager des Mädchens. Sobald aber das Haus erwachte, rannte der Fuchs fort. Eines Morgens erwachte das

Der Hilfsgeist Tôrnârssuk mit einer Menschenseele unter dem Arm.

Der Geist des Bergsees in Gestalt eines Bären.

Mädchen dadurch, dass sich ein haariger Körper an ihr rieb, und als sie genau hinsah, war es ein kleiner Blaufuchs. Diesen Blaufuchs nahm sich das Mädchen zum Mann.

Der Fuchs blieb bei dem Mädchen und nährte sich vom Fang der anderen. Eines Winters aber gab es bittere Kälte, sodass alle Waken sich schlossen, das Meer zufror und Hungersnot im Wohnort entstand.

Da sagte eines Tages der Vater:

»Was hat man von diesem Fuchs als Schwiegersohn? Er tut nichts, fängt nichts und nährt sich nur von dem Fang der anderen.«

Kaum hatte der Fuchs diese Worte gehört, als er seine Frau bat, ihm einen Sack zu nähen, den er um den Hals hängen konnte; und so geschah es. Als sie am nächsten Morgen erwachte, war der Fuchs verschwunden, und die jungen Männer im Hause fragten seine Frau, wohin er gegangen sei; doch keiner konnte Aufschluss geben, denn er hatte sich mitten in der Nacht davongemacht. Den ganzen Tag über blieb er fort und erst am Nachmittag kam er zurück; sie sahen ihn herantraben und merkten an seinem Gang, dass er etwas Schweres trug. Kurz darauf war er im Hausgang, und als seine Frau hinausging, ihn zu empfangen, war der Sack ganz mit Muscheln gefüllt. So verschaffte er seinen hungernden Hausgenossen zum ersten Mal etwas zu essen, und als diese die herrlichen Muscheln sahen, entschlossen sich die jungen Leute, am nächsten Tage aufzubrechen und selbst Muscheln zu sammeln. Als der Fuchs dies hörte, sagte er:

»Nur leichtfüßige Wesen können den Ort erreichen, wo ich diese Muscheln gefunden habe.«

Als die jungen Leute das hörten, gaben sie ihr Vorhaben auf, denn sie wussten, wie leichtfüßig ein Fuchs ist und dass sie nicht mit ihm wetteifern konnten.

Und wiederum verging eine Spanne Zeit und der Fuchs blieb wie sonst zu Hause und ließ es sich wohlsein; der Winter aber war noch immer streng und das Haus ohne Nahrung. Da sagte der Schwiegervater eines Tages wiederum:

»Was hat man von diesem Fuchs als Schwiegersohn? Er tut nichts und ist zu nichts nutze.«

Der Fuchs tat, als habe er nichts gehört. Als die Hausbewohner aber am nächsten Morgen erwachten, war er verschwunden.

Der Fuchs schlenderte übers Eis, immer am Strand entlang, und witterte mit gespannter Aufmerksamkeit nach allen Seiten. Als er ein großes Stück gelaufen war, machte er plötzlich halt und witterte ins Eis hinunter, und er witterte so lange, bis er die Gewissheit hatte, dass gerade unter ihm ein toter Seehund lag. Um sicher zu sein, dass er den Ort wiederfinden würde, ließ er seine Exkremente auf der Stelle zurück, wo er annahm, dass der Kopf des Seehundes lag, und etwas weiter hin, wo nach seiner Schätzung der Schwanz des Seehundes liegen musste, ließ er sein Wasser. Darauf lief er spornstreichs heimwärts. Als man ihn kommen sah, rief alles im Hause:

»Der Fuchs kommt, der Fuchs!« Kaum aber hatten sie es gerufen, als der Fuchs auch schon im Hausgang war und keuchend hervorstieß: »Kak, kak, kak, ich habe einen Seehund gefangen, nehmt eure Fanggeräte, Tuk und Itsuartûtit und folgt mir.«

Sofort machten die jungen Leute sich bereit. Der Fuchs lief voran, bis er die Stelle erreicht hatte, wo der Seehund unterm Eis lag. Dort machte er halt und sagte: »Hier, hier liegt der Seehund!« Als die jungen Leute diese Worte hörten, wurden sie sehr erbittert und sagten: »Wir sehen nur Kot, und dieser elende Fuchs will uns einreden, dass es ein Seehund ist!«

»Nein, nein«, sagte der Fuchs, »hackt ein Loch ins Eis und ihr werdet sehen.« Da hackten sie ein Loch ins Eis mit ihren Beilen, und richtig: Da lag ein toter Seehund. In aller Eile zogen sie ihn heraus und trugen ihn nach Hause, und so ging es zu, dass der Fuchs zum zweiten Mal seinen Mitbewohnern Nahrung verschaffte.

Der Winter aber war lang und streng, und obgleich man so sparsam wie möglich mit dem Seehund umging, war er doch schließlich verzehrt, und wieder saßen die Hausbewohner da und hatten nichts zu essen. Und wiederum sagte der Schwiegervater:

»Ach, wenn ich doch einen richtigen Menschen als Schwiegersohn hätte, der uns etwas zu essen verschaffen könnte; dieser jämmerliche Fuchs faulenzt nur im Hause herum und ist zu nichts nutze!«

Der Fuchs spitzte die Ohren und horchte auf, doch sagte er nichts.

Als man am nächsten Morgen erwachte, war er verschwunden.

Diesmal trabte er seewärts übers Eis, bis er zu einer Eisspalte kam. Dort setzte er sich nieder und guckte ins Wasser. Unten auf dem Sand des Meeresgrundes lagen weiße Steine, die sich leise bewegten, wenn die großen Dünungen vom Meere kamen. Während er noch so saß und zusah, hörte er plötzlich dicht neben sich den Schnee knirschen, und als er sich aufrichtete und sich umblickte: Alle Wetter! kam da ein gewaltiger Bär auf ihn zugetrabt.

»Was machst du da, Fuchs?«

»Ich erfreue mich an den weißen Steinen unten auf dem Meeresgrunde. Jedes Mal, wenn ich meine Zunge ins Wasser stecke und das salzige Wasser lecke, scheint es mir, als ob ich die Steine zu mir heraufhöbe; das ist so lustig.«

Während der Fuchs so sprach, dachte er bei sich: »Als ich noch ein Fuchs und nicht mit den Menschen verwandt war, hatte meine Zunge Kraft. Will doch versuchen, ob sie es noch hat.« Und an den Bären gewandt, sagte er:

»Versuch es selbst, Bär. Steck deine Zunge tief ins Wasser hinein und du wirst glauben, dass du die Steine zu dir heraufhebst.«

»Ist nicht möglich!«, sagte der Bär, der neugierige geworden war, »das muss ich auch versuchen.« Und er ließ sich neben dem Fuchs nieder. Gierig aber wie er war, steckte er seine Zunge tief, tief ins Wasser hinein. Im selben Augenblick sagte der Fuchs:

»Spalt, schließe dich!«

Und alsogleich schloss sich der Spalt um die Zunge des Bären, sodass er nicht loskommen konnte.

»Zieh nur aus allen Kräften und versuch, ob du nicht loskommen kannst!«, schrie der Fuchs.

Und der Bär zog und zog aus allen Kräften, aber es nützte ihm nichts, denn das Eis hatte sich ganz oben um die Wurzel der Zunge festgeklemmt.

Als der Fuchs sah, dass der Bär nicht loskommen konnte, lief er eilends zum Lande. Seine Frau kam gerade aus dem Hause, um nach ihm Ausschau zu halten, und als sie ihn übers Eis kommen sah, eilte sie ins Haus und sagte: »Der Fuchs kommt, und er ist so im Schwunge, dass es aussieht, als ob er durch die Luft fliegt.«

Kaum hatte sie es gesagt, als der Fuchs auch schon im Hause war und schrie: »Kak, kak, kak, ich habe einen Bären gefangen, kommt und helft ihn mir nach Hause schleppen.« Und sofort griffen die jungen Leute nach ihren Harpunen und folgten dem Fuchs, der voran lief, und sie liefen und liefen, bis sie den Bären erreichten, der noch immer mit der festgeklemmten Zunge an derselben Stelle saß. Sie brauchten ihm nur ihre Harpunen in die Seite zu jagen und ihn nach Hause zu schleppen, und hatten Nahrung für lange, lange Zeit.

Doch der Tag kam, wo auch der Bär aufgezehrt war und die Hausbewohner mussten wieder hungern. Da begann der Schwiegervater den Fuchs wie gewöhnlich zu verhöhnen, indem er sagte: »Was macht dieser dumme Fuchs hier im Hause? Er kann nichts weiter, als sich des Nachts bei seiner Frau wärmen. Zu nichts ist er nutze.« Und der Fuchs saß auf seiner Pritsche und gab sich den Anschein, als ob er weder höre noch verstehe. Am nächsten Morgen aber, als die Hausbewohner erwachten, war er verschwunden.

Erst lief der kleine Fuchs ein großes Stück seewärts übers Eis, weit, weit hinaus, bis er die Küste ganz aus den Augen verlor, und trabte dort eine Weile umher, um etwas Essbares zu finden. Als er aber nichts fand, machte er kehrt und lief wieder dem Lande zu. Schließlich kam er zu einem kleinen Spalt im Eis. Dort setzte er sich nieder, guckte ins Wasser hinunter und entdeckte eine Unmenge kleiner Tiere, die unten herumschwammen; ganz gedankenverloren sah er dem wimmelnden Leben zu, als plötzlich neben ihm der Schnee knirschte; er blickte auf und sah einen riesigen Bären, der auf ihn zugeschlichen kam.

»Was machst du da, Fuchs?«, fragte der Bär.

»Ach«, sagte der Fuchs, »ich sehe mir die vielen drolligen Tiere im Wasser an, du kannst dir gar nicht denken, wie lustig das ist. Hättest du nicht auch Lust, sie dir anzusehen?«

»Ja«, sagte der Bär, denn er war sehr neugierig. Und er setzte sich neben den Fuchs und betrachtete die kleinen Tiere im Wasser. Im selben Augenblick aber begann der Fuchs das Fell des Bären mit Wasser zu bespritzen, und der Bär war so vertieft, dass er es gar nicht bemerkte. Der Fuchs aber spritzte und spritzte, bis schließlich eine dicke Eisdecke das Fell des Bären bedeckte. Es war an jenem Tage bitterkalt, Wasser gefror sofort zu Eis. Als der Fuchs schließlich meinte, dass des Guten genug getan sei, trat er vor den Bären und sagte:

»Sieh mal auf, lieber Bär!«

Und der Bär richtete sich auf und guckte in die Luft. Im selben Augenblick aber barst die Eisdecke auf dem Rücken des Bären, und der Fuchs beeilte sich zu sagen:

»Ach, es war nichts Besonderes, gar nichts Besonderes! Lass dich nur nicht stören.« Und der Bär guckte wieder ins Wasser hinunter, während der Fuchs ihn von Neuem bespritzte, bis der Bär schließlich nur wie eine Erhöhung auf dem Eise aussah, und als er meinte, dass des Guten genug geschehen sei, trat er wieder vor den Bären hin und sagte:

»Nun, Bär, versuch mal, ob du dich jetzt noch erheben kannst!«

Der Bär machte einen Versuch, aber das Einzige, das sich noch an ihm bewegte, waren seine Augen. Er war so vollständig am Eise festgefroren, dass er sich nicht mehr rühren konnte.

Als der Fuchs das sah, rannte er spornstreichs nach Hause; er lief mit solcher Geschwindigkeit, dass seine Frau, als sie seiner ansichtig wurde, meinte, er schwebe seitwärts überm Eis; denn wenn Füchse aus allen Kräften rennen, sieht es aus, als ob sie seitwärts laufen. Die Frau eilte ins Haus und rief:

»Seht nur, wie der Fuchs heute läuft! Er scheint seitwärts übers Eis zu schweben.« Kaum hatte sie diese Worte gesagt, als der Fuchs auch schon im Hause war und aus allen Kräften schrie:

»Kak, kak, kak, ich habe einen großen Bären gefangen. Kommt und helft mir, ihn nach Hause schleppen, aber nehmt Lanzen und Eishacken mit.«

Sofort brachen die Schwäger auf und folgten dem Fuchs, der voranlief. Der Fuchs aber lief so schnell, dass sie ihn bald aus den Augen verloren. Er erreichte den Bären, der noch immer festgefroren und unbeweglich dasaß, überspritzte ihn sicherheitshalber noch einmal tüchtig mit Wasser und lief seinen Schwägern entgegen.

»Wo ist der Bär, wo ist der Bär!«, riefen die Schwäger.

»Noch ein Stück weiter«, antwortete der Fuchs und blieb bei ihnen, bis sie die Stelle erreicht hatten, wo der Bär lag.

»Hier ist ja kein Bär!«, riefen die Schwäger.

»Doch«, sagte der Fuchs und zeigte auf den Eisklumpen. Da schlugen die Schwäger ein Loch ins Eis mit ihren Hacken und jagten dem Bären ihre Lanzen in den Leib. Als sie aber daran gingen, ihn zu zerlegen, sagte der Fuchs: »Schneidet mir ein Stück ab, nur ein kleines Stück, einen Leckerbissen für sie, die mich des Nachts wärmt.«

Da schnitten die Schwäger ihm ein Stück Bärenbrust ab, und der Fuchs tat es in den kleinen Sack, den er um den Hals trug, und lief eilends nach Hause. Es dauerte nicht lange, da kam er schon ins Haus gesprungen und legte den Sack vor seiner Frau nieder. Die Schwäger aber, die nicht so leichtfüßig waren, kamen erst spät in der Nacht mit ihrem Fleischvorrat nach Hause.

Das Fleisch des Bären aber hielt ebenso lange an wie der Winter, und so kam es, dass der kleine Fuchs seine Schwiegereltern und Schwäger vorm Verhungern rettete, und der Schwiegervater sprach nie wieder von dem dummen Fuchs, der zu nichts nutze sei. Und man lebte glücklich zusammen und wurde nie müde, den schlauen und erfinderischen kleinen Fuchs zu loben.

Von der Frau,

die sich einen Krebs zum Mann nahm.

Es war einmal ein Fänger, der hatte eine wunderschöne Frau, und sie hatten eine Tochter, die noch schöner war. Viele junge Leute freiten um sie, sie schlug aber alle aus, denn sie wollte nicht heiraten. Eines Nachts hörten die Eltern zu ihrem Erstaunen ein seltsames Lachen hinter dem Wandfell:

»Uho, uhu, uho, uhu!«

Dieses Lachen aber kam von der Stelle, wo das Mädchen schlief. Da entdeckten sie, dass das Mädchen sich einen großen Krebs zum Mann genommen hatte; der Krebs aber schämte sich und zeigte sich nie den Hausbewohnern, sondern blieb hinter dem Wandfell.

Der Winter kam und mit ihm eine Zeit, wo man nichts fangen konnte und der Hunger sich meldete. Da begann der Vater auf den unnützen Schwiegersohn zu schelten; hätte die Tochter nicht alle Freier abgewiesen, würden sie jetzt einen tüchtigen Fänger als Schwiegersohn im Hause haben.

Als sie eines Tages erwachten, war ein furchtbares Unwetter, der Sturm brüllte und ein Schneesturm jagte dicke Schneewolken. Am Vormittag hörten sie plötzlich einen wilden Gesang durch das Unwetter, ein Trommellied, einen Freudensang, und kurz darauf wurden drei große Seehunde in den Hausgang geworfen, wo sie liegen blieben. Das Mädchen ging gleich darauf zu, legte sie hübsch nebeneinander und bat ihre Mutter, sie zwischen den Hausbewohnern zu verteilen.

Es war aber der Krebs gewesen, der sich in Menschengestalt aufgemacht hatte und nun seinen Fang heimbrachte.

Alte Leute wollen wissen, dass alle Tiere Menschengestalt annehmen können.

Als die Seehunde zerlegt waren, sagte die Frau des Krebses:

»Ihr könnt so viel Fleisch nehmen, wie ihr wollt, nur das unterste Stück von der Brust soll mein Mann haben.«

So sagte sie und so geschah es auch, dieses Stück wurde für den Krebs beiseitegelegt.

Von da an ging der Krebs für seine Frau und seine Schwiegereltern auf den Fang und brachte großen Wohlstand ins Haus.

Wieder war eine Zeit vergangen, da wurde die Frau schwanger und brachte Zwillinge zur Welt, zwei prächtige Jungen. Mit der Zeit wurden sie so groß, dass sie auf der Pritsche herumspringen konnten, noch aber hatte keiner den Vater gesehen. Eines Abends aber hing die Frau Seehundsfelle um ihren Pritschenplatz, wie Frauen zu tun pflegen, wenn sie mit ihrem Mann allein sein wollen. Es dauerte nicht lange, da hörte man Stimmen von dort und das seltsame Lachen:

»Uho, uhu, uho, uhu!«

Die Schwiegermutter war sehr neugierig, wie Frauen bisweilen sind, und sie sagte: »Wie unheimlich, einen Schwiegersohn zu haben, den man nie zu Gesicht bekommt!«

Und sie kroch zum Fell und guckte durch ein Loch, und da sah sie den Schwiegersohn sitzen, der mitten in einem Lachanfall war, aber o weh, was war das für ein Schwiegersohn! Ein kleines verschrumpftes Männchen mit großen, großen Augen, die ihm ganz aus dem Kopf traten. Die Schwiegermutter bekam solchen Schreck, dass sie umfiel und gleich tot war.

So kam es, dass der Krebs seine Schwiegermutter tötete; von da an aber wagte keiner mehr hinter das Fell zu gucken, und der Krebs lebte glücklich mit Frau und Kindern und verschaffte den Hausbewohnern stets reichlich Nahrung.

Von dem Raben,

der um den Spatz anhielt.

Es war einmal ein kleines Spatzenweibchen, das hatte einen Mann, der emsig auf Fang ausflog. Lange blieb er fort, doch immer kam er mit irgendetwas im Schnabel zurück. Einst aber flog er aus und kam nicht wieder, und als das kleine Spatzenweibchen lange gewartet hatte, fing es schließlich an zu weinen. Da näherte sich ihr ein Rabe und versuchte ihre Aufmerksamkeit auf sich zu lenken, indem er um sie herumhüpfte; als das kleine weinende Spatzenweibchen aber den Raben sah, sang es:

Geh weg, du hässlicher Rabe
mit dem struppigen Gefieder
und dem schwarzen Pelz,
flieg auf und davon!

Der Rabe aber hüpfte nur noch eifriger um sie herum und sang:

Hörst du mich nicht singen
qau – qau – qua – qau –!
Warum willst du mich nicht nehmen,
mit meinem struppigen Bart
und meinem schwarzen Gefieder?

Das Spatzenweibchen aber erwiderte:

Ich mag dich nicht,
du hässlicher Rabe,
mit dem struppigen Gefieder
und dem schwarzen Pelz!

Da aber hüpfte der Rabe ganz dicht an sie heran und sang:

Warum beweinst du
deinen untauglichen Mann?
Der hinter Felsen fliegt und für dich
nur elende Würmer findet?

Als das Spatzenweibchen aber diese Worte hörte, flog es auf und flüchtete vor dem zudringlichen Raben. Der Rabe aber hüpfte zu der Stelle, wo das Spatzenweibchen gesessen hatte, und war so geschwollen von Selbstgefühl, dass er fast hintenüber fiel.

Und hiermit endet die Geschichte von dem Raben, der um das Spatzenweibchen freite.

Von der Frau,

die einen großen Wurm zum Mann nahm.

Es war einmal eine Frau, die wanderte landeinwärts. Da hörte sie einen seltsamen Laut zwischen den Felsen, und als sie sich umblickte, gewahrte sie einen Wurm, der sie verfolgte, so groß wie ein Boot und mit einem Menschenkopf. Sie flüchtete, er aber lief hinter ihr her, holte sie ein, und als er seinen gewaltigen Körper wie einen Ring um sie schlang, konnte sie ihm nicht entrinnen und stand ratlos und verängstigt da. Da erblickte sie ein kleines Haus und es glückte ihr, dorthin zu entkommen; der Wurm aber legte sich quer vor den Hauseingang und sagte:

»Zu diesem Hause habe ich dich mit Absicht gejagt, weil ich dich zur Frau haben will.«

Als er so gesprochen hatte, sah die Frau ein, dass es ihr nicht glücken würde, zu entfliehen, und so entschloss sie sich, dem Wurm zu Willen zu sein. Darum sagte der große Wurm zu ihr:

»Versuche nie zu entfliehen, denn wenn du flüchtest, kann ich deine Fußspuren riechen und werde dich wiederfinden; wenn du aber bei mir bleiben willst, sollst du nie Not leiden.«

Da fand sie sich mit ihrem Schicksal ab, und am nächsten Tage ging ihr Mann, der Wurm, auf den Fang und kam mit einem Bären nach Hause, und so kam er alle Tage, bald mit einem Renntier, bald mit einem Fuchs. Eine Zeit verging, und die Frau wurde schwanger. Sie bekam Geburtswehen und schließlich brachte sie Zwillinge zur Welt, die Gesichter wie Menschen, aber Körper wie Würmer hatten. Die Mutter nährte sie so gut sie es vermochte, und als sie groß und fett geworden waren, fragte der Wurm eines Tages seine Frau, ob sie nicht Angehörige habe. Die Frau antwortete, dass ihre Eltern weiter südlich an der Küste wohnten. Als ihr Mann das hörte, sagte er:

»Es wird Zeit, dass du sie einmal besuchst.«

Die Frau aber antwortete: »Mit den Kindern auf dem Rücken kann ich nicht so weit gehen.«

Der Mann aber sagte: »Du brauchst auch nicht zu gehen, setz dich nur auf meinen Rücken, ich werde dich hintragen.«

Damit war die Frau einverstanden, und am nächsten Morgen brachen sie auf. Als sie in die Nähe der Häuser kamen, versteckte der Wurm sich in einer Felsenspalte, und die Frau ging allein weiter. Ihre Eltern waren sehr überrascht und machten große Augen, denn sie hatten sie längst tot geglaubt. Sie sahen die Kinder, die sie auf dem Rücken trug und begannen sie sogleich nach ihrem Manne auszufragen.

Ja, sie habe einen, sagte die Frau.

»Wo ist er denn?«, fragten sie.

»Er wartet in der Nähe in einer Felsenspalte, denn er ist so groß, dass er nicht ins Haus hineinkommen kann.«

Die Eltern fanden, dass die Kinder so reizende Gesichter hatten, und wollten sie aus dem Tragsack nehmen; die Frau aber hinderte sie daran und sagte, die Kinder seien hübscher, wenn man sie nicht so genau betrachtete.

»Nimm die hübschen Kinderchen doch nur heraus«, baten die Eltern.

Da begann die Mutter das eine herauszuziehen; indem sie aber an dem einen zog, verschwand das andere im Tragsack, weil sie ihre Schwänze ineinander verflochten hatten. Als sie aber die jungen Würmer herausgezogen hatte, erschrak die Großmutter so sehr, dass sie in Ohnmacht fiel, und man musste sie lange an den Haaren ziehen, bevor sie wieder zu sich kam.

Da sagte die Tochter zu ihr: »Ihr braucht euch nicht zu fürchten; sie sind sehr gehorsam und tun alles, was ich ihnen sage.«

Und die Mutter sprach zu ihnen, und sie taten alles, was sie sagte. Jetzt wollten die Eltern aber auch ihren Mann kennenlernen, und sie gingen alle zur Felsenspalte. Als der Wurm sie auf sich zukommen sah, peitschte er vor Gier mit seinem Schwanz die Erde, seine Frau aber rief ihm schnell zu:

»Du darfst ihnen nichts tun, es sind ja deine Schwiegereltern.«

Da beruhigte sich der Wurm und sagte zu seiner Frau:

»Wir wollen jetzt aufbrechen; diesmal werde ich aber mit solcher Geschwindigkeit laufen, dass du dich gut an den Haaren auf meinem Rücken festhalten musst.«

Die Frau stieg auf seinen Rücken und er setzte sich in Bewegung, und lief mit solcher Geschwindigkeit, dass er wie ein Falke war, der sich auf seine Beute stürzt. So verschwanden sie landeinwärts, und keiner hat je wieder etwas von ihnen gesehen oder gehört.

Diese Geschichte trug sich in Zeiten zu, als die Würmer noch Menschengesichter hatten. Noch heute aber kann man bei vielen Würmern einen kleinen roten Kopf sehen, der an Menschenköpfe erinnert und ein Überbleibsel aus jener Zeit ist.

Von dem Mann,

der sich einen Fuchs zum Weibe nahm.

Es war einmal ein Fänger, der lebte ganz allein, keine Frau half ihm, und wenn er auf den Fang ging und mit Seehunden nach Hause kam, musste er sie selbst zerlegen und das Fell bereiten.

Als er eines Tages nicht wusste, womit er sich die Zeit vertreiben sollte, ruderte er aufs Geratewohl über einen Fjord. Da sah er auf einem Felsabhang einen kleinen Fuchs, ging an Land, fing ihn ein und nahm ihn mit nach Hause; dort band er ihn erst an den Hauspfosten, nahm ihn dann mit ins Haus, liebkoste ihn und gab ihm Fleisch, wenn er selbst aß. Und der kleine Fuchs wuchs bei der guten Behandlung schnell heran und wurde ein großer Fuchs. Als er eines Tages vom Fang nach Hause kam und wie gewöhnlich alle Arbeit selbst verrichten wollte, fand er zu seinem Staunen die Felle, die er zur Bereitung zurecht gelegt hatte, bereits fertig vor. Und als er in sein Haus ging und Fleisch kochen wollte, war das Fleisch schon gekocht und alles so zubereitet, dass er sich nur zum Essen niedersetzen brauchte. Er konnte nicht fassen, wer die Arbeit getan hatte, begann aber zu essen und gab dem Fuchs wie gewöhnlich eine schöne Mahlzeit von Knochen.

Tags darauf ruderte er wieder zum Fang aus; als er aber ein Stück auf den Fjord hinausgekommen war, ruderte er in eine kleine Bucht in der Nähe seines Wohnplatzes und ging an Land. Von dort schlich er vorsichtig, indem er immer gute Deckung behielt, zu seinem Haus zurück und versteckte sich, um zu sehen, wer seine Felle bereitete und sein Fleisch kochte. Wie er so lag, kam ein wunderschönes Mädchen aus seinem Hause und begann die Felle zu bereiten? Da schlich er vorsichtig heran und fasste sie von hinten, bevor sie seiner gewahr geworden war. Es war ein sehr schönes Mädchen mit ungewöhnlich langem schwarzen Haar. Er trug sie ins Haus und dort wurde sie seine Frau. So froh war er über sie, dass er gar nichts bemerkte, dass der Fuchs verschwunden war. Nachts lagen sie beieinander und plauderten und machten es sich so recht gemütlich; als sie ihm aber zulächelte, entdeckte er, dass ihr Zahnfleisch ganz geschwollen war. »Warum ist dein Zahnfleisch so geschwollen?«, fragte er. »Als ich am Hauspfosten angebunden stand, hast du mich mit Knochen gefüttert, davon ist mir das Zahnfleisch so angeschwollen.« Da erst merkte er, wie es seine liebe, kleine Frau gequält hatte, als sie noch ein Fuchs war. Von nun an lebten sie glücklich, und der Mann begann wieder wie sonst auf die Jagd zu gehen.

Eines Tages traf er auf dem Meere einen Bekannten im Kajak, sie plauderten zusammen und der Mann fragte ihn, ob er sich eine Frau genommen habe. »Na, und was für eine!«, sagte der andere.

»Ist sie hübsch?«

»Ob sie hübsch ist! Eine schönere gibt es auf der ganzen Welt nicht.«

»Wollen wir Frauenaustauschen spielen?«, fragte da der andere.

Und ehe der Mann recht wusste, wie es zuging, hatte er ja gesagt, denn er war ein junger Mann und wollte gern einmal bei einer anderen Frau schlafen. Sie verabredeten einen Tag und trennten sich.

Am verabredeten Tage kam der Fremde in seinem Kajak zum Wohnplatz, und als er gelandet war, ruderte der andere zu seinem Wohnplatz und legte sich zu dessen Frau. Als aber der fremde Mann ins Haus kam, schlug ihm solch seltsamer Fuchsgestank entgegen, dass er unwillkürlich ausrief: »Pfui, wie riecht es hier nach Füchsen! Was hat das zu bedeuten?«

Im selben Augenblick hatte die schöne Frau sich erhoben, und ehe der Mann wusste, wie ihm geschah, war sie zu einem Fuchs geworden und sprang aus dem Haus, indem sie »ka–ka–

ka–« schrie. Der Fremde stand sprachlos vor Staunen, und nachdem er sich eine Weile allein im Hause aufgehalten hatte, blieb ihm nichts anderes übrig, als zu seinem Kajak zurückzukehren und nach Hause zu rudern.

Tags darauf kam der Ehemann nach Hause und konnte seine Frau nirgends finden. Er suchte nach ihr und schließlich fand er eine Fuchsspur, die in die Berge führte. Dieser Spur folgte er, und plötzlich wurden die Fuchsspuren zu Menschenspuren; und nachdem es eine Weile Menschenspuren gewesen waren, beobachtete er, dass es abwechselnd eine Menschen- und abwechselnd eine Fuchsspur war. Kurz darauf wurden beide wieder zu Fuchsspuren, und als er ihnen immer weiter folgte, kam er schließlich zu einem Felsen. In diesem Felsen war ein Spalt, und in diesem Spalt verschwanden die Spuren. Er legte sich auf die Lauer, und es dauerte nicht lange, da hörte er drinnen jemanden sprechen. Nachdem er eine Weile gelauscht hatte, rief er hinein: »Komm doch heraus, ich bin gekommen, um dich zu holen.« Da verstummten die Stimmen drinnen, kurz darauf aber hörte er seine Frau sagen, dass sie nicht zu ihm zurückkehren wolle. »Geh du zu ihm hinaus«, sagte sie zu jemandem, und gleich darauf kam eine Frau heraus. Hu, wie die aussah! Mit großen Augen, die ihr ganz aus dem Kopf traten; sie kam lachend auf ihn zu und sagte: »He–he–he, sie hat gesagt, dass du mich statt ihrer nehmen sollst.«

»Nein«, sagte der Mann, »dich mag ich nicht, du hast viel zu große Augen.« Da lachte die Frau wieder, kehrte ihm den Rücken und ging in die Höhle zurück, und er hörte sie lachen und sagen: »Er mochte mich nicht, weil ich zu große Augen habe.«

Es war aber eine Schmeißfliege in Menschengestalt.

Ein Weilchen saß er draußen und wartete, rief dann wieder hinein: »Komm doch heraus, ich warte auf dich!« Wieder hörte er sie sagen, dass eine andere hinausgehen solle, und abermals kam eine fremde Frau auf ihn zu. War die andere hässlich, so war diese zum Erschrecken, ein altes runzliges Weib mit furchtbar vielen Beinen. Sie sagte: »He–he–he, du sollst mich anstatt deiner Frau nehmen.« Der Mann aber antwortete: »Dich mag ich nicht, du hast zu viele Beine.« Da machte sie kehrt und ging wieder in die Höhle, und er hörte sie sagen: »Er mochte mich nicht, weil ich zu viele Beine habe.«

Es war aber eine Raupe in Menschengestalt.

Und wieder rief er nach seiner Frau und hörte sie abermals sagen: »Nein, ich will nicht zu ihm hinaus, aber geh du!« Und gleich darauf kam eine kleine schwarze Frau mit langen, langen Beinen heraus, furchtbar anzusehen, und sagte: »He–he–he, ich sollte sagen, dass du mich statt ihrer nehmen möchtest.«

»Nein«, sagte der Mann, »dich mag ich nicht, du hast zu lange Beine.« Da kehrte die Frau in die Höhle zurück, und er hörte sie lachend zu den anderen sagen:

»He–he–he, er mochte mich nicht, weil ich zu lange Beine habe.«

Es war aber eine Spinne in Menschengestalt.

Und wieder rief er nach seiner Frau, sie aber antwortete: »Du hast ja gehört, dass ich nicht zu dir herauskommen will, komm du doch zu mir herein!«

»Wie soll ich denn zu dir hineinkommen? Das Loch ist ja viel zu klein.«

Dazu antwortete sie: »Mach die Augen zu und versuch es.« Das tat er und so gelangte er durch das Loch. Als er die Augen öffnete und sich umblickte, befand er sich in einem kleinen

Eine alte Frau hatte so viel Kummer in ihrem Leben gehabt und so viele Tränen vergossen, dass ihr Körper schließlich gewichtlos wurde und sich zum Himmel aufschwang.

Haus und siehe da, da saß seine Frau! Er eilte gleich auf sie zu, setzte sich neben sie, und weil er ihr in seiner Freude etwas Angenehmes sagen wollte, legte er seinen Kopf in ihren Schoß und sagte: »Ach, wie lange war ich nicht bei dir; such mir die Läuse ab.« Sie begann gleich damit und während sie ihn lauste, sang sie:

»Leg dich zur Ruhe,
Schlaf ein, schlaf ein!
Wenn es Frühling wird,
wenn die Spechte kommen,
magst du erwachen.
Leg dich zur Ruh, leg dich zur Ruh!
Wenn es Frühling wird,
wenn die Fliegen kommen,
magst du erwachen.
Schlaf ein, schlaf ein!
Wenn es Frühling wird,
wenn die Seeschwalben kommen,
magst du erwachen.«

Und plötzlich war es, als ob ihm die Sinne vergingen. Er fiel in einen tiefen Schlaf, und als er erwachte, war er ganz allein im Haus. Er kroch hinaus und blickte sich um, und sieh – als er hineinkroch, war es Winter gewesen, jetzt war es Frühling geworden, die Bäche hatten ihre Eisdecke gesprengt und schäumten über die Felsen, Schmeißfliegen summten ringsum, und die Spechte hackten mit ihren Schnäbeln und schwatzten durcheinander, und über einer kleinen Bucht flogen die Seeschwalben wie Schneeflocken und tauchten ins Wasser nach Fischen.

Es waren einmal zwei Geisterbeschwörer, die sich zu einem Wettflug herausgefordert hatten. Es war mittwinters und bitterlich kalt, und dennoch mussten sie, wie alle Geisterbeschwörer, nackt fliegen. Als sie in die Nähe des Inlandeises kamen, wurde der eine Geisterbeschwörer steif vor Kälte und fiel in eine Schneewehe, aus der er sich nicht mehr erheben konnte. Vergebens ruft er seinen Gegner an, innezuhalten und ihn mitzunehmen; dieser fliegt unangefochten zum Wohnplatz zurück und erzählte von seinem Sieg.

Langsam ging er auf sein Haus zu und lebte wieder wie damals, als der kleine Fuchs noch nicht seine Frau geworden war. Und er fing wie gewöhnlich viele Seehunde, die er selbst zerlegen musste, und alle Felle musste er selbst bereiten, und es nützte nichts, dass er bereute, seine Frau geopfert zu haben, um neben einer fremden Frau zu schlafen.

Und hiermit endet die Geschichte von dem Mann, der sich einen Fuchs zur Frau nahm.

Epische Sagen

Kunuk, der Weltumsegler

Es waren einmal zwei Brüder, die zusammen in einem Zelt wohnten. Jeder von ihnen hatte einen Sohn, und Kunuk, der Sohn des ältesten, spielte immer mit seinem jüngeren Vetter.

Eines Tages kamen wandernde Eskimos und ließen sich an demselben Wohnplatz nieder. Einer von ihnen, Nuerniagaq, hatte einen Pflegesohn, der Nuerniagakajik genannt wurde. Nuerniagakajik wurde nun auch Kunuks und dessen Vetters Spielkamerad, und bald waren die drei Knaben unzertrennlich.

Der Herbst kam und mit ihm der Schnee, und eines Tages, als das Land mit Schneewehen bedeckt war, bauten die Knaben sich eine Schneehöhle. Dort drinnen aber gerieten sie in Streit und schließlich warfen die beiden Vettern Nuerniagakajik hinaus.

Nuerniagakajik ging weinend nach Hause, indem er sich mit einem Stück Holz blutig stach, denn er plante, sich an den beiden Vettern zu rächen. Sein Pflegevater war nicht zu Hause, er holte einen Seehund, der weiter landeinwärts für ihn niedergelegt worden war; als aber die Pflegemutter den blutigen Knaben sah, glaubte sie, dass seine Spielkameraden ihn mit Messern gestochen hatten, und erschrak sehr.

»Nuerniagaq darf es nicht erfahren; er liebt seinen Pflegesohn so sehr, dass er diese Schandtat nicht ungerächt lassen würde«, sagte sie zu ihren Hausgenossen.

Als Nuerniagaq aber später mit dem Seehund über Land gefahren kam, ging sie ihm schnell entgegen; denn sie hatte die Hausgenossen nur aufgefordert nichts zu sagen, weil sie als erste ihrem Mann die Neuigkeit erzählen wollte. Kaum war er herangekommen, so erzählte sie ihm von dem Unglück, das ihrem Pflegesohn widerfahren war, übertrieb den Bericht des Knaben noch, indem sie hinzufügte, wenn er nicht geflohen wäre, dann hätten die beiden Vettern ihn ermordet.

»Sie sollen nach Verdienst behandelt werden«, sagte Nuerniagaq.

Als es dunkel geworden war und alle Bewohner des Hauses schliefen, ging Nuerniagaq zum Nachbarhaus, öffnete das Dach an allen vier Ecken und erschoss mit seinem Bogen sämtliche Hausbewohner. Nur Kunuk rettete sein Leben, indem er sich in ein Pritschenfell wickelte und unter das Fenster rollte. Nuerniagaq aber ging nach Hause in dem Glauben, dass er alle Wohnplatzgenossen ausgerottet habe. Als alles still geworden war, erhob Kunuk sich von seinem Platz und fragte: »Bin ich der einzige Überlebende?

»Nein, auch ich lebe«, antwortete eine Stimme unter der Pritsche. Es war sein Vetter.

»Ich lebe auch, aber ich bin verwundet. Meine Eingeweide hängen mir aus dem Unterleib!« Das war die Stimme von Kunuks kleiner Schwester, die sich hinter dem Wandfell versteckt hatte.

»Leidest du sehr?«, fragte Kunuk.

»Nein«, sagte die kleine Schwester.

»Wir müssen versuchen, fortzukommen«, sagte Kunuk, »denn wenn wir hierbleiben, wird er uns alle töten.«

Schnell machten sie sich bereit und gingen über Land, indem die beiden Vettern abwechselnd die kleine Schwester auf dem Rücken trugen. Aber obgleich sie sie so zart wie möglich behandelten, starb sie doch nach kurzer Zeit an ihren Wunden. Sie begruben sie, und Kunuk betrauerte den Verlust seiner kleinen Schwester sehr.

Die beiden Vettern aber flüchteten weit über Land; sie gingen und gingen, bis sie zu einem Fjord kamen, der an der Küste zugefroren war. Eine Zeitlang folgten sie dem Eisrand, bis sie in der Ferne das offene Meer erblickten, in dem viele Seehunde spielten. Aber sie hatten keinen Kajak, um sie zu jagen.

Darum machten sie kehrt und gingen auf das Ende des Fjords zu, wo ein Gletscher lag; sie gingen immer weiter, in der Hoffnung, dass das Glück ihnen ein Wild über den Weg führen würde. Da erblickten sie etwas, das einem menschlichen Wesen glich.

Als sie näher kamen, sahen sie, dass es ein Mann war. Er lag dicht neben dem Gletscher auf dem Eis und schaute durch ein Loch, und neben ihm stand seine Frau, bereit, mit der Lanze zuzustoßen, wenn der Mann ihr ein Zeichen gab. Die beiden Vettern kamen heran, aber erst als sie ganz nah waren, sahen die andern sie. Sie waren so alt, dass die Jahre sie ganz gebeugt hatten.

»Woher kommt ihr?«

»Weither vom Meere!«

»Was wollt ihr?«

»Wir sind geflohen, weil Nuerniagaq alle unsere Hausgenossen getötet hat.«

»So sollst du mein Pflegesohn sein«, sagte die alte Frau zu Kunuk.

»Und du der meine«, sagte der Mann zum Vetter.

Sie gingen zusammen zum Wohnplatz. Im Hause fanden sie großen Überfluß an Fleisch, und zerlegte Seehunde lagen in Reihen auf der Erde. Es war ihnen ein Rätsel, wie die beiden Alten auf dem festen Fjordeis Großfang treiben konnten.

Die Frau nahm Kunuk gleich auf ihren Schoß, indem sie ihn wie ein kleines Kind wiegte und Zauberweisen dazu sang.

»Du bist ein armer Flüchtling, meine Zauberlieder aber werden dich zu einem großen Rächer machen und deinen Körper gegen Angriffe stählen. Jetzt aber lasst uns die Mahlzeit einnehmen, die stets auf ein Zauberlied folgt.«

Und sie ging hinaus und holte ein Seehundsfell, das mit Beeren, die in Speck eingelegt waren, gefüllt war, und sie aßen, bis alle verzehrt waren.

Von da an blieben die beiden Vettern bei den Alten und gingen mit ihnen auf den Fang. Sie fingen immer vom Eis aus, gingen nie mit einem Kajak hinaus.

»Ihr seid zwei arme Flüchtlinge, und vielleicht suchen eure Feinde nach euch, um euch zu töten. Darum sollt ihr eure Kräfte erst stählen, denn der Tag der Rache wird kommen.«

Und die beiden Vettern härteten sich ab, es gab keinen Stein, den sie nicht mit ihren Armen heben und spielend schleudern konnten. Kunuks Vetter aber war der Stärkere.

Als sie schließlich große und harte Männer geworden waren, gab der Pflegevater ihnen Kajaks, und sie betrieben von nun an auch Fang auf dem Meere. Sie hatten am selben Tage Kajaks bekommen und übten sich täglich. Zur See aber wurde Kunuk der Tüchtigere.

Eines Tages fuhr der Vetter allein aufs Meer hinaus, weil Kunuks Wasserzeug durchnässt war und trocknen musste. Aber er kehrte nie wieder, und das kam so: Er war einem fremden Kajak begegnet und der Mann, der darin saß, hatte ihn gefragt:

»Wer bist du?« Kunuks Vetter hatte seinen Namen genannt und war im selben Augenblick harpuniert worden. Denn der Fremde war niemand anderes als Nuerniagaq, der bereits seit vielen Jahren die beiden Knaben suchte, die ihm lebend entschlüpft waren.

So blieb denn Kunuk allein übrig. Seine Pflegeeltern siedelten sich später am offenen Meer an. Und eines Tages bekamen sie dort Besuch von einem Kajak. Kunuk war zu Hause, beobachtete den Fremden vom Land aus und erkannte gleich Nuerniagaq. Kaum hatte dieser das Haus betreten und war Kunuks ansichtig geworden, als er fragte, wie er hieße. Kunuk war drauf und dran, seinen Namen zu nennen, als die Pflegemutter ihm zuvorkam:

»Er heißt Qapipiluarteq: der Spätentwickelte.«

»Seltsam, er gleicht auf ein Haar einem Knaben, den ich einst kannte, und der Kunuk hieß.«

»Unsern Sohn kannst du nicht kennen, wir sehen dich ja zum ersten Mal.«

»Seltsam, ich glaubte bestimmt, es ist Kunuk.«

»Du hörst, dass es unmöglich ist.«

So wurde Nuerniagaq irregeführt. Später erzählte er seinen Gastfreunden, dass er Kunuks ganze Familie umgebracht habe, dass nur Kunuk und ein Vetter ihm entschlüpft seien. Den Vetter, der ihm eines Tages im Kajak begegnet sei, habe er getötet; jetzt suche er Kunuk, damit kein Rächer mehr übrig bliebe. Er verweilte nur kurze Zeit bei den Alten und ruderte denselben Weg, den er gekommen war, zurück.

Kunuk war inzwischen ein starker Mann geworden, gewandt in allen Leibesübungen und ein großer Fänger. Er ruderte fort, um sich eine Frau zu suchen. Sie sollte große und hängende Brüste haben, die sie über die Schultern legen konnte, sodass sie gleichzeitig rudern und ihre Kinder im Rückensack säugen konnte. Schließlich fand er eine herrliche Frau, ganz nach seinem Wunsch, und nahm sie zur Frau.

Kunuk verschaffte sich ein Boot und lebte glücklich und zufrieden mit seiner Frau. Da aber hörte er, dass ein großer gefürchteter Sänger Spottlieder von ihm sang, denn der Ruhm seiner schönen Frau war bereits weithin gedrungen. Kunuk entschloss sich, die Herausforderung anzunehmen, da er aber noch nie an einem Sängerkampf teilgenommen hatte, wollte er erst ein neues Lied dichten.

»Du brauchst kein neues Lied zu dichten«, sagte die alte Pflegemutter, »sing das Lied, das ich dir am ersten Tage vorsang, als ich dich auf meinen Schoß nahm und dich wie ein kleines Kind wiegte.«

Damit war Kunuk wohl zufrieden und machte sich zum Aufbruch bereit. Die Alte aber gab ihm noch gute Ratschläge mit auf den Weg:

»Wenn Ualagtarit sein Spottlied beendet hat, wird er sein Messer nach dir werfen. Beim ersten Mal machst du dich während des Gesanges so groß wie möglich. Er wird dann hoch zielen; in dem Augenblick aber, wo er das Messer wirft, duckst du dich so tief wie du kannst, und das Messer wird über dich hinwegsausen. Das nächste Mal machst du dich so klein wie möglich, und wenn er das Messer wirft, springst du in die Höhe. Er wird den Versuch machen, dir bereits nach dem ersten Lied die Trommel zu geben, doch darfst du sie erst nach dem zweiten Mal nehmen. Wenn du Ualagtarit getötet hast, musst du noch eine Frau und einen Hund töten.«

So sprach die Pflegemutter, setzte sich darauf vors Zelt, zog sich die Kappe über den Kopf und murmelte Zauberworte, während Kunuk sich reisefertig machte. Kaum war er bei dem fremden Wohnort an Land gestiegen, als er entdeckte, dass man ihm seine Frau bereits aus dem Boot geraubt und zu Ualagtarits Zelt gebracht hatte. Er gab sich den Anschein, als ob er sich aus Furcht damit abfände und wartete, dass er zum Sängerkampf herausgefordert würde. Aber die Aufforderung ließ auf sich warten, es wurde Nacht, fast Morgen, bevor sie kam.

Als alle Zuhörer versammelt waren, begann der Wettstreit.

Kunuk folgte genau den Vorschriften seiner Pflegemutter. Zuerst sang Ualagtarit. Er sang sein Spottlied ganz zu Ende, ohne sich Kunuk zu nähern, und erst als er fertig war, hob er sein Messer, mit dem er die Trommel geschlagen hatte, und zielte auf Kunuk. Kunuk reckte sich in die Höhe, und da er schon von vornherein ein großer Mann war, reichte er ganz bis an die Decke. Darum zielte sein Gegner hoch, nach dem Kopf, und warf das Messer. Im selben Augenblick duckte Kunuk sich, und das Messer sauste in das Wandfell, just an der Stelle, wo sein Kopf noch eben gewesen war.

Der Fehlwurf wurde mit Gelächter und Zurufen von allen Seiten begrüßt.

»Ei – ei – Ualagtarit, der Unfehlbare, hat nicht getroffen!«

Jetzt wollte Ualagtarit Kunuk die Trommel geben; dieser aber, sich der Worte seiner Pflegemutter erinnernd, tat, als ob es gar nicht sähe.

»Ach, er liebt mich nicht, er will sich nicht wehren«, dachte Kunuks Frau, als sie sah, dass ihr Mann sich weigerte, die Trommel und das Messer zu nehmen.

So musste Ualagtarit denn nochmals singen, und es kam wie das vorige Mal. Als das Spottlied zu Ende war, hob er das große Messer und warf es nach seinem Gegner, da aber machte Kunuk sich ganz klein. Der andere musste sehr niedrig zielen, um seinen Kopf zu treffen; in dem Augenblick aber, wo Ualagtarits das Messer schleuderte, sprang Kunuk in die Höhe, und das Messer bohrte sich in die Wand, ein Stück über dem Fußboden. Wieder wurde gelacht und gerufen:

»Ei – ei – Ualagtarit, der Unfehlbare, hat zweimal fehlgeworfen!«

Jetzt erst nahm Kunuk die Trommel und das Messer, um zu antworten, und gab genau acht, dass er dem Rat der Pflegemutter folgte.

Er sang also sein ganzes Spottlied zu Ende, und als er gar nicht den Versuch machte, das Messer zu werfen, dachte seine Frau, die zwischen Ualagtarits drei Frauen saß: »Er lässt sich ohne Widerstand erschlagen!«

Da begann Kunuk zum zweiten Mal, und als er sein Lied zu Ende gesungen hatte, hob er das große Messer und zielte auf seinen Gegner.

Ualagtarit hielt beide Hände schräg vors Gesicht, sodass das Messer, wenn es traf, abgleiten musste, ohne das Gesicht zu treffen. Kunuk aber, der ein geübter Werfer war, zielte und warf das Messer so, dass es durch beide Hände ging und Ualagtarits Kehle an der Wand festnagelte. Da gab es einen großen Aufstand im Hause.

»Er hat es selbst so gewollt, ihm geschieht recht«, riefen seine ehemaligen Freunde und flohen aus dem Hause. Kunuk aber ging ruhig zur Pritsche, nahm die schönste Frau seines Feindes und trug sie dicht an ihrem Mann vorbei, der sich vor Schmerz und Wut wand und nur mit Mühe und Not sagen konnte:

»Es ist meine Lieblingsfrau, du darfst ihr nie des Nachts den Rücken zukehren.«

Das stieß er röchelnd in ohnmächtiger Eifersucht hervor, während Kunuk die Frau in sein Boot trug. Auf dem Steg aber wurde Kunuk plötzlich von hinten ergriffen und zwei Arme legten sich mit eisernem Griff um ihn. Als er sich umdrehte, sah er, dass es ein kleiner Mann war, dessen Kopf fast ganz zwischen den Schultern verschwand. Es war Usugsumiarteq – Ualagtarits Rächer.

Kunuk überließ die Geraubte seiner Frau und rang mit Usugsumiarteq. Nie hatte er solche Kräfte bei einem Menschen angetroffen. Sie rangen sehr lange. Da glitt Kunuk auf dem Boden aus. Um sich zu halten, drückte er sich mit aller Kraft gegen seinen Gegner. Dieser wand sich vor Schmerz und der Atem verging ihm. Er fiel in Ohnmacht und es dauerte lange, bis er wieder zu sich kam. So siegte Kunuk auch in diesem Kampfe. Und Usugsumiarteq hat später erzählt, dass keiner von allen, mit denen er je gerungen hatte, sich mit Kunuk messen konnte.

Darauf ruderte Kunuk nach Hause. Als er zu seinem Wohnplatz kam, saß die alte Pflegemutter noch vorm Hause, die Kappe überm Kopf, und sang Zauberlieder.

»Kunuk hat ihn getötet!«, riefen sie ihr schon von Weitem entgegen, und ihre Freude war groß, als sie nun erfuhr, wie alles abgelaufen war.

»Hast du nun Mann, Frau und Hund getötet?«, fragte sie.

»Ach, das habe ich ganz vergessen, ich habe nur den Mann getötet.«

»Tut nichts, es war ein guter Anfang, das Übrige wird noch kommen«, sagte sie nur.

Jetzt wusste Kunuk, dass er ein starker Mann sei und entschloss sich, die Welt zu umreisen, um seinen Feind Nuerniagaq zu suchen. Ein Fanggenosse, der am selben Wohnort wohnte, begleitete ihn, und so machten sie sich in zwei Booten auf den Weg. Kunuks Boot wurde von seinen zwei Frauen gerudert.

Seine erste Frau hatte ihr Kind bei sich und sie konnte es beim Rudern säugen, indem sie die Brust über die Schultern legte.

Das zweite Boot wurde von den beiden Frauen des Fanggenossen und seinem Pflegesohn gerudert. Auch sie hatten einen Säugling mit, und anfangs mussten sie jedes Mal Halt machen, wenn das Kind die Brust haben sollte. Da aber Kunuks Boot immer größeren Vorsprung gewann, mussten sie es schließlich aufgeben, und das Kind verhungerte. Während der Reise aber war es den Eltern unmöglich, die vorgeschriebenen Bußübungen beim Tode des Kindes zu befolgen, und darüber geriet der Mondmann so in Zorn, dass er nur daran dachte, wie er ihnen Unglück bringen konnte. Schließlich ließ er einen furchtbaren Sturm in einer Bucht erstehen, an der sie vorbei kamen. Das Meer schäumte wie ein Elv, riss die Boote mit sich und verschlang das eine. Nur Kunuk, der sein Boot spielend ruderte, als sei es ein Kajak, entkam glücklich mit den Seinen.

So setzten sie denn die Reise allein fort und ruderten längs der Küste, die so steil und unzugänglich war, dass sie des Nachts nicht an Land gehen konnten, sondern ein Stück Holz in einer Felsenspalte einrammen mussten, um das Boot daran zu vertäuen. So schliefen sie denn im Boot.

Unterwegs kamen sie an einem Ort vorbei, der Kidtlavârssuit hieß. Dort wohnten viele Menschen, und Kunuk beschloss, nachts ihre Kajaks zu untersuchen, bevor er sich ihnen zu erkennen gab. Er fand die Holzdosen, in denen sie auf Kajakreisen ihren Proviant aufbewahrten, und als er eine öffnete, lag zu oberst eine Menschenhand und darunter Narwal-, Mattak- und Bärenfleisch. Daraus schloss er, dass es Menschenfresser seien. Und da er nicht wagte, an ihrem Wohnort vorbeizurudern, nahm er sein Boot und die ganze Ladung auf den Rücken und trug es in weitem Bogen um den Wohnplatz herum. So stark war er.

Als sie wieder ein gutes Stück gerudert waren, kamen sie abermals zu einem starkbewohnten Wohnplatz. Die Menschen dort hatten weder Haus noch Zelt, sondern schliefen unter ausgebreiteten Fellen. Sie waren allesamt zum Fang ausgezogen. Dort ließ Kunuk sich nieder. Abends hörte er die Bewohner zurückkommen und rufen:

»Ei – ei, da kommt Nuerniagaq mit seinem Fang.«

Als Kunuk diesen Namen hörte, wurde er so froh, dass er fast nicht seinen Ohren trauen wollte, aber als die Kajaks näherkamen, begann er vor Freude zu zittern, denn er erkannte seinen alten Feind. Nuerniagaq legte mit einem Narwal an. Als er Kunuks ansichtig wurde, der an Land stand, fragte er:

»Wer bist du?«

»Kunuk!«

»Wie, Kunuk? Nun, ich habe einen Narwal gefangen, dessen Zahn dir gehören soll. Daraus kannst du dir eine Harpunspitze machen!«

Kunuk antwortete, indem er den Zahn im Maul des Narwals herumdrehte und mit einem einzigen Ruck herauszog; darauf warf er ihn ins Meer. Nuerniagaq, als er sah, wie groß und stark Kunuk geworden war, dachte jetzt nur daran, wie er sich retten könnte. Kunuk aber wollte seine Rache nicht aufschieben. Darum suchte er ihn noch in derselben Nacht auf und fand ihn schlafend auf einem Berge, nur mit dem Bodenfell seines Kajaks zugedeckt. Kunuk riss das Fell zurück und weckte ihn. Nuerniagaq versuchte zu lächeln, Kunuk aber schlug ihm mit dem Messer leichte, schmerzende Wunden und sagte:

»Dies zum Dank, weil du meinen Vater getötet hast. Dies, weil du meinen Vetter umbrachtest!« Als er aber seine kleine Schwester nannte, wurde er so von Zorn übermannt, dass er Nuerniagaq das Messer in den Leib stieß. So rächte Kunuk sich an Nuerniagaq, dem Mörder seiner Familie.

Tunutôrajik

Bei Nôrssît wohnten zwei Vettern, die so gute Freunde waren, dass sie immer zusammen auf den Kajakfang gingen. Als sie eines Tages draußen auf dem Meer waren, fand der eine Vetter ein Stück Treibholz, so groß, dass man zwei Boote daraus machen konnte. Da beschlossen sie, dass sie jeder ein Boot bauen wollten, und wenn es fertig wäre, sollte es sich zeigen, wessen Boot das schönste sei. Um ungestörter zu arbeiten, wollten sie sich während der ganzen Zeit nicht sehen.

Tunutôrajiks Arbeit war schon tüchtig vorgeschritten, als eines Tages ein alter Mann zu ihm kam und sagte:

»Hast du es schon gehört?«

»Was?«

»Dein Vetter will dich töten.«

Tunutôrajik aber lachte nur.

Vergebens eiferte der böse Alte mit seiner giftigen Zunge, und schließlich musste er unverrichteter Sache seines Weges gehen. Tunutôrajik aber, der den Worten des Alten keinen Gedanken mehr schenkte, arbeitete weiter an seinem Boot und gab sich Mühe, es so schön und leicht wie möglich zu machen.

Nach kurzer Zeit kam der Alte jedoch wieder und sagte dasselbe:

»Dein Vetter will dich töten.«

»Unmöglich.«

Als der Alte aber bei seiner Behauptung blieb, ging es wie ein Schauder durch Tunutôrajik, und er musste wider Willen den Worten des Alten Glauben schenken. Darum gab er sich keine Mühe mehr, sondern eilte nur, um mit dem Boot fertig zu werden. Tags bevor er fertig war, kam sein Vetter zu ihm und sagte:

»Warum eilst du so sehr mit der Arbeit? Wir wollten doch die Boote so schön als möglich machen.«

Der andere antwortete: »Die Arbeit langweilt mich.«

Dabei sah er seinem Vetter ins Auge, ob er ihm etwas von seinem bösen Vorhaben ansehen konnte, aber er konnte nichts sehen. Trotzdem fuhr er fort, sich zu beeilen. Als das Gerippe fertig war, bekleidete er es selbigen Tages noch mit Fellen und wartete nur darauf, bis sein Vetter im Kajak aufs Meer hinausruderte. Kaum sah er ihn draußen, als er sein Zelt schnell niederriss. Er verfrachtete es in dem neuen Boot und ruderte mit seiner Frau in südlicher Richtung davon. Die Frau saß in der Mitte des Bootes und ruderte, während er achtern saß und gleichzeitig ruderte und steuerte.

Abends kam der Vetter nichtsahnend nach Hause und erstaunte sehr, als seine Frau zu ihm sagte:

»Tunutôrajik ist heute mit seiner Frau fortgereist.«

»Wohin?«

»Das hat er nicht gesagt.«

»Ich will versuchen, sie einzuholen.« Und er machte sein Boot in aller Geschwindigkeit fertig, bekleidete es noch selbigen Tages mit Fellen und ruderte hinter ihnen her. Beim ersten Wohnplatz fragte er:

»Habt ihr Tunutôrajik nicht gesehen?«

»Gestern ist er hier vorbeigekommen.«

Der Vetter ruderte weiter, ohne an Land zu gehen, und kam bald zu anderen Zeltplätzen.

»Wo ist Tunutôrajik?«

»Vorgestern ist er hier vorbeigekommen.«

Der Vetter ruderte eiligst weiter, und als er abermals zu neuen Zeltplätzen kam, fragte er: »Wo ist Tunutôrajik?«

Und ihm wurde geantwortet: »Vor drei Tagen ist er hier vorbeigerudert.«

Da machte er kehrt, weil die anderen immer mehr Vorsprung gewannen. Und weinend über den Verlust seines Vetters ruderte er nach Hause zurück.

Tututôrajik aber setzte seine Flucht nach Süden fort. Wenn er zu fremden Zeltlagern kam, pflegten die Bewohner ihn zu fragen, wohin er reise, er aber antwortete ausweichend: »Nach Süden, immer weiter nach Süden.« So ruderten sie Tag ein, Tag aus, bis sie zu unbewohntem Land kamen. Sie ruderten längs der öden Küste und sahen schließlich Land, das nicht mit dem Festland in Verbindung stand; es war eine Insel im Meer, und derselben vorgelagert war noch eine kleinere Insel, von dort aus aber war kein Land mehr zu sehen. Auf dieser entdeckten sie ein Haus und wollten an Land gehen. Da kam ein Mann aus dem Haus und ging ihnen entgegen. Als er näherkam, sahen sie, dass er nur ein Bein hatte. Der Einbeinige fragte:

»Wohin geht die Reise?«

»Mein Vetter wollte mich töten, darum flüchtete ich und jetzt suchen wir einen Ort, wo wir überwintern können.«

»Wenn ihr hier bleiben wollt, soll euch kein Leid geschehen.«

Es war aber Igtuko, der einbeinige Riese.

Tunutôrajik wollte nun sein Zelt errichten, der Riese aber sagte:

»In meinem Hause ist Platz für uns alle, kommt nur herein.«

Tunutôrajik trat ein und erstaunte mächtig über alle die herrlichen Dinge, die es drinnen zu sehen gab. Die Wände des Hauses waren ganz und gar mit Fellen bedeckt, und überall, wohin das Auge fiel, hingen Gegenstände aus Eisen: Da waren lange Messer, aber auch Kleidungsstücke, kunstfertig aus Eisen gemacht, und allerhand Waffen*. Das alles betrachtete er und konnte sich nicht satt sehen.

So wurden Tunutôrajik und seine Frau Hausgenossen des einbeinigen Riesen. Als sie sich miteinander eingelebt hatten und gute Freunde geworden waren, sagte der Riese:

»Pass auf, bevor der Winter kommt, werden große Schiffe durch den Sund segeln, in ganzen Flotten werden sie vorbeikommen.«

Als eine geraume Zeit vergangen war und der Winter sich näherte, kamen wirklich, wie er gesagt, viele Schiffe durch den Sund, und jedes Mal, wenn eines vorbeikam, rief der Riese:

»Wer seid ihr?«

Sie antworteten: »Wir sind Handelsreisende.«

Dann ließ er sie ungestört vorbeifahren. Bisweilen aber beantworteten die Schiffe seine Frage nicht. Dann humpelte er, so schnell er konnte, ins Haus und kam ganz in Eisen gekleidet und mit einer riesigen Peitsche bewaffnet wieder heraus. Die Peitsche war so lang, dass sie über den ganzen Sund reichte. Wenn das Schiff den Versuch machte, vorbeizusegeln, schlug er danach mit seiner Peitsche und traf den Mast, sodass das Schiff stillliegen musste. Sofort kletterte ein Mann auf den Mast hinauf und schnitt die Peitsche durch. Der Riese aber knallte von Neuem, die Peitsche wickelte sich um den Mast und er zog das Schiff damit aufs Land. Dann ging er an Bord, während die ganze Schiffsbesatzung vor ihm floh.

Darauf nahm »der Einbeinige« alles, was an Bord war, befrachtete das Schiff stattdessen mit Bärenfellen und ließ es weitergehen. Zu Tunutôrajik sagte er, so müsse man die Leute be-

* Zu Zeiten, als es kein Eisen gab, war es das Zeichen größten Reichtums.

handeln; denn wenn sie nicht antworteten, seien es sicher Nungutsiartortut, die nur auszögen, um ihre Mitmenschen auszurotten und zu töten*.

Als alle Schiffe vorübergefahren waren, stand der Winter vor der Tür, und der einbeinige Riese begann sein Haus mit Pfählen zu stützen. Als er damit fertig war, entdeckte Tunutôrajik eines Tages, als er vors Haus trat, eine weiße Wolke, die den ganzen westlichen Horizont bedeckte und sich schnell zu nähern schien. Er ging ins Haus und sagte:

»Eine weiße Wolke nähert sich mit großer Geschwindigkeit aus Westen. Ich glaube, wir werden Sturm aus Südwesten bekommen.«

Dazu sagte der Riese nichts. Bald darauf ging man zur Ruhe. Als sie am nächsten Morgen erwachten, hörten sie ein Lärmen und Schwatzen vorm Hause, als ob ein Haufen Menschen durcheinander redete. Tunutôrajik wollte hinausgehen, konnte aber die Tür nicht öffnen, denn in der Nacht hatten sich unermessliche Mengen von Vogelmist um das Haus her aufgehäuft. Endlich glückte es ihm und er lief spornstreichs zu seinem Kajak, um zu sehen, wie es damit stände. Welcher Anblick aber bot sich ihm! Nur der Vorder- und Achtersteven ragten hervor, sonst war der Kajak ganz unter dem Vogelmist begraben. Tunutôrajik lief ins Haus und berichtete:

»Riesengroße Vogelschwärme müssen heute Nacht bei unserem Hause gewesen sein, denn man kann vor Vogelmist nicht treten. Sogar mein Kajak ist ganz darunter begraben.«

* Nungutsiartortut: Menschen, die Rache üben, indem sie einen Wohnplatz überfallen und alle Einwohner ausrotten und töten. Die Tat, die gerächt werden soll, ist häufig schon von anderen Generationen begangen worden, doch wird sie nicht vergessen.

Der Riese aber ging hinaus und nahm einen Spaten mit. Nach einer Weile kam er wieder herein und sagte:

»Jetzt ist alles in Ordnung.«

Als Tunutôrajik hinauskam, sah er, dass sein Kajak ausgegraben und unbeschädigt war. Und sofort begab er sich auf die Seevogeljagd. Kaum war er draußen auf dem Meer, als ein Vogel auf ihn zugeschwommen kam, sich quer vor seinen Kajak legte, den Schnabel öffnete und wie ein Mensch zu sprechen begann:

»Schau, ich liege hier vor dir, nimm deinen Pfeil und durchbohre mich.«

Tunutôrajik hob seinen Pfeil und schoss, traf aber nicht. Da hörte er eine andere Stimme zwischen den Seevögeln höhnisch sagen:

»Nicht getroffen!«

Gleich darauf kam ein anderer Vogel geschwommen und sagte: »Schau, wie hübsch artig ich hier vor dir liege. Triff mich mit deinem Pfeil, wenn du kannst«

Diesmal traf Tunutôrajik, und von da an schoss er so viele, dass er sie kaum in seinem Kajak unterbringen konnte. Darauf ruderte er nach Hause, um dem Riesen seinen Fang zu bringen; zu seiner Überraschung aber geriet dieser ganz außer sich vor Zorn. So wütend war er, dass er gar nichts sagen konnte. Tunutôrajik war ganz verzweifelt und fragte seine Frau, warum der Riese wohl so böse sei.

»Wahrscheinlich hast du die Vögel getötet, mit denen er sich zu unterhalten pflegt«, sagte seine Frau.

Da bat Tunutôrajik um Verzeihung, und der Riese verzieh ihm. Abends ließ Tunutôrajik die Vögel von seiner Frau zubereiten, und als sie gekocht waren, wurden sie den Hausgenossen vorgesetzt.

Igtuko hatte noch nie gekochte Vögel gegessen und war darum anfangs etwas zaghaft. Als er aber erst gekostet hatte, schmauste er für zehn und sagte schließlich:

»Meinetwegen kannst du so oft auf die Vogeljagd gehen, wie du Lust hast, an Fang soll es dir nicht fehlen.«

So gut hatten sie ihm geschmeckt. Tunutôrajik aber ging von nun an täglich auf die Jagd. Schließlich aber verließen die Vögel das Land und schwammen aufs Meer hinaus.

Inzwischen war der Winter allen Ernstes mit seiner Kälte gekommen, und als Tunutôrajik eines Tages draußen gewesen war, sagte er, als er hereinkam:

»Es ist bitterkalt, es friert Stein und Bein.«

Igtuko aber antwortete: »Entstand eine Vertiefung im Schnee, als du dein Wasser ließest?«

»Ja, es entstand eine Vertiefung.«

Da antwortete Igtuko: »Dann ist's noch nicht kalt Die Luft wird erst kalt, wenn dein Wasser zu Eiszapfen gefriert, in dem Augenblick, wo es deinen Körper verlässt.«

An einem zeitigen Morgen ging Tunutôrajik hinaus, und als er sein Wasser ließ, kam keine Vertiefung im Schnee, sondern es war, als ob das Wasser in ihn zurückkehrte und als Eiszapfen herabfiel. Er ging ins Haus und erzählte es, und Igtuko antwortete:

»Jetzt ist es kalt; geh hinaus und sieh, ob das Eis tragen kann.«

Tunutôrajik ging aufs Eis hinaus, machte sich schwer und trampelte darauf herum; das Eis aber knackte nicht unter ihm, und er fand keine Stelle, die unsicher war.

Als Tunutôrajik am nächsten Morgen erwachte, war Igtuko bereits zum Fang ausgegangen. Er eilte ihm nach, obgleich er aber den ganzen Tag unterwegs war, fand er ihn nicht. Kaum war er wieder zu Hause, als er den Riesen kommen hörte. Er trug die Eingeweide von Seehunden auf dem Rücken.

Tunutôrajik fragte ihn: »Wo hast du sie gefangen?«

Igtuko antwortete: »Wo ich Seehunde zu fangen pflege.«

»Morgen werde ich dich begleiten.«

»Meine Fangstellen sind zu weit draußen für jemand, der nicht sehr schnell gehen kann.«

Da musste Tunutôrajik es aufgeben, ihn zu begleiten.

Es war jetzt tiefer Winter, und die Dunkelheit wurde von keinem Tageslicht unterbrochen. Da begann der Riese sein Haus abermals mit Pfählen zu stützen, und darauf gingen sie zur Ruhe. Als sie am nächsten Morgen erwachten, hörten sie ein Poltern und Brummen draußen; am Laut konnte man hören, dass es Bären waren. Tunutôrajik kleidete sich schnell an, der Riese aber sagte:

»Die Fangtiere, die du draußen hörst, können nur von ganz gewandten Jägern erlegt werden.«

Igtuko aber nahm ein langes Messer und ging hinaus. Als eine Zeit vergangen war, hörten sie ihn draußen sagen:

»Jetzt gibt's hier auch etwas für Leute zu tun, die weniger gewandt sind.«

Da ging Tunutôrajik hinaus und sah rings herum getötete Bären liegen. Er half dem Riesen die Tiere zerlegen, und es dauerte lange, bis sie damit fertig waren.

Nach dem Bärenbesuch wurden die Stützen wieder heruntergenommen, doch dauerte es nicht lange, da stellte der Riese sie wieder auf. Diesmal geschah es mit besonderer Sorgfalt, und Tunutôrajik war darum sehr gespannt, was diesmal kommen würde. Eines Morgens hörte er ein Geräusch wie von großen Tieren, die übers Dach krochen. Darum wagte es Tunutôrajik nicht, als erster hinauszugehen; zu seinem Erstaunen aber sagte Igtuko:

»Mit den Tieren, die du draußen hörst, können Leute fertig werden, die über gewöhnliche Kräfte verfügen.«

Da kleidete Tunutôrajik sich schleunigst an, nahm ein langes Messer und ging hinaus. Igtuko nahm nur seine Peitsche mit. Draußen aber hatten sich eine Menge Walrosse eingefunden, die um das Haus herumkrochen, und die Jagd auf sie war belustigend und spannend. Igtuko schlug nur nach ihnen mit seiner großen Peitsche; wenn er ein Walross getroffen hatte, streckte es sich steif aus und war im selben Augenblick tot, und so groß war die Kälte, dass es sofort gefror. Die dicke Haut der Tiere platzte und Tunutôrajik konnte sie darum leicht mit seinem Messer zerlegen.

So verging der Winter ohne Sorge und Not, da große Fangtiere ihren Wohnplatz besuchten und ihnen Überfluss an Fleisch und Speck lieferten.

Da geschah es, dass Tunutôrajiks Frau guter Hoffnung wurde, und als das Kind zur Welt kam, zeigte es sich, dass es ein Knabe mit einem Bein war. Igtuko musste also der Vater des Kindes sein, und sie feierten das Ereignis mit großer Freude.

Kaum war das Kind geboren, als Tunutôrajik Zauberlieder zu singen begann; auch der Riese mit dem einen Bein sang Zauberlieder, damit das Kind schnell wachse und in allen Gefahren stark bliebe. So kam es, dass das Kind bereits als halbwüchsiger Knabe stärker als Tunutôrajik war. Bald war er auch ein großer Läufer und trotz seiner Größe leichtfüßig und gewandt.

Die Hausgenossen lebten glücklich und in Frieden zusammen, als sie eines Tages hörten, dass ein Riesenbär, der gefürchtete »Bär des Meeres«, an einem entfernten Wohnort sein Wesen trieb, Menschen überfiel und angriff und sie mit der Zeit ganz ausrotten würde. Als der Knabe dies hörte, sagte er:

Der Bär des Meeres riecht Menschen.

»Ich will den Bären töten!«

Tunutôrajik versuchte, ihn davon zurückzuhalten, der Knabe aber ließ sich nicht von seinem Vorhaben abbringen.

Der Bär des Meeres aber war so groß, dass er in allen Fjorden Grund hatte; wenn er vom Meer hereinkam, watete er durch das Wasser und konnte alle Bergspitzen beschnüffeln. Seine Lungenkraft aber war so groß, dass ganze Bootsbesatzungen ihm in die Nasenlöcher flogen, wenn er Atem holte. Seinen Winterschlaf hielt er auf dem Grunde der Fjorde. Dort lag er zusammengekauert und kam nur an die Oberfläche, wenn er atmen wollte; darum hatte er ein Luftloch wie die Seehunde, aber es war so groß, dass das Wasser, wenn er Atem holte, schwoll und zu einem Eisberg wurde.

Tunutôrajik wollte den Jungen bei der Jagd nicht allein lassen und begleitete ihn im Schlitten. Als sie in die Nähe der Stelle kamen, wo der Eisbär sein Winterquartier hatte, deckte der Knabe Tunutôrajik und seine Hunde mit Eisschollen zu, um sie vor aller Gefahr zu schützen. Darauf begab er sich zum Luftloch, guckte hinunter und sah den Riesenbären zusammengerollt auf dem Grunde liegen, schlafend. Jetzt begann er Laute auszustoßen wie ein Seehund, scharfe, zischende, pfeifende Laute, um den Bären zu wecken. Der Laut drang durch das Wasser, und als er den Grund des Meeres erreichte, bewegte der Bär seine Ohren und gleich darauf hob er den Kopf und erblickte den Knaben. Kaum hatte er ihn entdeckt, als er an die Oberfläche kam; und so groß war er, dass seine Augen von oben auf das kleine Menschlein herabblickten, obgleich er nur seinen Kopf aus dem Wasser steckte. In dem Augenblick, wo er eine Pfote aufs Eis setzte, jagte der Knabe ihm seine Harpune in die Armhöhle, und als er die zweite Pfote hob, harpunierte er ihn von der anderen Seite und lief darauf, so schnell er konnte, davon. Der Bär versuchte, ihm zu folgen, stürzte aber bald und war im selben Augenblick tot. Der Junge jedoch, der sich gar nicht umzublicken wagte, setzte seinen Lauf aus allen Kräften fort. Da steckte Tunutôrajik den Kopf aus seinem Versteck hervor und rief:

»Er fiel, er fiel, er ist tot!«

Der Knabe aber hörte ihn nicht und lief nur immer weiter, bis er so weit weg war, dass er sich umzusehen wagte. Als er aber sah, dass er den Bären getötet hatte, war er so erschöpft vor Angst und Spannung, dass er in Tränen ausbrach. Nachdem er sich aber gefasst hatte, war die Freude groß, und noch größer wurde sie, als sie nach Hause kamen und von der Heldentat berichteten.

Nun verging eine lange Zeit, ohne dass sich etwas Besonderes ereignete. Eines Tages aber hörten sie, dass sich an einem Wohnplatz weit im Norden ein Riesenfalke aufhalten sollte, der drauf und dran war, alle Bewohner auszurotten.

Wieder sagte der Knabe:

»Ich werde ihn töten!«

Noch eifriger als das vorige Mal versuchte Tunutôrajik ihn zurückzuhalten; der Knabe aber schwieg zu allem und verfertigte sich einen Bogen. Darauf zog er aus, Tunutôrajik aber folgte ihm wie das erste Mal. Sie reisten lange, schließlich aber entdeckten sie die jungen Falken hoch oben auf einem gewaltigen Felsen; sie waren so groß wie junge Bären. Tunutôrajik versteckte sich hinter einem Steinhaufen, während der Knabe auf das Nest zuging. Da tauchte über dem Meer der Riesenfalke auf, der einen ganzen Bären im Schnabel hielt. Kaum aber sah er den Knaben, als er den Bären fallen ließ und sich auf den Knaben stürzte. Der Knabe zielte, und als der Falke ganz nah war, schoss er seinen Pfeil auf ihn ab; der Pfeil traf ihn an der Brust, glitt aber an seinen steifen Federn ab. Da packte der Falke den Knaben und flog mit ihm zu seinem Nest; weil er aber nur seinen Pelz gefasst hatte, streifte der Knabe diesen ab und ließ sich zur Erde fallen. Kaum sah der Falke den weißen Körper stürzen, als er den Pelz fallen ließ und mit solcher

Gewalt auf den nackten Knaben niederschoss, dass er ihn zerschmetterte.

Dann brachte er ihn seinen Jungen, die ihn mit Haut und Haaren auffraßen.

Wieder flog der Riesenfalke übers Meer, und erst als er am Horizont verschwunden war, wagte Tunutôrajik sich aus seinem Versteck hervor.

Weinend kehrte er nach Hause zurück und blieb bis an sein Lebensende bei dem Riesen mit dem einen Bein.

Qilàituaq,

die große Zaubertrommel.

In Sermilik wohnte einst ein Mann, der Qilàituaq hieß. Er hatte drei Söhne und einen Schwager; seine größte Lust war, weit aufs Meer hinauszurudern, um Bären und Seehunde zu jagen. Als er einst mit seinen Söhnen und seinem Schwager weit draußen war, wurden sie von einem Sturm überrascht; vergeblich versuchten sie sich an Land zu retten, überall war das Eis schon aufgerissen und Landung unmöglich. So kamen sie ins Treiben und mussten sich schließlich auf einen Eisberg retten. Dort gruben sie sich eine Höhle aus Schnee und nahmen die Hunde mit hinein, damit es wärmer wurde. Drei Tage lang sahen sie nichts, so tobte und schäumte das Meer um sie herum. Erst am vierten Tage wurde das Wetter ruhiger und sie gingen hinaus, um zu sehen, wo sie hingeraten waren. Vergeblich aber spähten sie in alle Richtungen, nirgends konnten sie Land entdecken; wohin ihr Blick schweifte, überall war Meer. Sie mussten sich in ihr Schicksal ergeben und auf dem Eisberg bleiben. Und die Zeit verstrich, es wurde Frühling und es wurde Sommer. Sie aßen ihre Hunde und hatten fast alle verzehrt, und so viel Eis hatten sie geschluckt, um ihren Durst zu löschen, dass ihnen Lippen und Zunge ganz wund waren. Schließlich verloren die Söhne die Geduld und machten ihrem alten Vater Vorwürfe: »Wir haben stets gehört, dass Qilàituaq sich seiner großen Zauberkunst rühme.« Qilàituaq aber schwieg dazu. Schließlich sagte auch der Schwager: »Ich glaubte, Qilàituaq sei ein weiser Mann!« Da erst antwortete der Alte:

»Es ist wahr, ich kenne ein Zauberlied, das Wasser herbeischaffen kann; es wurde ehemals gesungen, wenn man Frauen austauschte.«

Darauf nahm der Alte ein Stück Holz von seinem Schlitten und schnitzte zwei Puppen daraus; die eine hatte kurzes, die andere langes Haar. Mit ihnen ging er auf den Gipfel des Eisberges und baute ein Eishaus. Als es fertig war, legte er die Puppen auf die Pritsche. Darauf machte er eine Vertiefung auf der anderen Seite des Hauses und sang Zauberlieder. Als er fertig war, dämmerte schon der Abend, und sie gingen alle in ihrem eigenen Haus zur Ruhe.

Zeitig am nächsten Morgen liefen sie zu dem verzauberten Eishaus, und siehe, die Puppen waren vertauscht. Jetzt zweifelte keiner mehr, dass sie auch Wasser bekommen würden – und richtig, das Loch neben der Eishütte war voll Wasser. Sie waren so schnell gelaufen, dass der Vater ihnen nicht hatte folgen können; als er aber sah, dass einer der Söhne sich niederbeugte, um zu trinken, rief er:

»Nur wer das Zauberlied gesungen hat, darf zuerst trinken!«

Der Sohn aber wollte nicht hören, und als er sich wieder niederbeugte, um zu trinken, verschwand alles Wasser.

Sagte der Vater: »Ihr Jungen habt es immer so eilig; ich habe eine große Arbeit verrichtet, um euch zu helfen, meine Schuld ist es nicht, dass sie vergebens war. Doch kann ich noch ein anderes Zauberlied, das ich singen will, wenn ihr schweigen und warten wollt.«

Und er verrichtete seinen Zauber ebenso wie am Tage vorher. Und wieder ging alles in Erfüllung. Die Puppen waren vertauscht und die Kumme, die er ins Eis gehackt hatte, war bis zum Rande mit Wasser gefüllt. Wieder versuchte der älteste der Söhne zuerst zu trinken, der Vater aber fasste ihn noch rechtzeitig an der Ferse und schleuderte ihn zur Seite. Darauf trank er selbst so viel wie er mochte, die Kumme aber wurde nicht leerer. Er richtete sich auf und sagte: »Jetzt könnt ihr trinken!« Und die Söhne tranken, bis sie nicht mehr konnten, das Wasser aber nahm nicht ab. Erst als der Schwiegersohn trank, nahm das Wasser ab; als aber die Kumme leer war, konnte der Schwiegersohn auch nicht mehr trinken.

Der Sommer ging zu Ende und noch immer waren sie auf dem Eisberg; es wurde Herbst und sie hatten nichts mehr zum Leben. Der Tod schien ihr sicheres Schicksal zu sein.

Da begannen die Söhne wieder zu murren:

»Wir haben stets gehört, dass Qilàituaq nicht hinter anderen Zauberern zurückstehe!«

Der Alte aber erwiderte nichts auf ihre Vorwürfe.

Erst als der Schwager sagte: »Auch ich habe stets gehört, dass Qilàituaq ein großer Zauberkünstler sei!« Erst da antwortete der Alte:

»Ich kenne ein Zauberlied, das Land herbeischaffen, ein Zauberlied, das uns die Heimkehr bringen kann.«

Damit verließ der Alte die Eishöhle, und die anderen folgten ihm. Er begab sich auf die Seite des Eisberges, die schroff ins

Meer fiel, sagte eine Zauberformel her und sprang kopfüber ins Meer.

Die anderen warteten voller Angst, ob er wieder zum Vorschein kommen würde; es dauerte lange, schließlich aber, als er auftauchte, war er in einen Bären verwandelt.

Der Vater und seine Söhne waren ganz in Bärenhäute gekleidet, Pelz, Hosen, Kamiken und Handschuhe, alles war aus Bärenfell.

»Gleiche ich einem Bären?«, rief der Alte zu ihnen herauf.

»Du *bist* ein Bär«, antworteten die andern.

»Tut wie ich, und stürzt euch ins Meer.«

Und die Söhne sprangen herab und wurden alle zu Bären.

Nur der Schwager blieb auf dem Eisberg stehen und wagte den Sprung nicht; und da die Zeit nutzlos verstrich, rief der Alte ungeduldig zu ihm herauf:

»Du hast doch gehört, dass ich nicht hinter anderen Zauberern zurückstehe, warum zweifelst du an mir!«

Da erst sprang der Schwager ins Meer. Weil er aber den Kopfsprung nicht wagte, ließ er sich rückwärts ins Meer fallen. Als er nun in der Gestalt eines Bären wieder auftauchte, fragte er die anderen:

»Gleiche ich jetzt auch einem Bären?«

Freilich gleichst du einem Bären, dein Hinterteil aber ist fast ganz kahl!«

Da fiel dem Schwager ein, dass er ein Walross als Amulett bei sich trug. Er tauchte noch einmal unter, blieb sehr lange unter Wasser, und als er wieder zum Vorschein kam, hatte er die Gestalt eines Walrosses.

»Gleiche ich einem Walross?«, rief er den andern zu.

»Du *bist* ein Walross«, antworteten sie.

»Lasst uns an Land schwimmen«, befahl der Alte, und sie schwammen an Land. Das Walross aber war am schnellsten, weil es sich lange unter Wasser halten konnte.

Es verging eine lange Zeit, ehe sie Land sahen. Schließlich aber stiegen Felsen aus dem Meere auf, und als sie sie erreicht hatten, befanden sie sich an der Mündung eines großen Fjords, der voll Wintereis war. Die Bären kletterten gleich aufs Eis hinauf, das Walross aber blieb im Wasser. Kaum waren sie oben auf dem Eise, als sie viele Menschen auf sich zugelaufen kommen sahen; einige zogen Kajaks hinter sich her, andere hatten nur ihre Harpunen.

Ein Zauberboot überfällt den Geisterbeschwörer Avggo, der auf eine Klippe geflüchtet ist, von wo er sich mithilfe seiner Hilfsgeister, dem Riesenfalken und dem »Schiefmündigen« verteidigt. Zauberboote überfallen einsame Reisende und sind leicht kenntlich, weil sie mit weißen und schwarzen Fellen überzogen sind.

»Es geht ums Leben«, sagte der Alte, »fänden wir nur ein Stück Eis, hinter dem wir uns verbergen könnten.« Und sie flüchteten hinter eine Eisscholle, entledigten sich in aller Eile ihrer Bärenhaut, und waren wieder Menschen. Das Walross aber brauchte nur aufs Eis hinaufzukriechen, um wieder Mensch zu werden.

Die Fremden aber, die angelaufen kamen, erstaunten sehr, als sie Menschen statt Bären sahen.

»Ich bin sicher, dass es Bären waren!«, sagte der Mann, der sie zuerst gesehen, und darum Anrecht auf das Fell des größten hatte.

»Wir irrten uns, weil sie Bärenpelze tragen«, sagten die anderen. Und sie forderten sie auf, als Gäste mit zu ihrem Wohnplatz zu kommen.

Das ließen sie sich nicht zweimal sagen und erfuhren, dass das Land, zu dem sie geschwommen waren, das große Akilineq war.

Beim Wohnplatz angelangt, wurden sie in ein großes Haus geführt und zu Tisch gebeten; aber die Zeit verging und keine Mahlzeit wurde aufgetragen, wie es Sitte ist, wenn Gäste willkommen sind.

Nach einer Weile kam ein altes Weib herein; sie trug die Hirnschale eines Menschen in der Hand, darin war eine Gehirnmasse ausgerührt. Dies Gericht bot sie Qilàituaqs Schwager, und forderte ihn auf, davon zu essen. Die Alte aber war eine Hexe und das Gericht vergiftet. Der Alte aber entriss seinem Schwager die Hirnschale und sagte: »Nein, ich will beginnen.« Worauf Qilàituaq das ganze vergiftete Hirn aß. Darauf legte er die Hirnschale mit dem Boden nach aufwärts auf die Pritsche, und als er sie umdrehte, war sie wieder gefüllt. Er gab sie seinen Söhnen und seinem Schwager, indem er sie aufforderte, davon zu essen. Und sie aßen und nahmen keinen Schaden daran. Qilàituaq füllte die Hirnschale viermal, und als seine Begleiter gegessen hatten, füllte er sie noch einmal und gab sie der Hexe, indem er sagte:

»Nun iss du!«

Sie aber nahm die Schale und wagte nicht davon zu essen, sie hielt nur ihren Zeigefinger darüber, als ob sie kosten wollte. Da gab Qilàituaq ihr einen Stoß, sodass ihr Finger in die Gehirnmasse tauchte. Wieder hielt sie den Finger an den Mund, wagte aber nicht von dem vergifteten Gericht zu kosten; da aber versetzte Qilàituaq ihr noch einen Schlag, sodass der Finger ihr in den Mund flog. Die Hexe brach in Lachen aus und stürzte durch den Hausgang. Auf halbem Weg aber fiel sie um und war tot. Sogleich wurde ihre Leiche von unsichtbaren Händen hinausgezogen, und man hörte das Geräusch von klirrenden Messern und von Menschen, die den Leichnam zerlegten.

»Ach, unsere Großmutter ist tot«, hörten sie jemanden draußen sagen.

»Wir haben einen Fehler begangen und wollen ihn wieder gut machen!«, sagte ein anderer. Darauf war es still.

Nach einer Weile kam ein Mann herein. Er setzte sich zu den Fremden und schlug ihnen einen Ringkampf vor. Der Schwager war der Größte und Stärkste, und darum sollte er beginnen. Während sie miteinander rangen, hörte man plötzlich ein Knacken, und im selben Augenblick fiel der Schwager tot um. Ebenso wie die alte Hexe wurde er durch den Hausgang gezogen, und abermals hörte man das Klirren von Messern und das Geräusch von Menschen, die die Leiche zerlegten.

Jetzt wollte einer der Söhne vortreten und den Schwager rächen; Qilàituaq aber hielt ihn zurück und sagte:

»Jetzt komme ich an die Reihe.« Und er trat vor den Mann, der seinen Schwager getötet hatte. Sie rangen nur einen Augenblick, da hörte man wieder den knackenden Laut, der Alte bog die Arme des Menschenfressers auseinander, tötete ihn mit einem Faustschlag in den Unterleib und warf ihn durch den Hausgang hinaus.

Im selben Augenblick kam ein anderer herein, aber auch ihn tötete der Alte und so immer weiter, solange sich Stellvertreter meldeten. Schließlich kam keiner mehr.

Jetzt aber war es Zeit für Qilàituaq und seine Söhne, aus dem Hause zu fliehen; draußen im Hausgang aber war es schwarz von Menschen, um das ganze Haus herum, vor Fenstern und Türen standen sie; alles war umringt, nirgends ein Ausweg. Die Helfer und Rächer der Getöteten waren bereits herbeigeströmt. Der Alte und seine Söhne mussten vorläufig im Hause bleiben.

»Gebt mir meine Überzugkamiken!«, sagte der Alte.

»Er will fliehen«, murmelten die Männer, die das Haus umringten, »er will fliehen.«

Und man gab ihm seine Kamiken. Er untersuchte sie genau und nahm darauf aus dem einen Schaft einen Fuchszahn, über den er Zauberformeln murmelte. Und der Zahn wurde zu einem Fuchs, und diesen Fuchs sandte er hinaus, indem er ihm befahl:

»Nimm die Besten zuerst!«

Der Fuchs sprang hinaus.

»Hei – ein Fuchs, ein Fuchs! Greift ihn! Wir wollen ihn fangen!«, hörte man draußen rufen.

Und die Menschen liefen durcheinander, weiter aber ereignete sich nichts. Der Fuchs konnte ihnen nichts anhaben und kam unverrichteter Sache zurück.

Qilàituaq verwandelte ihn wieder zu einem Zahn und steckte ihn in seine Stiefel.

»Bringt mir mein Bärenfell!« Und sie gaben ihm seinen Pelz. Aus dem Kragen zog er das Barthaar eines Raben und verwandelte es zu einem kampflustigen und gefährlichen Raben, der kaum im Hause zu halten war.

»Nimm die Stärksten zuerst«, befahl der Alte, indem er ihn durch den Hausgang hinausließ. Und kurz darauf hörte man von draußen schreien: »O, er ist gefallen! Auch er ist tot! Er zieht ihm die Gedärme aus dem Leib!« Und so schrien sie lange, bis es ganz still wurde.

Da kam der Rabe wieder herein und alle Männer waren getötet. Der Rabe aber hatte einen Schlag gegen den Schnabel bekommen, sodass die eine Seite seines Bartes sich gelöst hatte, und darüber war er so böse, dass er kaum zu beruhigen war; der Alte musste ihm gut zureden, bevor er so ruhig wurde, dass er ihn wieder zu einem Barthaar verwandeln konnte, das er in den Kragen seines Bärenpelzes steckte.

Als Qilàituaq und seine Söhne vors Haus gingen, lag es draußen voller Toter.

Qilàituaq und seine Söhne aber ruderten nach Hause und erreichten ihren Wohnplatz ohne Widerwärtigkeiten. Groß wäre ihre Freude gewesen, hätten sie allesamt heimkehren können, so aber trauerten sie noch lange über den Tod des großen und tüchtigen Schwagers.

Der große Ulîvaitsiaq,

der Kagtagtuks Sohn bestrafte.

Es war einmal ein tüchtiger Fänger. Wann immer er nach seinen Netzen sah, konnte er sein Boot mit Seehunden füllen. Eine Frau hatte er nicht, sondern wohnte bei einer älteren verheirateten Schwester.

Einstmals, als er wie gewöhnlich nach seinen Seehundsnetzen sehen wollte, war zwischen den Frauen, die sein Boot rudern sollten, ein junges Mädchen, das einzige geliebte Kind ihrer Eltern. Ulîvaitsiaq wollte sie eigentlich nicht mitnehmen, da sie aber so inständig darum bat, willigte er schließlich ein. Sie ruderten fort und kamen zu einem kleinen Sund, der das Festland von dem Inselland trennte; dort untersuchte er seine Netze, während die Frauen an Land gingen, um Beeren zu pflücken. Als er fertig war, rief er nach seinen Ruderinnen, und sie kamen alle, ausgenommen das junge Mädchen, das einzige Kind ihrer Eltern. Sie riefen nach ihr, und als sie nicht antwortete, suchten sie sie überall zwischen den Bergen. Schließlich aber mussten sie ohne sie nach Hause rudern. Die Eltern waren verzweifelt über den Verlust ihres einzigen Kindes. Sie suchten noch oft nach ihr, aber immer ohne Erfolg.

Eines Tages aber kam Ulîvaitsiaq ein glücklicher Gedanke und er sagte:

»Wer weiß, vielleicht haben die Riesen, die auf dem Inlandeis wohnen, sie geraubt! Wenn es Winter wird, will ich Geister beschwören und versuchen, ob ich zu ihnen gelangen kann.«

Und er erzählte, dass er diese Riesen bereits einmal besucht habe; es waren fünf große Inlandsriesen, die mit ihrer Schwester zusammen hausten. Als die Wohnplatzgenossen dies vernommen hatten, riefen sie bereits am nächsten Morgen zu Ulîvaitsiaq ins Fenster hinein:

»Wann willst du deine Geister beschwören?«

Und Ulîvaitsiaq antwortete:

»Werdet es schon erfahren.«

Das wiederholte sich alle Tage; jeden Morgen wurde zu ihm durchs Fenster gerufen:

»Wann willst du deine Geister beschwören?«

Und er antwortete:

»Werdet es schon erfahren.«

Und es wurde Winter; als aber die Tage nach der großen Dunkelheit länger zu werden begannen, sagte Ulîvaitsiaq eines Tages zu seiner Schwester:

»Näh' mir Kleider aus ungegerbtem Seehundsfell, die will ich bei der Geisterbeschwörung tragen. Nur unter den Armhöhlen und an den Gelenken musst du das Fell weich machen, sodass ich die Arme frei bewegen kann, und der Anzug muss so lang sein, dass nur meine Füße daraus hervorsehen.«

Der Anzug aber sollte so steif sein, damit keine Waffe hindurchdringen konnte. Die Schwester begann nun einen Anzug aus Sohlenleder und steifem Seehundsfell zu nähen, und so schwer war die Arbeit, dass sie Hilfe dabei gebrauchte. Schließlich aber war der Pelz fertig, und als Ulîvaitsiaq fand, dass die Tage lang genug seien, ließ er in die Fenster seiner Wohnplatzgenossen hineinrufen:

»Wo seid ihr nun, all ihr Ungeduldigen? Ich begebe mich jetzt ins Land der Riesen!«

Kaum hatte er diese Worte gesagt, als großer Lärm im Nachbarhaus entstand, und die Eltern des verschwundenen Mädchens kamen heraus und begleiteten ihn. Es war zu jenen Zeiten, als noch kein Schnee auf Erden fiel. Unterwegs überzeugte Ulîvaitsiaq sie bei jeder Gelegenheit von seiner Kraft. Kamen sie an großen Steinen vorüber, schlug er mit seiner geballten Faust darauf und brach sie mitten durch, und Steinblöcke, die fest in Lehmerde steckten, hob er mit zwei Fingern heraus. Als sie auf das Inlandeis hinaufgelangt waren, erblickten sie bald einen Berg. Sie näherten sich diesem schnell, und als sie nicht mehr weit davon entfernt waren, fragte Ulîvaitsiaq:

»Könnt ihr das Haus sehen?«

Der Mann und die Frau spähten in die Ferne und entdeckten bald ein Haus. Sie konnten die Wärme wie Rauch aus dem Luftloch des Hauses aufsteigen sehen. Da sagte Ulîvaitsiaq zu seinen Begleitern:

»Ich will vorangehen und durch das Loch ins Haus sehen; wenn ich das Mädchen drinnen entdecke, werde ich als Zeichen meine Hände heben; ist sie aber nicht da, komme ich gleich zurück.«

Damit ging Ulîvaitsiaq auf das Haus zu, stieg aufs Dach und schaute durch das Loch. Da sah er gleich das junge Mädchen! Die Schwester der Riesen spielte mit ihr, als ob sie ihre Leibesfrucht sei; die Beine hatte sie ihr über die Schultern gelegt und der Kopf hing nach unten. Die fünf Brüder saßen um sie herum und sahen zu. Das junge Mädchen war in Tränen aufgelöst, während sie ihr vergeblich zuzureden versuchten:

»Bist du durstig?«

»Nein.«

»Bist du hungrig?«

»Nein.«

»Willst du dein Wasser lassen?«

»Nein.«

»Sehnst du dich nach deiner Familie?«

»Ja.«

Und da sagten sie zu ihr, indem sie logen:

»Warte nur, wir bringen dich bald nach Hause.«

Da hob Ulîvaitsiaq seine Arme, und die Eltern eilten zu ihm; als sie bei ihm waren, sagte er:

»Bleibt unten im Hausgang; sowie ich ihrer habhaft werden kann, werfe ich sie zu euch hinunter; flieht dann mit ihr, so schnell eure Beine euch zu tragen vermögen.«

Da gingen sie in den Hausgang, stießen aber gleich gegen einen großen flachen Stein, der den Eingang versperrte. Ulîvaitsiaq drehte ihn lautlos herum, sodass sie hereinkommen konnten; als sie aber ein Stück gegangen waren, stießen sie gegen einen anderen und so immer weiter. Der ganze Hausgang war mit großen flachen hochgestellten Steinen angefüllt, die den Eingang versperrten. Schließlich kamen sie an dem letzten Stein vorbei und standen vor dem Eingangsloch; dort aber hing ein Vorhang aus lauter Bärenzähnen, die auf Schnüre gezogen waren, und wenn man hindurchgehen wollte und nur einen Zahn berührte, rasselten sie und machten einen furchtbaren Lärm. Ulîvaitsiaq überlegte einen Augenblick, sprang dann plötzlich ins Haus hinein, flog mit einem Satz über die Riesen weg und auf die Pritsche, schlug die große Frau, dass sie tot umfiel, und warf das junge Mädchen in den Hausgang, wo die Eltern sie ergriffen und mit ihr flohen. Die fünf großen Inlandsbewohner aber stürzten sich auf Ulîvaitsiaq und schlugen auf ihn ein; da er sich aber hart machte und seine Kleider sehr steif waren, konnte er die Schläge gar nicht fühlen. Da versuchte der eine, seine Kapuze einzuschlagen, und als es ihm glückte, schnürte er sie ihm um den Hals, um ihn zu ersticken. Ulîvaitsiaq hielt lange den

Atem an, als ihm aber schließlich schwindlich wurde, schlug er auf den Riesen ein, der vor ihm stand, und tötete ihn auf der Stelle, und dann den zweiten, den dritten und den vierten; nur mit dem fünften spielte er und tötete ihn ganz langsam und nachdem auch das besorgt war, ging er hinaus, und lief hinter den anderen her.

Die beiden Alten hielten ihr Kind bei den Händen und rannten mit ihm, so schnell ihre Beine sie tragen wollten. Als sie sich einmal umdrehten und Ulîvaitsiaq sahen, glaubten sie, es sei einer der Riesen und liefen noch schneller; schließlich aber erkannten sie ihn und er holte sie ein.

Nach ihrer Rückkehr schenkte der alte Mann Ulîvaitsiaq seinen Kajak und alles, was dazu gehörte, zum Dank dafür, dass er ihm seine Tochter zurückgegeben hatte.

Eines Tages kam ein Mann zum Wohnplatz und erzählte, dass Kagtagtuks Sohn alle Menschen erschlüge, die zu Besuch kämen. Als Ulîvaitsiaq das hörte, sagte er:

»Diesen Mann will ich besuchen!«

Seine Schwester, die für sein Leben fürchtete, versuchte vergeblich, ihn zurückzuhalten; als er bei seinem Vorhaben beharrte, versuchte auch sein Schwager ihn zu überreden, zu Hause zu bleiben.

Da aber sagte Ulîvaitsiaq:

»Ich will ihn nur *sehen*, kehre dann gleich zurück.«

So brach er denn auf und kam zu Kagtagtuks Wohnplatz. Er ging auf gut Glück auf das nächste Haus zu, das zwei Hausgänge hatte, und es zeigte sich, dass es Kagtagtuks Haus war.

Nun wusste er nicht, durch welchen Hausgang er gehen sollte, darum wählte er den ersten besten, und als er hereinkam, sah er Kagtagtuk auf der Pritsche sitzen.

Der alte Kagtagtuk war sehr freundlich und gastfrei gegen ihn, als es aber Abend wurde, sagte er:

»Jetzt ist das Wetter gut zur Heimreise.«

Er wollte seinen Gast bewegen, vor der Rückkehr seines Sohnes aufzubrechen.

Ulîvaitsiaq verstand ihn wohl, blieb aber trotzdem. Hierüber beunruhigte der Alte sich und seufzte so tief auf, dass Ulîvaitsiaqs Haar sich bei seinem Atemzuge bewegte.

Die Schwiegertochter ging hinaus, und als sie wieder hereinkam, sagte sie:

»Soeben taucht er hinter der Landzunge auf und hat seine Beute im Schlepptau.«

Sie blickten durchs Fenster und sahen ihn mit einem erlegten Walross heranrudern. Als die Frau wieder hinausging, folgte Ulîvaitsiaq ihr und fasste sie um den Leib, obgleich sie sich wehrte. Aber er war stark, und schließlich folgte sie ihm willig. Als Kagtagtuks Sohn aber seine Frau mit einem andern Manne sah, wurde er zornig und ruderte mit solcher Geschwindigkeit, dass die Hinterflossen des Walrosses im Wasser auf und nieder wippten; denn es war aus Eifersucht, dass er alle Besucher tötete. Er stieg ans Land und zog das Walross mit einem einzigen Ruck bis an die Brust über eine raue Klippe. Darauf sagte er:

»Ich will erst trockenes Zeug anziehen.« Er eilte ins Haus, und währenddessen ließ Ulîvaitsiaq das große Walross wieder ins Wasser fallen und zog es an einer andern Stelle, wo der Felsen noch rauer war, mit einem Ruck ganz aus dem Wasser. Als Kagtagtuks Sohn zurückkam und das Walross nicht an der Stelle fand, wo er es herausgezogen hatte, suchte er es, rollte es wieder ins Wasser und brachte es dorthin zurück, wo er es zuerst aus dem Wasser gezogen hatte.

Ulîvaitsiaq aber ging langsam auf Kagtagtuks Haus zu, bückte sich und kroch hinein.

Kurz darauf kam Kagtagtuks Sohn. Aber er hielt sich nur einen Augenblick im Hause auf, ging dann durch den Hausgang seines Vaters hinaus und schlüpfte in seinen eigenen, und das wiederholte er mehrmals. Ulîvaitsiaq aber hatte entdeckt, dass über dem Hauseingang eine Waffe aus Knochen mit einem Holzgriff hing, die ganz blutig war. Mit dieser Waffe pflegte Kagtagtuks Sohn den Besuchern die Köpfe zu spalten.

Plötzlich ergriff Kagtagtuks Sohn die Waffe und schlug nach Ulîvaitsiaqs Kopf. Dieser aber wehrte den Schlag rechtzeitig mit der Hand ab. Kagtagtuks Sohn schlug wieder nach ihm, und wieder parierte Ulîvaitsiaq den Schlag. Als er aber einen Schlag bekam, der ihn schmerzte, verlor er die Geduld, entriss dem andern die Waffe und übermannte ihn. Er setzte sich und klemmte die Hände und Beine des andern zwischen seine Beine; als er auf diese Weise seine Hände freibekommen hatte, nahm er ein großes Knochenstück und drückte die Spitze dem andern in die Augen. Darauf drückte er sie ihm gegen die Nase, und so immer weiter, bis das Gesicht ganz anschwoll.

Erst als er ganz unkenntlich geworden war, ließ er ihn los. Der Alte aber, der glaubte, dass sein Sohn getötet war, seufzte so schwer, dass sein Atem über ihre Köpfe strich.

Kagtagtuks Sohn aber, endlich befreit, tastete sich geblendet nach seiner Pritsche.

Ulîvaitsiaq jedoch ging hinaus, um die übrigen Wohnplatzgenossen zu besuchen. Sie waren sehr erstaunt, dass Kagtagtuks Sohn endlich einen Gast bekommen hatte, dem er nichts anhaben konnte. Ulîvaitsiaq aber sagte nach einer Weile zu einem elternlosen Knaben:

»Geh und sieh dich nach Kagtagtuks Sohn um.«

Als der Knabe ins Haus kam, sagte der alte Kagtagtuk:

»Was willst du, scher dich hinaus.«

Der Knabe aber erzählte:

»Kagtagtuks Sohn sieht seltsam aus, sein Gesicht ist ganz geschwollen, man kann ihn kaum erkennen.«

Nach einer Weile sagte Ulîvaitsiaq wieder zu dem Knaben:

»Geh und sieh dich wieder nach Kagtagtuks Sohn um.«

Wieder ging der Knabe hin, und als er zurückkam, sagte er:

»Jetzt ist ihm so schwindlich geworden, dass sich ihm alles im Kreise dreht.«

Ein Vielfresserweib überfällt einen Küstenbewohner mit ihrem Lasso. Nerrersüjuit oder Vielfraßgnomen wohnen in der Nähe des Inlandeises. Sie sind maßlos in ihrer Fressgier und essen alles, sogar Menschen; darum haben sie so große Bäuche.

Bald darauf sah er sich wieder nach Kagtagtuks Sohn um, und als er zurückkam, sagte er:

»Jetzt ist er am Ersticken. Sein Vater hält ein Haar vor seine Lippen, um zu sehen, ob er noch atmet.«

Kagtagtuks Sohn aber gesundete wieder und wurde ein guter und friedfertiger Mensch, der nie wieder seinen Besuchern etwas zuleide tat.

Erst spät am Abend, als man wusste, dass Kagtagtuks Sohn nicht kränker werden würde, reiste Ulîvaitsiaq nach Hause.

Kamikinak

Kamikinak war ein kleiner, kümmerlicher Knabe. Als er ausgewachsen war, war er nicht größer als ein Kind. Seine Eltern lebten bei Nôrssît in der Nähe von Kap Dan.

Kaminik bekam einen Kajak, aber er ging nie auf die Seehundsjagd; nur mit den Jungen der Lummen wagte er es aufzunehmen, die er bei einer nahegelegenen Insel fing.

Eines Tages warfen seine Eltern ihm vor, dass er nie auf die Seehundsjagd gehe.

»Bist ein kümmerlicher Wicht, Kaminik, hast einen Kajak und ziehst nie auf Fang aus.«

So sprachen sie häufig zu ihm, und schließlich wurde Kaminik böse und beschloss, die Menschen zu verlassen. Als er eines Tages mit seinem Kajak nach Hause kam, legte er seine Fausthandschuhe in den Achtersteven seines Kajaks und sagte, dass er sie verloren habe.

Man nähte ihm ein paar neue. Dies wiederholte sich immer wieder; schließlich war sein Kajak ganz mit Fausthandschuhen angefüllt*.

Eines Tages machte er sich auf und ruderte aufs Meer hinaus. Die Kajakmänner, die draußen auf Fang lagen und ihn kommen sahen, sagten zueinander:

»Kommt dort nicht Kaminik? Was fällt ihm ein, hat er den Verstand verloren?«

Kaminik würdigte sie keines Blickes. Er ruderte nur weiter, bis er zu den Kajaks kam, die noch weiter draußen lagen und den Seehunden auflauerten. Als sie ihn kommen sahen, wunderten sie sich, dass er sich so weit hinausgewagt hatte, er aber ruderte an ihnen vorbei, ohne sie eines Blickes zu würdigen. Schließlich passierte er die Kajaks, die am weitesten draußen lagen; auch an ihnen ruderte er vorbei, und alle glaubten, er habe den Verstand verloren.

Dann ruderte er geradeswegs ins offene Meer hinaus und war bald am Horizont verschwunden.

Als die Kajakmänner nach Hause kamen, wurden sie gefragt, ob sie Kaminik nicht gesehen hätten, und alle antworteten, sie hätten ihn meerwärts rudern sehen und schließlich aus den Augen verloren. Und alle glaubten, dass er den Verstand verloren habe.

Kaminik aber ruderte ins offene Meer hinaus, bis er eines großen Eisberges ansichtig wurde. Jedenfalls glaubte er, dass es ein Eisberg sei, bis er entdeckte, dass er sich bewegte; erst da wurde es ihm klar, dass es eine Riesenmöwe sei, die auf dem Wasser lag und Nahrung suchte. Sie war so groß, dass er nicht an ihr vorbeizurudern wagte, aus Angst, dass sie ihn fressen würde. Da-

* Man versorgt sich mit Fausthandschuhen, wenn man auf eine weite Reise gehen will und lange rudern muss.

rum ruderte er in einem großen Bogen um sie herum, und weiter, immer weiter ins Meer hinaus, bis er einer großen Insel ansichtig wurde. Als er aber genauer hinsah, war es gar keine Insel, sondern ein Mann in einem Kajak, der Riese von Akilineq. Er angelte Kaulköpfe.

Kaminik legte neben ihm an und rief zu ihm hinauf; sein Rufen aber war nur wie ein Klingen in dem Ohr des Riesen. Nach einer Weile aber blickte er sich um, indem er sagte:

»Ist's mir doch, als ob ich rufen hörte!«

Da fiel sein Blick auf Kaminik, und er zog seinen Handschuh aus, fing ihn damit ein und hob ihn zu sich in den Kajak hinauf. Darauf legte er seine Ruder aus und ruderte nach Hause, mit solcher Geschwindigkeit, dass Kaminiks Haare zu Berge standen. Sie ruderten auf einen hohen Felsen zu, der die Form eines Hauses hatte.

Der Riese legte am Strand an und rief nach seiner Frau. Gleich kam eine riesige Frau aus dem Hause. Ihr Mann sagte zu ihr:

»Ich habe dir ein Pflegekind geangelt.«

»Wo ist es?«, fragte die Frau eifrig.

»Hier«, antwortete der Mann.

Die Frau blickte sich ringsum, konnte aber nichts entdecken. Da nahm der Mann Kaminik aus seinem Fausthandschuh und reichte ihn ihr. Sie nahm ihn in die hohle Hand, trug ihn ins Haus und legte ihn auf ein Bort, ohne ihn aus seinem Kajak zu nehmen. Dort musste er drei Tage stehen, denn solch seltener Fang durfte erst nach drei Tagen angerührt werden. Dann erst stellten sie ihn auf die Erde, wo er abermals drei Tage stehen musste.

Eines Nachts entdeckte er ein Ungeheuer, ein großes, entsetzliches Ungeheuer, das auf ihn zu kam. Kaminik schrie wie besessen und kroch aus seinem Kajak heraus, und es glückte ihm, zu

Kamikinak im Lande der Riesen.

der Pritsche zu entkommen, wo sein Pflegevater schlief. Aber es war ihm nicht möglich, zu ihm hinaufzugelangen; glücklicherweise hing ein Haar herab und daran kletterte er hinauf, indem er schrie:

»Ein schreckliches Ungeheuer verfolgt mich!«

Es dauerte lange, bevor er seinen Pflegevater geweckt hatte, und als er schließlich wach war, fragte er:

»Wo ist es denn?«

Kaminik sagte: »Siehst du denn nicht das schreckliche Ungeheuer, das dort auf mich zukommt?«

»Meinst du den kleinen Erdfloh?« Und sein Pflegevater blies den Erdfloh in eine Ecke, wo er verschwand.

Sagte darauf der riesige Pflegevater: »Komm zu uns herauf.«

Und Kaminik legte sich auf die Pritsche und schlief gleich ein. Er hatte lange und tief geschlafen, als er wieder durch ein Geräusch geweckt wurde und ein großes weißes Tier entdeckte, so groß wie ein Bär.

Wieder rief er voller Angst:

»Was ist das für ein großes, entsetzliches Tier?«

Schließlich erwachte sein Pflegevater, und als er das Tier sah, sagte er:

»Ach, das ist nur eine Spinne!« Und er blies nach ihr, sodass sie in einer Ecke verschwand.

Eines Tages zimmerte der gewaltige Pflegevater eine Holzbrücke, die von der Pritsche zum Fenster ging, sodass Kaminik zum Fenster gelangen und hinaussehen konnte; von dort hatte man Ausblick auf zwei Felsen, die durch eine Kluft voneinander getrennt waren.

Und der Pflegevater sagte: »Wenn diese Kluft eines Tages ganz durch ein großes weißes Tier ausgefüllt wird, musst du aus vollem Halse: ›Bär, Bär, Bär‹ rufen!«

Von da an saß Kaminik jeden Tag am Fenster und spähte hinaus. Eines Tages sah er ein großes weißes Tier durch die Kluft kommen. Gleich schrie er: »Bär, Bär!«

»Wo denn?«, fragte der Riese.

»Dort, dort!«, rief Kaminik.

»Ach, das ist ja nur ein Fuchs. Aber mach dich bereit, mit mir auszugehen.«

Darauf nahm der Riese ihn, steckte ihn in eine Falte seines Kamiks und eilte hinter dem Fuchs her. Er holte ihn ein und fing ihn; darauf zerlegte er ihn und gab dem Knaben ein ganz kleines Stück von seinem Fett; für Kaminik aber war es eine große Bürde, die er auf seinen Rücken nahm und nach Hause schleppte.

Die Pflegemutter war voller Stolz, dass ihr kleiner Pflegesohn seinen ersten Fanganteil bekommen hatte.

Als Kaminik wieder einmal zum Fenster hinausblickte, entdeckte er, dass der Zwischenraum zwischen den beiden Felsen ganz ausgefüllt war, ja, die beiden Felsen schienen einer geworden zu sein; als er aber genauer hinsah, entdeckte er, dass sich an der Stelle, wo die Kluft gewesen war, etwas bewegte, und gleich begann er aus vollem Halse zu schreien:

»Ein Bär, ein Bär, ein Bär!«

Der Pflegevater blickte aus dem Fenster und sagte:

»Ja, diesmal ist es wirklich ein Bär, aber er ist nicht sehr groß.«

Sie machten sich zur Jagd bereit, der Riese steckte Kaminik in eine Falte seines Kamiks, dann ging er auf den Bären los und tötete ihn. Darauf zerlegte er ihn und gab seinem Pflegesohn ein ganz kleines Stück von seinem Speck als Fanganteil. Als aber Kaminik es auf den Rücken nehmen wollte, konnte er es nicht heben, sondern musste es erst durchschneiden. So brachte er es nach Hause, und wieder empfing die Pflegemutter ihn voller Stolz.

Kurz nach diesem Ereignis merkte Kaminik, dass er zu wachsen begann. Er wuchs so schnell, dass er in kurzer Zeit ebenso groß war wie sein Pflegevater.

Eines Tages fragte ihn der Pflegevater, ob er keine Angehörigen habe.

»Doch«, antwortete Kaminik, »meine Eltern wohnen weiter südlich.«

»Wo?«

»Sie haben Land bei Nôrssît.«

»Willst du sie nicht besuchen?«

So begab Kaminik sich auf den Weg. Er ruderte und ruderte, und als er Land in Sicht bekam, war es Orssuluviaq an der Mündung des Angmagssalik-Fjords. Als er anlegte, war er so groß, dass er seine Hand auf den Gipfel des großen Vorgebirges legen konnte.

Als die Leute Kaminik sahen, riefen sie voller Angst: »Was ist das für ein gewaltiger Kajakmann?« Kaminik aber rief ihnen zu: »Bin ja Kaminik, der kümmerliche Knabe.«

Beim Zelt seiner Eltern legte er an; er war so groß geworden, dass er sich nur mit ihnen verständigen konnte, wenn er sie in seine hohle Hand legte. Nachts musste er draußen schlafen, weil er im Zelt nicht Platz hatte.

Dann ging er auf den Fang, um seinen Eltern Nahrung zu verschaffen. Er ruderte weit aufs Meer hinaus, wo er große Scharen von Seehunden antraf. Er schaufelte sie schnell mit seiner Hand ein und legte sie in seinen Kajak. Wenn sie zu sehr zappelten, nahm er sie bei den Hinterflossen und schlug ihre Köpfe gegeneinander, sodass sie gleich tot waren.

So sammelte er seinen Eltern Vorrat von Seehunden, und machte sich dann zur Rückreise bereit. Und er forderte seine Eltern auf, sich mit ihrem Zelt auf den höchsten Berg, dem Seemannsberg, hinter Orssuluviaq zu begeben, damit die Wirbel, die er mit seinen Rudern aufwühlte, sie nicht ins Meer reißen konnten.

Es lagen damals viele Zelte bei Anordliuitsoq, die meisten Bewohner aber glaubten nicht, was Kaminik sagte. Bevor er aufbrach, trug er das Zelt seiner Eltern mitsamt vielen Seehunden auf den Gipfel des großen Berges hinter Orssuluviaq, und viele von den alten Wohnplatzgenossen folgten seinem Beispiel, nur die Ungläubigen blieben unten.

Als der Tag der Abreise kam, ging Kaminik in sein Boot. Indem er die Wellen mit seinem Ruder teilte, spülten die Wirbel über Land und rissen so viele Menschen mit sich, dass das Meer ganz schwarz war, und so hoch gingen die Wogen, dass sie fast den Gipfel des Berges erreichten, wo seine Eltern und die anderen ihre Zelte aufgeschlagen hatten.

Von Kaminik aber hat man nie wieder etwas gesehen.

Mardluliat,

die Zwillinge, die das Tauchen gelernt hatten.

Es lebte einmal ein Fänger, der groß in allen Leibesübungen war; aber er hatte keine Kinder, und sein höchster Wunsch war, einen Sohn zu bekommen.

»Wenn ich einen Sohn bekomme, würde ich mir etwas ganz Besonderes für ihn ausdenken!«

Und er fragte alle Leute im Wohnplatz: »Wie kann man Kinder lehren, dass sie den Atem ebenso lange anhalten, wie ein Seehund?«

Und als Antwort auf diese Frage erfuhr er Folgendes von einem alten Mann:

»Deine Frau wird dir Zwillinge gebären. Bevor sie aber zur Welt kommen, musst du von den äußersten Gletschern Eiswasser und die Exkremente einer Lumme holen; darauf musst du einen Vogelberg aufsuchen und dir etwas von dem Futter einer Lumme verschaffen. Sobald die Zwillinge zur Welt gekommen sind, müssen sie das Wasser des äußersten Gletschers trinken und die Exkremente und das Futter der Lumme essen. Darauf musst du ihre Köpfe unter Wasser tauchen, und wenn sie den Atem ebenso lange anhalten können wie eine Lumme, wird schon etwas Rechtes aus ihnen werden. Während ihrer Jugend dürfen sie aber nie etwas Warmes essen und nie in die Nähe einer Lampe oder Torffackel kommen.«

So sagte er, und es dauerte nicht lange, da wurde die Frau wirklich schwanger. Der Mann holte geschwind eine alte Frau, die ihr bei der Geburt beistehen sollte, und als sie niederkam, brachte sie wirklich Zwillinge zur Welt.

Jetzt gab es für den Mann viel zu tun.

»Ihr dürft den Kindern nichts zu essen geben, bevor ich zurückkomme«, sagte er zu seiner Frau und ruderte davon.

Darüber war die Frau sehr ärgerlich und zugleich traurig: Denn sie glaubte, dass er mit den Neugeborenen unzufrieden sei.

Als der Mann zurückkam, brachte er in seinem Fausthandschuh Eiswasser von dem äußersten Gletscher und Exkremente und Futter vom Vogelberg. Das mussten die Neugeborenen schlucken, und gleich darauf hielt er ihre Köpfe unter Wasser; nachdem sie den Atem so lange angehalten hatten wie eine Lumme, zog er sie schnell wieder heraus, und sie waren noch keinen Monat alt, als sie so lange wie ein Seehund unter Wasser bleiben konnten. Während sie heranwuchsen, bekamen sie nur kaltes Fleisch zu essen und durften nie in die Nähe einer Lampe kommen; das Wasser, das sie zu trinken bekamen, war immer eiskalt, und stets gingen sie nackt, auch im Freien.

Bisweilen blieben die Knaben ganze Tage lang fort; wenn sie dann nach Hause kamen, erzählten sie nicht, wo sie gewesen waren, aber jedes Mal war ihr Haar ganz nass.

Eines Tages sagte der Vater zu den Knaben: »Es ist Zeit, dass ihr euren Eltern zeigt, was ihr gelernt habt; wir wollen mit euch zu einem See gehen und euch zusehen.«

Sie gingen zu einem See, dessen eines Ufer flach war. Die Knaben gingen auf die andere Seite des Sees, wo die Felsen schroff ins Wasser fielen; von dort stürzten sie sich in den See. Sie tauchten gleich unter, und als sie so lange wie eine Lumme unter Wasser gewesen waren, begannen die Eltern sich zu ängstigen, ja, sie fingen sogar schon an zu weinen, als die Söhne schließlich wieder auftauchten.

»Zeigt uns, wie ihr vor einem Feind flieht«, rief der Vater, und im selben Augenblick schleuderte er einen Stein nach ihnen; als der Stein aber die Stelle traf, wo sie gestanden hatten, waren sie schon längst untergetaucht. Diesmal kamen sie gar nicht wieder an die Oberfläche. Die Alten hatten schon alle Hoffnung aufgegeben, als sie plötzlich wieder an der Stelle zum Vorschein kamen, wo sie untergetaucht waren. Der Vater war hocherfreut, und auf dem Heimwege sagte er zu ihnen:

»Jetzt sollt ihr lernen, Seehunde im Meer zu fangen. Es wird Zeit, dass ihr Beute ins Haus bringt.«

Darauf befahl er ihnen, sich ins Meer zu stürzen, denn bisher hatten sie sich nur in Inlandseen geübt. Sie stürzten sich von einer Klippe herab, und diesmal tauchten sie gar nicht wieder auf, es wurde Abend, bevor sie nach Hause kamen. Sie hatten einen Seehund gefangen. Der Älteste hatte ihn zuerst entdeckt und war hinter ihm hergeschwommen, bis er eine Gelegenheit fand, ihn an den Hinterflossen zu fassen; im selben Augenblick war der Jüngere hinzugekommen und hatte ihm einen Schlag auf den Kopf versetzt. So hatten sie ihren ersten Seehund gefangen, und mit der Zeit fingen sie viele. Schließlich brauchte der alte Vater gar nicht mehr auf die Jagd zu gehen.

Eines Tages, als sie nach Hause kamen, erzählte der Jüngste, sie hätten umkehren müssen, weil seinen Bruder gefroren habe.

»Hast du warmes Fleisch gegessen?«, fragte der Vater.

»Nein.«

»Bist du in die Nähe einer Fackel oder Lampe gekommen?«

»Nein.«

»Eines von beiden musst du getan haben, sonst hättest du nicht gefroren.«

Und schließlich gestand der Knabe, dass er warmes Fleisch gegessen habe.

»Von jetzt ab wirst du nicht mehr so ausdauernd sein wie dein kleiner Bruder«, sagte der Vater.

Mittlerweile war es bei den benachbarten Wohnplätzen ruchbar geworden, dass die beiden Knaben so lange wie Seehunde unter Wasser schwimmen konnten. Viele Kajaks machten sich auf, um die Knaben im Wasser spielen zu sehen. Als der Vater dies hörte, sagte er: »Viele Kajaks können viele Feinde bedeuten. Haltet euch bereit, denn es ist nicht sicher, dass sie nur als Zuschauer kommen.«

Eines Tages kamen die Kajaks in Sicht, die alle auf den Wohnplatz zusteuerten. Kaum hatten die Knaben sie entdeckt, als sie zur Klippe liefen und sich ins Meer stürzten.

»Da sind sie! Da sind sie!«, wurde aus allen Kajaks gerufen, und im selben Augenblick begann man Jagd auf sie zu machen. Als die Knaben erkannten, dass die Besucher nur gekommen waren, um sie zu töten, weil sie auf ihren reichen Fang neidisch waren, begannen sie auf das offene Meer zuzuschwimmen.

Und so führten die Brüder die Kajaks weiter und weiter hinaus, auf die Tiefen des großen Meeres zu, und als sie weit genug draußen waren, sagte der Ältere:

»Jetzt will ich einen Sturm aufwirbeln, denn mich friert.«

Er tauchte ganz bis auf den Grund, suchte und fand ein hohles Tangrohr und blies darauf. Als er wieder an die Oberfläche kam, sagte sein Bruder zu ihm: »Schwimm nur nach Hause, ich werde sie aufhalten.«

Darauf tauchte der Bruder unter.

Inzwischen hatte sich ein Wind aufgemacht, der Bruder schwamm bald hierhin, bald dorthin, um die Kajaks aufzuhalten, und als schließlich der Sturm über sie kam, waren sie weit vom Lande entfernt. Viele von den Kajaks kenterten, und die, die sich oben hielten, wurden von dem Knaben angegriffen, er nahm den Leuten die Ruder fort, schlug ihre Kajaks um, und wenn sie wieder auftauchten, hielt er sie nieder, bis sie ertranken.

So töteten die beiden Brüder alle ihre Feinde, und von da an wagte niemand mehr, sie anzugreifen.

Von zwei Geschwistern,

die Erqiliken als Pflegegeschwister hatten.

Es war einmal ein Fänger, der hatte einen Sohn und eine Tochter und zwei Erqiliken als Pflegekinder. Der kleine Junge und das kleine Mädchen liebten ihre Pflegegeschwister sehr, und im Winter, wenn es schneite, pflegten sie Schlittenfahren mit ihnen zu spielen, indem sie sie vor einen kleinen Schlitten spannten.

Eines Tages, als der Frühling nahte, blieben die beiden Erqiliken wach, während alle anderen sich zur Ruhe begaben, und schnitten sich lange Riemen. Anfangs saßen sie auf dem Kopfende der Pritsche, darauf gingen sie durch die ganze Stube, und schließlich gelangten sie durch den Hausgang ganz ins Freie, so lang wurden die Riemen.

Am nächsten Morgen spielten die Kinder wie gewöhnlich Schlittenfahren und die Erqiliken waren ihre Hunde; diesmal aber führten die Erqiliken sie sehr weit fort, weiter und immer weiter, bis sie sich schließlich ganz vom Hause entfernt hatten. Es wurde Abend, und die Eltern warteten vergeblich, ängstlich und besorgt. Die Kinder aber kamen nie wieder, und wie verzweifelt sie auch gesucht wurden, sie waren nirgends zu finden. Die Erqiliken aber hatten ihre Pflegegeschwister zu einem tiefen Abgrund geführt, ihnen die Hände mit Riemen, die sie nachts geschnitten, auf den Rücken gebunden und sie in den Abgrund hinuntergelassen, den Kopf nach unten. Dort hingen sie nun und konnten weder hinauf noch hinunter und litten furchtbare Qualen vor Hunger und Durst.

Anfangs hatten die Geschwister versucht, an den Riemen hinaufzuklettern, aber sie konnten nicht über den Rand des Abgrundes gelangen; als sie schon am Verdursten waren, glückte es dem Bruder, sein Wasser so zu lassen, dass er es trinken konnte. Seine Schwester aber konnte es ihm nicht nachmachen, weil sie eine Frau war, und darum starb sie bald vor Durst. Der Bruder aber blieb mitten in der Frühjahrszeit über dem Abgrund hängen und fristete sein Leben, indem er seine Lippen mit seinem eigenen Wasser befeuchtete. Während er so hing und auf den Tod wartete, erreichte ihn eines Tages ein Laut und es war, als ob dieser Laut von Menschen herrührte. Er blickte sich um und sah tief unter sich ein Boot, dessen Besatzung singend über den Fjord ruderte. Bei diesem Anblick brach er in Tränen aus und schrie aus allen Kräften, die Menschen aber hörten ihn nicht und ruderten weiter, ohne ihn zu entdecken. Da hing er nun wieder und war seinen Qualen überlassen, während das Boot dem Gesichtskreis entschwand.

Nach einiger Zeit erreichten sein Ohr wieder Töne, und wieder entdeckte er tief, tief unten ein Boot, dessen Besatzung singend vorbeiruderte. Die Boote aber waren auf dem Weg zu einem Sängerkampf. Wieder schrie er aus allen Kräften, aber sie hörten ihn nicht und ruderten vorbei. Da tauchte ein drittes Boot auf, in dem niemand sang. Als er nun wieder aus allen Kräften rief, sagte einer von den Insassen:

»Mir war, als hörte ich fernes Rufen.«

Sie stellten ihr Rudern ein, um zu lauschen, und als sie die Rufe hörten, die vom Felsen herab kamen, blickten sie hinauf und entdeckten einen Knaben, der hoch oben an einer Leine mit dem Kopf nach unten hing. Kaum hatten sie ihn entdeckt, als sie durcheinander riefen:

»Wer ihn zuerst berührt, soll ihn als Pflegesohn bekommen.«

Sie ruderten an den Felsen heran und kletterten hinauf. Ein kinderloses Ehepaar war zuerst oben. Noch war Leben in ihm. Sie trugen ihn ins Boot hinunter und ruderten nach Hause.

Der Knabe wurde der Pflegesohn des Ehepaares, das ihn gerettet hatte, und als er heranwuchs, begann er seine Kräfte zu stählen, um einst Rache zu nehmen. Er bekam Hunde und richtete sie zu bissigen, gefährlichen Tieren ab.

Einst im Winter, zur Zeit, wo man am meisten Schlitten fährt, kam er eines Abends sehr spät nach Hause und machte sich neue Peitschen, an deren Ende er kleine runde Knochenstücke befestigte. Als er seine Arbeit beendigt hatte, begab er sich zur Ruhe und schlief die ganze Nacht. Am nächsten Morgen fuhr er davon und nahm seine neuen Peitschen mit. Er fuhr und fuhr, bis er schließlich zu der Mündung eines Fjords kam. Er folgte diesem, geriet aber nach einer Weile zwischen gewaltiges Packeis; gleichzeitig aber entdeckte er in der Ferne zwei kleine schwarze Punkte. Auf diese lenkte er zu, und als er näher gekommen war, sah er, dass es zwei Menschen waren; kaum hatte er seine Erqilik-Pflegegeschwister erkannt, als er seine Hunde hinter einem Eisblock versteckte und auf sie zuging.

Sie waren in ihre Seehundsjagd vertieft; plötzlich aber entdeckte der eine den Mann, der auf sie zukam und rief:

»Ist das nicht unser Pflegebruder?«

Bei diesen Worten sprang der andere, der in ein Eisloch hinuntergesehen hatte, auf und sagte:

»Unmöglich, unser Pflegebruder kann nicht gerettet sein!«

Sie waren sehr unruhig und misstrauisch, denn sie wussten sogleich, dass er nur gekommen sei, um sich zu rächen. Als er sie darum ansprechen wollte, sagten sie:

»Warte einen Augenblick, wir wollen uns nur nach einem Seehund umsehen, den wir in der Nähe im Schnee eingegraben haben.«

Als sie aber um eine Felsklippe verschwanden, sah er noch, wie der eine sich niederwarf und auf allen Vieren davonlief; da wusste er, dass sie vor ihm fliehen wollten. Darum eilte er zu seinen Hunden zurück und lief hinter ihnen her. Mit solcher Geschwindigkeit lief er, dass er wie ein Vogel aussah, der mit ausgebreiteten Schwingen segelt. Als er die Felsklippe erreichte, wo sie verschwunden waren, sah er, dass sie bereits das Inlandeis erreicht hatten und landeinwärts flohen. Da gab er seinen Hunden das Jagdsignal und bald fand er ihre Spur, die geradeswegs in ein Feld von großen Eisblöcken führte. Zuerst wusste er nicht, was er tun sollte, begann dann aber Zauberworte zu murmeln, die Schlaf hervorrufen. Darauf spannte er seinen ältesten Hund aus und ließ ihn die Spuren zwischen den Eisblöcken suchen; der aber kam unverrichteter Sache zurück. Da ging er selbst auf die Suche und entdeckte in einem Eisblock ein Loch. Er kroch hinein und fand drinnen in einer Eishöhle mehrere schlafende Erqiliken. Er tötete sie, indem er ihnen mit einem spitzen Stein in die Ohren stach. Von seinen Pflegebrüdern aber hatte er drinnen nichts gesehen; da aber entdeckte er ihre Spur, sie führte weiter übers Inlandeis. Er gab seinen Hunden das Jagdsignal und sie stoben mit solcher Windeseile davon, dass es ihm in den Ohren sauste. Als sie ein weites Stück gelaufen waren, kamen sie wieder zu großen Steinblöcken, zwischen denen sich die Spuren verloren. Er wusste nicht, was er tun sollte, und begann abermals Zauberworte zu murmeln:

»Stein, brich! Stein, brich!«

Bei den Zauberworten bewegten sich die Steine, und kurz darauf brachen sie mitten durch und rollten fort, und die beiden Erqiliken kamen zum Vorschein; sie versuchten zu lächeln, zitterten aber vor Angst. Da sprach der Pflegebruder zu ihnen:

»Wisst ihr noch, als wir zusammen spielten? Damit ihr euch alter Zeiten erinnert, wollen wir spielen, dass ihr wieder vor meinem Schlitten lauft.«

»Nein, nein«, riefen sie, »wir fürchten uns vor deinen Hunden!«

Darauf erwiderte der Mann: »Meine Hunde braucht ihr nicht zu fürchten, lauft nur voran, sie können euch nicht einholen.«

Und dann packte er die sich Sträubenden, legte ihnen Zügel an, die länger waren, als die seiner Hunde, und spannte sie vor den Schlitten. Darauf peitschte er auf seine Hunde ein und sie rasten von dannen. Die Erqiliken aber liefen so schnell, dass die Hunde sie nicht erreichen konnten.

Als der Mann fand, dass sie lange genug gelaufen waren, nahm er seine neuen Peitschen und begann auf die Erqiliken loszupeitschen. Wenn er sie an der einen Seite traf, wanden sie sich vor Schmerz mit blutenden Wunden nach der anderen. Aber sofort traf sie die Peitsche auf der anderen Seite, bis der eine von ihnen zusammenbrach. Als der Schlitten an ihm vorbeisauste, hob er seinen Kopf, fiel dann aber vornüber und rührte sich nicht mehr. Darauf peitschte der Mann auf den anderen los. Die Peitschenhiebe schnitten große, blutende Wunden in seinen Körper, und lange dauerte es nicht, da brach auch er zusammen. Als der Mann an ihm vorbeifuhr, hatte er gerade noch die Kraft, seine Augen ein wenig zu öffnen, dann fiel er vornüber und war tot.

So tötete der Mann beide Erqiliken und rächte sich und seine Schwester.

Kuta,

der Ungläubige.

Es war einmal ein Fänger, der hieß Kuta. Er war so ungläubig, dass er nie glaubte, was man ihm erzählte, ob es nun Geschichten waren, oder etwas, woran Menschen glauben müssen, um leben zu können.

Ein Zwerg lehrt einem Geisterbeschwörer fliegen.

Sarqiserasak ist ein Geist, der in einem halben Kajak rudert. Er versucht alle Kajakruderer, indem er sein Ruder in die Querriemen des Kajaks steckt und ihn dadurch zum Kentern bringt. Darum muss man sich schützen, wenn man ihm begegnet, indem man die Querriemen durchschneidet.

Er hatte rotgeränderte Augen, und deren schämte er sich sehr; wenn jemand nur das Wort rot sagte, meinte er, es wäre eine Andeutung und versteckte sich; denn er war ebenso empfindlich wie ungläubig. Kam einer zu ihm und sagte, der Abendhimmel sei außergewöhnlich rot, dass man auf Sturm rechnen könne; gleich schraubte Kuta seine Lampe herunter, kroch auf seine Pritsche und kehrte seinem Gast den Rücken zu.

Einst hörte Kuta erzählen, dass auf einem fernen Berg ein Schneespatz lebe, der sprechen könne. Sofort unterbrach Kuta den Erzähler und sagte, das sei unmöglich, ein Schneespatz könne nie und nimmer sprechen! Alle Erzähler seien Lügner, und um das zu beweisen, wolle er zu dem Berg fahren, wo der sprechende Schneespatz leben sollte. Er fuhr also davon, nur von einem Kameraden begleitet.

Als sie zu dem Berg kamen, rief Kuta laut: »Hab ich's nicht gesagt, dass alle Erzähler lügen! Einreden wollte man mir, dass hier ein sprechender Schneespatz lebt!« Kaum hatte er diese Worte gerufen, als vom Berge eine Stimme herabklang:

»Iâ, iâ, iâ! Dort kommen zwei Schlitten, und der Mann in dem einen hat ganz rotgeränderte Augen, Kuta, Kuta, Kuta!«

So begrüßte der sprechende Spatz den ungläubigen Kuta. Und kaum hatte dieser die Worte gehört, als er zusammenbrach und schreckliche Laute ausstieß. Sein Begleiter glaubte, dass er lache, als er aber näherkam, sah er, dass Kuta weinte.

Darauf wandten sie ihre Hunde und fuhren heimwärts.

Als sie aber zu Hause waren, wollte Kuta nichts von dem Erlebnis wissen und behauptete, dass sie den sprechenden Spatz weder gesehen noch gehört hätten.

Ein andermal wurde erzählt, dass bei einem Wohnplatz ein Knabe sei, so tüchtig im Bogenschießen, dass er alle Vögel, auf die er ziele, ins Herz treffen könne, obgleich er nur eine Seehundsrippe als Pfeil habe. Gleich fiel der ungläubige Kuta ein, dass es eine Lügengeschichte und nichts weiter sei. Er wolle sich selbst überzeugen und zu dem Ort fahren, wo der Knabe wohnte.

Als er zu dem Wohnplatz kam, versteckte er sich hinter einem Felsenkamm, sprang ab und zu schnell hervor und rief:

»Schieß nach mir, triff mich ins Herz, wenn du es kannst!« Und wenn er es gerufen hatte, sprang er schnell wieder zurück. Der Knabe aber sagte:

»Ich will nicht schießen, denn man macht sich Feinde, wenn man jemanden tötet.«

Der Mann aber, der Kuta begleitete, sagte: »Schieß nur, damit er eine Lehre bekommt, er ist so ungläubig, dass er an nichts in der Welt glauben will.«

Da legte der Knabe an, und als Kuta das nächste Mal vorsprang und höhnend rief: »Schieß zu, schieß mich mitten ins Herz!« Da schoss der Knabe seinen Pfeil ab. Als man hinlief, um zu sehen, was aus Kuta geworden war, sah man ihn im Todeskampf über einen Felsblock rollen, mit einem Pfeil mitten im Herzen.

So starb Kuta, der Ungläubige, der nie glauben wollte, was erzählt wurde.

Der elternlose Kâgtagtorajik

Es war einmal ein armer, elternloser Knabe, der Kâgtagtorajik hieß; ach, er war so verlassen, so verlassen! Die Einzigen, die ihn lieb hatten, waren seine alte Großmutter und ein Vetter seines Vaters, doch wagten sie aus Angst vor den Wohnplatzgenossen nichts für ihn zu tun. Er wuchs nicht und wurde gar nicht größer.

Kâgtagtorajik pflegte mit den anderen Kindern zu spielen, wollte er aber ins Haus, so wurde er immer beim Eingang an den Nasenlöchern hochgehoben, und wenn ihn alle der Reihe nach hochgehoben hatten, schüttelten sie ihn, bis er hinfiel. Wenn dann seine Nase blutete und er vor Schmerz weinte, schlug man ihn und zwang ihn, seine Tränen hinunterzuschlucken.

Als man ihn zuerst an den Nasenlöchern hochgehoben hatte, konnte man nur den kleinen Finger hineinstecken, nach und nach aber erweiterten sie sich, sodass man den Zeige- und Mittelfinger und schließlich die ganze Hand hineinstecken konnte.

Auf diese Weise waren die Nasenlöcher das einzige, was an dem Knaben größer wurde.

Wenn die Hausgenossen ganze Seehunde heimbrachten und das Fleisch verteilt wurde, bekam Kâgtagtorajik auch ein kleines Stück. Doch durfte er kein Messer gebrauchen, sondern musste das Fleisch mit den Zähnen und Nägeln zerreißen, sodass er nie satt wurde, und dennoch sagten die Bewohner des großen Hauses, dass er zu viel und zu schnell esse.

Einst ruderte er mit dem Vetter seines Vaters zum Seehundsfang, und als sie einen Seehund gefangen hatten, sagte der Vetter zu Kâgtagtorajik:

»Von diesem Seehund sollst du eine ganze Hälfte haben. Aber du darfst nur ein Stück davon mit nach Hause nehmen, den Rest musst du in ein Versteck legen, denn wenn du mit so viel Fleisch nach Hause kommst, wird man es dir wegnehmen. Ich will dir ein Versteck zeigen, von wo du dir ab und zu ein Stück holen kannst.«

Von da ab holte Kâgtagtorajik sich Fleisch, so oft er hungrig war. Er holte einmal, er holte zweimal; als er aber zum dritten Mal kam, war das Fleisch gestohlen. Es nützte nichts, dass er mit den Füßen nach den Steinen stieß und seiner Wut durch Tränen Luft zu machen versuchte. Als er sich satt geweint hatte, sagte er zu sich selbst:

»Anstatt zu weinen, will ich mir lieber etwas ausdenken, womit ich mich in meinem Kummer zerstreuen kann.«

Und kaum hatte er so gedacht, als er auch schon zu rufen begann:

»Wer kann mir helfen, wer kann mir helfen? Wer will mich rütteln und schütteln, bis ich umfalle?«

Da hörte er eine gewaltige Stimme, die da rief:

»Ich! Ich will dich rütteln und schütteln, bis dir Hören und Sehen vergeht.«

So gewaltig aber war die Stimme, dass sie Kâgtagtorajik fast das Trommelfell gesprengt hätte. Als er sich umblickte, sah er einen großen Mann, einen Riesen, und bevor er sich aus dem Staube machen konnte, fing der Riese an, ihn von oben bis unten zu beklopfen. Und während er klopfte, rasselten ihm kleine Holzpuppen aus dem Körper: Aus dem Kopf kamen Puppen, aus der einen Seite Kajaks, aus der anderen Schlitten und aus dem Rücken Seehundsknochen. Darauf sagte der große Mann zu ihm:

»So, jetzt kannst du wachsen. All dies Zeug hat einer, der dir übelwollte, dir in den Körper gehext, darum konntest du nicht wachsen.«

Kâgtagtorajik lief nach Hause und erzählte seiner Großmutter, was ihm zugestoßen sei, und er dauerte sie, weil er so viel durchmachen musste.

Von jenem Tage an aber begann Kâgtagtorajik zu wachsen und wuchs so stark, dass die alte Großmutter seine Pritsche verlängern musste, indem sie ein Loch in die Erde grub. Denn niemand sollte entdecken, dass Kâgtagtorajik wuchs. Wenn die Wohnplatzgenossen ihn aufforderten, zum Spielen herauszukommen, antwortete die Alte, dass er krank sei.

Dann wurde aus vollem Halse gelacht, und Kinder wie Erwachsene strömten herbei, indem sie riefen:

»Der klägliche Kâgtagtorajik soll herauskommen und mit uns spielen!«

Und jedes Mal, wenn sie sagte, dass er krank sei, wurde noch lauter gelacht.

Schließlich war er so groß geworden, dass er selbst meinte, nun könne es genug sein.

Zur selben Zeit geschah es, dass ein großer Holzstamm an den Strand getrieben wurde, so groß, dass keiner der Wohnplatzgenossen ihn an Land ziehen konnte. Abends, als alle zur Ruhe gegangen waren, stand Kâgtagtorajik auf und zog die Kamiken seiner Großmutter an, die er aber erst aufschneiden musste, damit er sie über die Füße ziehen konnte; auf dieselbe Weise zog er auch ihren Pelz an und begab sich darauf zum Strand, hob den Baumstamm auf, trug ihn zu dem Hause, wo man ihn immer quälte und misshandelte, und rammte ihn gerade vor dem Eingang in die Erde. Darauf begab er sich zur Ruhe.

Als aber die Hausgenossen am nächsten Morgen erwachten und ihre Notdurft besorgen wollten, konnten sie des Baumstammes wegen nicht herauskommen.

Auf diese Weise merkten sie, dass ein starker Mann zum Wohnplatz gekommen sei, und um Kâgtagtorajik zu verhöhnen, riefen sie, dass er es sicher gewesen sei, der den großen Baumstamm vor dem Hause eingerammt habe. Die kleinsten Kinder konnten sich hindurchzwängen, und sie liefen zu Kâgtagtorajiks Großmutter und riefen durchs Fenster:

»Sag, Kâgtagtorajik soll herauskommen und den großen Baumstamm, den er uns vors Haus gesetzt, wieder forttragen.«

Abends aber, als die Wohnplatzgenossen zur Ruhe gegangen waren, stand Kâgtagtorajik auf, zog den Baumstamm heraus und trug ihn wieder zum Strand hinunter. Darauf legte er sich zur Ruhe.

Und man erfuhr nie, wer es getan hatte.

Mancher Tag verging, ohne dass sich etwas Besonderes ereignete. Eines Tages aber kamen drei Bären zum Wohnplatz, die so groß waren, dass die Bewohner sie nicht anzugreifen wagten. Da zog Kâgtagtorajik abermals die Lumpen seiner Großmutter an und begab sich hinaus. Kaum war er draußen, als alle riefen:

»Seht, dort kommt der klägliche Kâgtagtorajik, seht doch nur, wie groß er geworden ist!«

Kâgtagtorajik aber kehrte sich nicht an ihr Schreien, ging den Bären entgegen und tötete sie nacheinander mit Fußtritten. Dann nahm er die Bären, einen auf den Rücken, einen unter jeden Arm, und sagte dazu: »Dieser soll mein Pelz sein, dieser meine Hosen, dieser meine Kamiken!«

So trug er sie hinauf, ohne seinen Wohnplatzgenossen einen Jagdanteil davon zu geben; als sie aber zerlegt waren, lud er die anderen zum Gelage ein, und alle kamen und aßen, indem sie sagten:

»Jetzt essen wir den Bären, von dem Kâgtagtorajik einen Pelz bekommen soll.« Und andere sagten: »Jetzt essen wir den Bären, von dem Kâgtagtorajik Hosen bekommen soll.« Und wieder andere: »Jetzt essen wir den Bären, von dem Kâgtagtorajik Kamiken bekommen soll.«

Zuletzt kamen zwei Männer, die Kâgtagtorajik immer am schlimmsten misshandelt hatten, und kaum zeigten sie sich im Hausgang, als er sie in die Nasenlöcher fasste und mit solcher Gewaltsamkeit hochhob, dass ihre Nasen platzten.

Später rächte er sich an seinen Wohnplatzgenossen, indem er sie auf ebenso grausame Weise misshandelte, wie sie ihn behandelt hatten. Einigen gab er große Knochen zu essen und zwang sie, sie hinunterzuschlucken, sodass sie daran erstickten; anderen gab er kochende Suppe und zwang sie, sie zu trinken, bis ihre Eingeweide verbrüht waren, und so tötete er alle diejenigen, die ihn misshandelt hatten, und dann bekam sein Gemüt Ruhe.

Von da an entwickelte er sich als ein großer Fänger und gewaltiger Kämpfer, der weit durch die Länder reiste, um alle herauszufordern, von denen er sagen hörte, dass sie an Geschicklichkeit beim Fang und Gewandtheit bei allen Leibesübungen ihresgleichen suchten. Und er bezwang sie alle. Viele Sagen werden von diesem Mann erzählt, der von Menschen in allen Wohnplätzen gekannt und gefürchtet ward.

Begegnung mit fremden Stämmen

Ein Mann aus dem Stamm der Erqiliken mit Bogen und Pfeil, die andere Widerhaken haben, als wie sie die Küstenbewohner benutzen. Die Erqiliken sind Inlandsbewohner und gelten als die grausamsten Feinde der Menschen.

Puvia,

der von zwei großen Indianerfrauen entführt wurde.

Es war einmal ein Großfänger, der bei seinen Eltern lebte, und obgleich er schon längst erwachsen und tüchtig in allen Leibesübungen war, ging er niemals zur Jagd, ohne dass seine Eltern ihn fragten, wohin er gehe. Überhaupt waren sie sehr besorgt um ihn, denn er war ihr einziger Sohn. Eines Tages nun ruderte er wie gewöhnlich zum Fang aus; als er aber mitten auf dem Meere war, wurde er ganz plötzlich von einer seltsamen Angst befallen. Den ganzen Tag verließ sie ihn nicht, und schließlich ruderte er heimwärts. So ging es ihm mehrere Tage, bis das Angstgefühl ihn verließ. Tags darauf war er draußen gewesen, um dem Zuge der Seehunde aufzulauern, und befand sich auf dem Heimwege, als eine unerklärliche Macht ihn ans Land zog. Er versuchte mit dem Ruder gegenzuhalten, aber es nützte ihm nichts; er wurde wider Willen mit starker Geschwindigkeit aufs Land zu geführt. In der Nähe des Ufers sah er zwei Riesenfrauen stehen, die ihn zu sich heranzogen, indem sie Bewegungen machten, als ob sie ihn an einem Tau hätten. Kaum war er an Land gekommen, als sie ihn ergriffen und landeinwärts trugen. Puvia versuchte, sich zu wehren, aber es nützte ihm nichts, und schließlich fing er vor Angst an zu weinen. Als die Frauen das hörten, sagten sie:

»Lass das Weinen, es nützt dir nichts! Wir nehmen dich trotzdem mit und du kommst nie wieder zurück.«

Seine Eltern warteten lange vergeblich auf seine Heimkehr und suchten ihn überall; als aber alles vergeblich blieb, beweinten sie ihn als tot.

Indessen hatten die Frauen ihn weit, weit über Land getragen, bis sie zu einem großen See kamen, an dessen Ufer ein großes Haus lag. Sie hatten ihn den ganzen Weg in seinem Kajak getragen und so brachten sie ihn auch ins Haus. Als sie mit dem Mann im Kajak hereinkamen, sagten die Eltern der Mädchen:

»Wen bringt ihr denn da? Was wollt ihr mit ihm?«

»Er soll unser Mann sein«, antworteten die Mädchen.

Als die Eltern das hörten, waren sie sehr froh und wohl zufrieden.

Die beiden Riesenfrauen stellten ihn nun auf ein Bort an der Wand, und Puvia hatte ein Gefühl, als ob er sich auf einem steilen Felsen befände, von wo er nicht herunterkommen konnte. Dort ließen die Frauen ihn drei Tage stehen und reichten ihm Speise und Trank hinauf. Darauf nahmen sie ihn wieder herunter und hatten ihm in der Zwischenzeit Kleider genäht. Und als er sie probierte, siehe, da passten sie ganz genau. Sie hatten ihm diese Kleider nur nach dem Augenmaß gemacht; so geschickt waren sie.

Nachdem sie ihn angekleidet hatten, stellten sie ihn zwischen sich, und obgleich er stand, war er doch viel kleiner als seine Frauen, die saßen. Mit Schaudern dachte, er daran, wie es gehen würde, wenn diese Frauen böse oder schlecht gelaunt wären, und er wünschte sich aus ganzer Seele, dass er wachsen möge. Und da geschah es, dass er ganz langsam zu wachsen begann; nach einer Weile war er ebenso groß wie seine Frauen, und nach einer weiteren war er sogar größer als sie.

Eines Tages ging er an den Strand, um nach seinem Kajak zu sehen, und dieser erschien ihm nicht größer als ein Spielzeug. Sofort begann er sich einen anderen zu zimmern, der zu seiner Größe passte, und als er fertig war, bat er seine Frauen, ihn mit Fell zu überziehen.

»Wie sollen wir das anstellen? Wir haben noch nie einen Kajak überzogen.«

»Wenn ihr mich rauben konntet, werdet ihr auch wohl herausfinden können, wie man einen Kajak überzieht.«

Die Frauen waren in großer Verlegenheit, schließlich aber begannen sie doch Felle um das Gestell zu nähen. Als Puvia zurückkam, um nach ihrer Arbeit zu sehen, entdeckte er, dass sie den Kajak ganz zugenäht hatten; nicht eine einzige Öffnung zum Einsteigen hatten sie gelassen.

»Wo ist denn das Mannloch?«, fragte er. »Wie soll ich in den Kajak hineinkommen?«

»Was ist ein Mannloch?«

»Erinnert ihr euch nicht, dass ich in einem Loch saß, als ich kam?«

Da erinnerten sich die Frauen, dass ein Mannloch zu einem Kajak gehörte, und sie schnitten ein rundes Loch ins Fell, und Puvia legte selbst die letzte Hand daran.

Anfangs ruderte er nur auf dem See herum, der zum Hause gehörte, bald aber ruderte er auch weiter, und als er eines Tages zurückkam, sagte er:

»Ach, waren das schöne Zeiten, als ich noch auf die Eidervogeljagd gehen konnte!«

Als sein Schwiegervater ihn so seufzen hörte, sagte er: »Ich will morgen mit dir auf die Eidervogeljagd gehen, komm mit mir zu einem großen See.«

Puvia aber fragte: »Wie willst du ohne Kajak auf die Eidervogeljagd gehen?«

»Lass das nur meine Sorge sein«, sagte der Schwiegervater.

Tags darauf brachen sie zusammen auf. Sie kamen zu einem See, der noch größer war, als der, der neben dem Hause lag, und indem der Riese mit einem Bein ins Wasser trat, begann er wie ein Eidervogel zu singen:

»Avô, avô, avô!«

Und alsogleich kam ein großer Schwarm Eidervögel und ließ sich auf dem See nieder. Sofort ruderte Puvia hinaus und begann, sie mit seinem Vogelpfeil zu harpunieren. Und er fuhr fort, bis seine Arme ganz lahm waren; und als er und sein Schwiegervater schließlich nicht mehr tragen konnten, kehrten sie nach Hause zurück; auf diese Weise verschaffte Puvia seinem Schwiegervater ein Gericht, das er sich wohlschmecken ließ.

Abermals nach einer Weile gedachte Puvia der Zeiten, als er auf den Narwalfang ging, und er bekam solches Verlangen danach, dass er schließlich zu seinem Schwiegervater sagte:

»Ach, waren das schöne Zeiten, als ich auf das Meer hinausrudern und große Narwale harpunieren konnte!«

»Nichts weiter?«, sagte der Schwiegervater. »Morgen gehen wir auf die Narwaljagd.«

Tags darauf gingen sie zu dem großen See neben dem Hause; der alte Riese trat mit dem einen Bein ins Wasser, tauchte mit dem Kopf unter und zog ihn wieder heraus, indem er wie ein Narwal fauchte. Kaum hatte er das getan, als der See sich mit Narwalen füllte; überall sah man die großen Tiere auftauchen und Wasser ausblasen. Puvia begab sich in seinem Kajak hinaus, suchte sich den größten aus und harpunierte ihn. Es war mitten im See, und da er sich nicht Zeit lassen wollte, seinen Fang ans Ufer zu bringen, ruderte er zu einer kleinen Insel, die in der Mitte des Sees lag und band ihn dort fest.

Darauf harpunierte er noch drei von den größten Narwalen. Während er draußen auf dem See war, bemerkte er, dass sich ein

Nebelstreifen von der Insel bis zum Hause legte. Nachdem er die drei Narwale ins Schlepptau genommen hatte, ruderte er zur Insel, um den vierten zu holen; als er aber hinkam, war er nirgends zu finden. Da ruderte er nach Hause, und sah dort zu seinem großen Erstaunen, dass seine Frauen den Narwal zerlegten, der ihm abhandengekommen war.

»Wie habt ihr den erwischt?«

Seine Frauen antworteten:

»Sahst du nicht den Nebelstreif, der von der Mitte des Sees bis zu unserem Hause ging? Das war unser Weg, als wir den Narwal holten, wir selbst haben ihn geholt.«

Sie ließen sich den Narwal schmecken, und besonders der Schwiegervater lobte das herrliche Gericht.

Wieder verging eine Zeit, da bekam Puvia große Lust, seine alten Eltern zu besuchen, und er schlug seinen Frauen vor, ihn zum Meere zu begleiten. Er wählte den Fjord, wo seine Eltern im Frühjahr vorbeizukommen pflegten, wenn sie zum Beerenpflücken auszogen. Seine Frauen aber sollten nicht wissen, weshalb sie dort waren. Sie kamen zu einem Berg, der sanft zum Meere abfiel, und als sie dort eine Weile gesessen hatten, entdeckte Puvia weit, weit draußen auf dem Fjord ein Boot, das auf das Land zugerudert kam. Sobald er dessen ansichtig wurde, versuchte er seine Frauen zu beschäftigen, damit sie es nicht entdecken sollten; er legte seinen Kopf in ihren Schoß und bat sie, ihn zu lausen. Während sie ihm sorgsam die Läuse absuchten, steckte er seine Arme in je einen von ihren Kamiken.

Wie geschickt er es aber auch anstellte, schließlich sahen sie doch das Boot, erschraken sehr und sagten:

»Sieh, dort kommt ein Boot!«

Puvia aber beruhigte sie:

»Das ist nie und nimmer ein Boot; es ist der Strom, der einen Nebelballen vor sich hertreibt.«

Als das Boot näherkam, konnte Puvia die Insassen singen hören, und er erkannte ganz deutlich die Stimmen seines Vaters und seiner Mutter.

»Ist das nicht Gesang von Menschenstimmen?«, sagten seine beiden Frauen erschrocken.

»Nein, nein«, sagte Pavia, »es sind Möwen, die sich hier in Scharen aufhalten.«

Kurz darauf hörte Puvia ganz deutlich Lachen im Boot, und wieder fuhren seine Frauen auf:

»Hat nicht jemand gelacht?«

»Nein, nein, es sind die jungen Füchse, die ka, ka, ka, ka schreien!«

Im nächsten Augenblick aber tauchte neben ihnen eine Frau mit einem Kind auf dem Rücken auf, und gleich darauf kamen noch andere Menschen hinter dem Felsen zum Vorschein.

Da begann Puvia laut zu schreien:

»Ich bin Puvia, ich bin Puvia! Greift diese beiden Frauen! *Sie* haben mich entführt!«

Seine Frauen aber waren so erschrocken, dass sie aus allen Kräften zappelten, um loszukommen, Puvia aber hatte ja seine Arme in ihre Kamiken gesteckt. Plötzlich aber platzte der Kamik der Jüngsten, die nicht so gut nähte, wie die ältere, und auf diese Weise entkam sie und lief so schnell über die Berge, dass niemand ihr zu folgen vermochte. Die andere aber wurde gefangen. Als die jüngste Schwester sich auf einen Berg gerettet hatte, rief sie zu ihrem Mann hinunter:

»Bring mir meinen Kamik, ich habe mir die Fußsohlen verletzt.«

Darauf aber hörte niemand; man stieß vom Lande ab und ruderte zum Wohnplatz. Die andere Schwester hatte man auf den Boden des Bootes gelegt; sie war so groß und schwer, dass das Boot ganz tief lag, als ob es vollgeladen sei, und sie zappelte so vor Angst und Wut, dass sie drauf und dran war, es zu kentern. Darum sagte Puvia zu ihr:

»Willst du auf dem Meere sterben, so zappele nur nach Herzenslust, willst du aber leben, so lieg still.«

Da bekam sie Angst und lag ganz still.

Die Jüngste und Hübscheste aber rief noch immer von dem Gipfel des Berges herunter: »Mein Kamik, bring mir meinen Kamik! Ich hab mir den Fuß verletzt.«

»Hol' ihn dir selbst!«, rief Puvia zurück und ruderte weiter. Schließlich musste sie ihn sich selbst am Ufer holen und ging dann nach Hause, während die andere zum Wohnplatz gerudert wurde, der auf einer Insel lag. Dort blieb sie nun eine Zeitlang.

Die großen Inlandsbewohner aber besitzen die Fähigkeit, in die Erde zu verschwinden, und als Puvia eines Tages nicht auf seine Frau achtgegeben hatte, war sie nicht da. Er suchte nach ihr auf der ganzen Insel und fand sie schließlich schon bis an den Kopf in der Erde. Er packte sie beim Schopf und sagte:

»Hier kannst du nicht verschwinden.«

»Warum nicht?«, fragte sie.

»Das will ich dir erklären, wenn wir zu Hause sind«, antwortete Puvia, »wenn du aber hübsch brav sein willst, schenke ich dir viele schöne Perlen.«

»Was ist das?«

»Du wirst schon sehen«, sagte Puvia, und er kaufte viele Perlen im Wohnplatz und schenkte sie seiner Frau. Es heißt nämlich, dass Inlandsbewohner, die Perlen geschenkt bekommen haben, nicht mehr in die Erde verschwinden können. Und wenn sie getrocknetes Fleisch essen, verlieren sie die Gabe, sich mit Nebel zu umgeben. Darum gab Puvia ihr sehr viel in Speck eingelegtes, getrocknetes Fleisch, worauf sie auch die Gabe verlor, sich in Nebel unsichtbar zu machen.

Als sie nun merkte, dass es ihr nicht glücken würde, zu entkommen, fand sie sich mit ihrem Schicksal ab und sehnte sich nicht mehr nach Hause.

Eines Tages sagte ihr Mann, sie müssten wohl bald an die Heimreise denken, damit ihre Eltern sich nicht ängstigten. Sie aber antwortete:

»Deine Eltern haben sich lange genug um dich gebangt, darum ist es nur gerecht, dass meine sich auch um mich sorgen.«

Schließlich musste Puvia selbst den Tag der Heimreise bestimmen; man brachte sie mit dem Boot zum Fjord, und von dort gingen sie über die Berge zu ihrem Haus. Die Schwester kam ihnen entgegen, und gleich rief ihr die andere entgegen:

»Ich habe so viele schöne Perlen bekommen.«

»Was ist das?«, fragte die Schwester.

»Schau her, dies sind Perlen! Solche hättest du auch bekommen, wenn du nicht bange gewesen und nach Hause gelaufen wärest.«

Als aber die Schwester sehr traurig wurde, teilten sie sich die Perlen, und da waren beide wieder froh.

Von da an blieb Puvia ganz bei den Inlandsbewohnern, und man hat nie wieder etwas von ihm gehört.

Das Erqilik-Mädchen Nuananguaqaoq

Es war einmal ein kleines Mädchen mit Namen Nuananguaqaoq, »die Fröhliche«, die als Pflegetochter in einem großen Hause wohnte. Sie gehörte zum Stamm der Erqiliken und hatte keine Angehörigen dort am Ort. Eines Tages geriet eine der Frauen im Hause über irgendetwas in Wut, und weil sie ihren Zorn an jemandem auslassen musste, sagte sie zu dem kleinen Mädchen: »Was hast du hier im Hause zu suchen, du verwandtenloses Geschöpf?« Darauf antwortete das kleine Mädchen: »Ich habe sehr viele Verwandte, sie wohnen nur weit, weit von hier in den Bergen.«

Dieser Vorfall aber wurde bald vergessen, bis abermals eine Frau in Zorn geriet, und weil sie ihre Wut an jemandem auslassen wollte, sagte sie zu dem kleinen Mädchen: »Was treibst du dich hier im Hause herum, du verwandtenloses Geschöpf?«

Diesmal antwortete das kleine Mädchen gar nichts, nachts aber verließ sie das Haus und ging landeinwärts, weit, weit über die Berge, zu ihren Verwandten, den Erqiliken. Man wartete im Hause lange auf ihre Rückkehr, als sie aber nicht kam, vergaß man sie schließlich.

Sie hatte indessen die Zeit dazu benutzt, ihre Verwandten gegen ihre früheren Hausgenossen aufzustacheln, weil die Frauen sie verhöhnt hatten, und eines Nachts kamen sie angeschlichen, bohrten ein Loch in das Dach des Hauses und schossen von dort alle Bewohner nieder. Einer nach dem andern wurde von ihren Pfeilen getroffen und fiel tot um. Da hörte man eine Stimme, die man als Nuananguaqaoqs wiedererkannte: »Amarnastaidtlo, Amarnastaidtlo.« Das ist ein Erqilikwort und heißt: »Auch die Frauen, auch die Frauen!«

Aqajarorsiorpua, der lebendige Stein in Riesengestalt, von den Hilfsgeistern eines Geisterbeschwörers umgeben, die ihn hindern wollen, den Wohnplatz zu betreten. Tôrnârssuk schießt aus der Erde hervor, während der berühmte »Schiefmündige« von den äußersten Schären mit seinem Kajak durch die Luft kommt und mit seinem Vogelpfeil nach den Augen und Mundwinkeln des Riesen zielt, den einzigen Stellen, wo er verwundbar ist.

Da begann man auch auf die Frauen zu schießen, und nach kurzer Zeit waren alle getötet. Nur ein Mann, der sich so gut versteckt hatte, dass man ihn nicht entdecken konnte, war mit dem Leben davongekommen.

Dieser eine Überlebende ging zu einem benachbarten Wohnplatz und suchte Hilfe, um sich an den feindlichen Erqiliken zu rächen. Er gewann eine Menge Menschen, und als sie zum

Rachezug aufbrachen, hatte jeder einen hellen und einen dunklen Anzug. Den weißen zogen sie an, wenn sie über die weißen Gletscher stiegen, den schwarzen, wenn sie über die dunkle Erde gingen.

So zogen sie durchs Land, bis sie hoch oben von einem Berg Aussicht über ein Tal hatten, wo ein großes, großes Haus lag. Dort wohnten die Erqiliken. Die Rächer machten halt, und da sahen sie, dass zwischen den Erqiliken unten im Tal Unruhe entstand; die Erqiliken besitzen nämlich die Eigenschaft, wie Tiere riechen zu können, und jetzt witterten sie Feinde in der Nähe. Sie liefen hierhin und dorthin und schnupperten durch die Luft, um festzustellen, wo der Feind sich aufhielt.

Als die Rächer dies sahen, sagten sie zueinander: »Weiß keiner ein Zauberlied, das diesen Erqiliken die Nase verstopft? Ein Zauberlied, das sie am Riechen und Wittern hindert?«

Da meldete sich gleich ein Mann, und kaum hatte er sein Zauberlied zu Ende gesungen, als die Erqiliken sich wieder beruhigten und in ihr Haus hineingingen.

Da sagte einer: »Wir müssen sie daran hindern, dass sie das Haus verlassen. Kann nicht einer von euch ein Zauberlied, das bewirkt, dass sie im Hause bleiben?«

Dazu meldete sich einer, und als er sein Zauberlied zu Ende gesungen hatte, kam kein Erqilik mehr aus dem Hause. Jetzt schlichen sie sich an das Haus heran und bohrten Schießlöcher ins Dach, und als sie hindurchguckten, sahen sie einen alten Mann, der auf einer Schaukel zwischen den Hausbalken saß, und indem er lachend hin und her schaukelte, sang er ein Lied, das von der Ermordung der vielen Menschen, bei denen »die Fröhliche« gewohnt hatte, berichtete. Er sang höhnend, wie man sie überlistet und ermordet habe; mitten beim Singen aber bekam er einen Pfeil in den Rücken, und bald kamen von allen Seiten Pfeile angeflogen und töteten die Erqiliken, mit Ausnahme des kleinen Mädchens.

Sie lief aus dem Hause, um zu fliehen, die Rächer aber sagten zu ihr: »Sei ohne Angst, dir tun wir nichts, du hast ja früher an der Küste gewohnt.«

Zueinander aber sagten sie: »Sie soll bestraft werden, weil sie an der Ermordung unserer Hausgenossen schuld ist. Wir wollen einen Riemen um ihre Füße binden und sie zu Tode schleifen.«

»Nein«, sagte ein anderer, »wir wollen keinen Riemen um ihre Füße binden, sondern ein Loch in ihre Ferse stechen und den Riemen hindurchziehen.«

So taten sie und schleppten sie über Stock und Stein, und wenn sie ein Stück zurückgelegt hatten, drehten sie sich um und sagten zu ihr: »Bist du nun froh, du kleine Fröhliche?«

Und jedes Mal nickte sie und antwortete: »Freilich bin ich froh.« Und sie fuhren fort, sie mit dem Rücken über die Steine zu schleifen. Mit der Zeit nickte sie nur, und schließlich antwortete sie gar nicht mehr; da machten sie halt, und als sie sie umdrehten, sahen sie, dass alles Fleisch vom Rücken abgeschabt war, ja, sogar die Knochen waren von den Steinen aufgerieben.

So tötete man das Erqilik-Mädchen, weil sie ihre Verwandten aufgehetzt hatte, alle ihre Hausgenossen auszurotten.

Von einem Mann,

der seinen Wohnplatz verließ und Land zwischen den Inlandsbewohnern nahm, die auf große gehörnte Tiere Jagd machten.

Es war einmal ein Großfänger, der immer mit Beute nach Hause kam, wenn er draußen auf dem Meere gewesen war; bisweilen hatte er zwei, bisweilen drei, häufig noch mehr Seehunde im Schlepptau.

Er wohnte bei seinen Schwiegereltern, und obgleich er solch tüchtiger Jäger war, sprachen sie einst in seiner Gegenwart davon, dass er eigentlich ein unnützes Familienmitglied sei.

Darüber erboste sich der Mann und dachte bei sich: »Wartet, wenn ihr so undankbar seid, will ich nicht länger bei euch bleiben.«

Als er eines Tages erwachte und das Wetter schön und still war, stach er in See. Er ruderte an den anderen Fängern vorbei, die draußen lagen und dem Zug der Seehunde auflauerten, bis er sie schließlich ganz aus den Augen verlor.

Als es Abend wurde und die anderen Kajaks heimkehrten, wurden seine Schwiegereltern ängstlich und fragten die anderen Kajaks, ob sie ihn nicht gesehen hätten; und sie antworteten alle, dass er bei ihnen vorbeigefahren wäre. Es wurde Nacht, und ihr Schwiegersohn kam nicht zurück.

Der Fänger aber war so weit aufs Meer hinausgerudert, dass er zuletzt sein eigenes Land aus dem Auge verlor, und als er lange gerudert war, sah er vor sich eine große Insel. Er erreichte sie und folgte der Küste ein Stück nach Norden; dann ging er an Land und bestieg einen Berg, um von dort einen Ausblick zu bekommen. Da entdeckte er viele Zelte, die in einem Tal beisammen lagen; das östlichste war das größte von allen, das nächste war um ein geringes kleiner.

Während er noch so stand und in das Tal hinabsah, kam aus dem nächstgrößten Zelt eine Frau, und als der Mann sie sah, ging er auf sie zu.

»Wo willst du hin?«, fragte die Frau.

»Ich will mich nur ein wenig umsehen«, sagte der Mann, »ich bin ganz fremd hier in der Gegend.«

»Bist du allein?«, fragte sie.

»Ja«, antwortete er. Und dann fragte er sie, ob sie verheiratet sei. »Nein«, sagte das Mädchen und erzählte, dass sie mit Eltern und zwei Brüdern zusammen lebe.

»Glaubst du, dass ich bei euch wohnen kann?«, fragte er.

Das meinte sie wohl. »Aber warte hier draußen«, sagte sie, »ich will hineingehen und es den Alten erst sagen.«

Der Mann wartete draußen, und kurz darauf kam das Mädchen und holte ihn hinein.

Als man auf dem Zeltplatz entdeckte, dass ein Fremder gekommen sei, kamen alle angelaufen, um ihn zu sehen; der Mann aber ging ruhig an der Seite des Mädchens zu ihren Eltern hinein. Während sie saßen und sprachen, kamen die Brüder des Mädchens von der Jagd und brachten zwei Tiere mit, große gehörnte Tiere, die der Mann nicht kannte. In der Hand trugen sie eine große Schöpfkelle aus Holz, und sie erzählten, dass sie den Horntieren aufzulauern und sie niederzustechen pflegten, und, wenn sie stürzten, das Blut in die Kelle laufen ließen, damit sie es mit nach Hause nehmen konnten.

Der Mann kostete von dem Blut und fand, dass es das Köstlichste sei, das er je geschmeckt habe. Als es Abend wurde, forderten die beiden Alten ihn auf, sich zu ihrer Tochter zu legen, und so bekam er eine Frau.

Als sie sich gerade zum Schlafen legen wollten, kam ein älterer Mann herein, der seine Augen unverwandt auf das Mädchen gerichtet hielt und dann wieder hinauslief.

»Wer war das?«, fragte der Mann.

»Der möchte mich gern zur Frau haben«, sagte das Mädchen, »aber ich mag ihn nicht, darum habe ich dich genommen. Er wohnt in dem größten Zelt, dem östlichsten, wie du vielleicht bemerkt hast.«

Nun wusste der Mann, wo sein Nebenbuhler wohnte.

In jener Nacht schliefen sie zusammen, gleich am andern Morgen aber kam eine Aufforderung von dem Mann aus dem großen Zelt, dass er mit dem Fremden ringen möchte. Der Fänger erhob sich sogleich; bevor er aber das Zelt verließ, ermahnte ihn der alte Schwiegervater, dass er alle seine Kräfte gebrauchen sollte.

Als er vors Zelt kam, sah er seinen Nebenbuhler auf einer großen Ebene stehen, und rings um ihn herum hatten sich viele Menschen versammelt; so stand er und wartete auf ihn.

Es zeigte sich bald, dass der Fremde viel stärker war als der Mann aus dem großen Zelt, und darum ließ er sich des Scheines halber hin und wieder zu Boden drücken. Sofort erhob sich bei den Zuschauern ein lautes Beifallsgeschrei und alle jubelten dem Mann aus dem großen Zelt zu. Schließlich aber schleuderte der Fremde ihn zur Erde, und dort blieb er bewusstlos liegen.

Der Fremde aber verließ den Wahlplatz und kehrte zu seinen Schwiegereltern zurück, und als der Alte erfahren hatte, wie der Zweikampf verlaufen war, sagte er: »Nur gut, dass du ihn bewältigen konntest, sonst hätte er dir deine Frau genommen. Früher war er der Stärkste in unserem Wohnplatz, jetzt aber bist du es.«

Eines Tages, als seine Schwäger zur Jagd gehen wollten, bat er, ob er sie begleiten dürfe. Sie willigten ein, und der Alte gab ihm das Messer und die Schöpfkelle, die er selbst als junger Mann gebraucht hatte.

Sie wanderten über Land, über Täler und Höhen, bis sie zu dem Gipfel eines hohen Berges kamen. Von dort hatten sie Ausblick über ein Tal, und in diesem Tal sahen sie ganze Scharen der gehörnten Tiere, die sie damals mit nach Hause gebracht hatten; so zahlreich waren sie, dass es aussah, als ob das ganze Tal in Bewegung sei. Die Schwäger fingen sofort an zu laufen, und der Fremde folgte ihnen, doch begnügte er sich damit, ein Kalb niederzustechen, und als es verblutete, entsann er sich, dass er das Blut ja in seiner Holzkelle auffangen sollte; da aber war schon so viel Blut verronnen, dass der Boden in seiner Kelle nur eben davon bedeckt wurde. Seine Schwäger aber hatten große Tiere erlegt und ihre Kellen waren voll von Blut.

»Warum hast du nur solch kleines Kalb erlegt?«, fragten seine Schwäger. »Und hast so wenig Blut in deiner Kelle?«

»Weil es das erste Mal war; das nächste Mal werde ich ein größeres Tier erlegen und nicht vergessen, das Blut gleich in meiner Kelle aufzufangen.«

Als sie nach Hause kamen, lobte der alte Schwiegervater ihn, weil er gleich das erste Mal ein Tier erlegt hatte.

Da die Brüder am nächsten Tage abermals zur Jagd gingen, begleitete der Fremde sie wieder. Als sie auf den Berg kamen und ins Tal hinabsahen, wo sie die Tiere am Tage vorher gesehen hatten, waren es noch mehr als gestern; jetzt aber suchte er sich den größten unter den Böcken aus, holte ihn ein, stach ihn nieder und hielt gleich die große Holzkelle unter die Wunde, sodass alles Blut hineinlaufen konnte. Diesmal wurde die Kelle ganz voll, und als das Blut geronnen war, bildete es ordentlich einen Berg darauf. Jetzt kamen die Schwäger auch mit ihrer Beute, und es zeigte sich, dass die Tiere, die sie erlegt hatten, viel kleiner waren. Als sie mit ihrem Fang nach Hause kamen und der alte Schwiegervater den großen Bock sah, den sein Schwiegersohn erlegt hatte, war er noch zufriedener als am Tage vorher. Nie, sagte er, habe er selbst solch einen großen Bock erlegt.

So lebten sie weiter, und der neue Schwager brachte immer so viel Beute mit, dass das Zelt schwoll, und beständig mussten sie es größer machen.

Eines Tages sagte die Frau zu ihrem Mann: »Komm mit mir, ich will dir unseren Wintervorrat zeigen!« Und sie stiegen über einen kleinen Berg und kamen zu einem Platz, wo drei große Felle über den Wintervorrat ausgebreitet lagen. Das eine bedeckte lauter getrocknetes Fleisch, das andere geronnenes Blut und das dritte Beeren, die die Frauen gesammelt hatten.

Als der Mann das sah, freute er sich über ihren Vorrat, die Frau aber sagte:

»Komm mit zu unserem Winterplatz, dort will ich dir unser Haus zeigen.«

Sie gingen ein Stück weiter und kamen zu einem großen Winterhaus, das vollkommen fertig war; drinnen war es rein und fein, es fehlten nur die Felle für die Pritschen, dann konnte man einziehen.

Ob dieses Anblicks erstaunte der Mann sehr, denn die Frauen in dem Lande, aus dem er herkam, pflegten die Häuser erst kurz vor dem Einzug in Stand zu setzen.

Darauf kehrten sie zum Zelt zurück.

Eines Tages sagte der Mann zu seinen Schwägern: »Wollt ihr mich begleiten, weit, weit von hier, wo ich gewohnt und eine Frau gehabt habe? Ich möchte meine Frau und meine Schwiegereltern dort einmal besuchen.«

Damit waren die Schwäger einverstanden und sie begaben sich zusammen auf die große Reise in östlicher Richtung, bis sie zu seinem alten Wohnplatz kamen. Dort fand er seine Schwiegereltern noch am Leben, sein Weib aber hatte sich einen anderen Mann genommen.

Er sagte seinen ehemaligen Schwiegereltern, dass er von ihnen gegangen sei, weil sie mit seinem Fang unzufrieden gewesen wären, obgleich er doch jeden Tag Beute ins Haus gebracht habe. Jetzt wohne er in einem Lande jenseits des großes Meeres, wo man nur von Landtieren lebe.

Man setzte ihnen Essen vor, und als sie gegessen hatten, nahmen sie Abschied und kehrten nach Hause zurück.

Als sie eine Zeitlang zu Hause gewesen waren, schlugen die beiden Schwäger dem Mann vor, dass er sie ein Stück weiter nach Westen, längs der Küste ihres eigenen Landes begleiten solle. Damit war er einverstanden, und sie begaben sich in einem Kajak auf die Reise.

Nachdem sie ein Stück gerudert waren, erblickten sie einen Wohnplatz, wo gerade ein Boot ins Wasser gelassen wurde. Aus einem Zelt kam eine Frau, die so alt und deren Körper so eingetrocknet war, dass man fast nur ihr großes Gesicht sah. Als sie die Fremden sah, rief sie dem Boote zu:

»Fremde von dem Wohnplatz östlich von dem unseren sind gekommen, und mit ihnen ein ganz neuer Mann, der ihr Schwager geworden ist.«

Kaum hatte die Besatzung dies vernommen, als sie eilig zum Lande zurückkehrte, und bald waren längs des Strandes so viele Menschen versammelt, dass die drei Fremden kaum eine Stelle fanden, wo sie an Land gehen konnten.

Die Alte forderte sie auf, mit in ihr Zelt zu kommen. Bald aber folgten so viele Neugierige, dass die Alte sie wieder hinausschickte, damit für die Gäste, die sich kaum rühren konnten, Platz würde. Als sie eine Weile drinnen gesessen hatten und mit den Esswaren, die man dort am Ort hatte, bewirtet worden waren, sagte der eine Schwager zu der Alten:

»Nun müsst Ihr auch die Speise kosten, von der unser Schwager bisher gelebt hat.« Sie meinten Seehundsfleisch.

Der Schwager schnitt das Seehundsfleisch, das er bei sich hatte, in ganz kleine Stücke. Erst versuchte die Alte und dann mehrere der Gäste, die Stücke herunterzuschlucken, aber sie konnten es nicht.

Mehr und mehr Leute kamen herein, und dazwischen zwei alte Männer, ganz weißhaarig, mit Runzeln im Gesicht; als sie eintraten, zeigte die Alte auf sie und sagte:

»Ihr glaubt vielleicht nicht, dass diese beiden mit mir verwandt sind, ich aber sage euch, es sind meine Söhne.« Und jetzt zeigte es sich, dass alle Menschen, mit denen sie zusammen lebte, ihre Kinder, Enkel und Großenkel waren.

Gegen Abend kehrten die Schwäger und der Mann zu ihrem Wohnplatz zurück, und der Mann blieb bis an sein Lebensende bei seinen neuen Schwiegereltern, ohne Sehnsucht nach seinem alten Wohnplatz zu verspüren.

So endet diese Geschichte von dem Mann, der im Zorn auszog und einen neuen Wohnplatz bei Menschen fand, die im Inland jagen.

Und nun wollen wir uns noch einen recht langen Sommer und einen ganz kurzen Winter wünschen!

Ikaleq und Qâtaitsiaq

oder die spielenden Zwerge unter dem Misthaufen.

Es war einmal ein kleines Mädchen, das mochte nichts tun, sondern wollte nur mit ihren Puppen spielen. Als sie eines Abends wie gewöhnlich eifrig spielte, ging ihre Mutter schlafen. Das kleine Mädchen war ungehorsam und wollte nicht zur Ruhe gehen, und während sie in der Nähe des Eingangsloches spielend saß, hörte sie jemanden durch den Hausgang kommen. Sie lauschte und blickte ängstlich zum Eingang, und siehe da, herein kam ein Zwerg mit Nasenlöchern, die so groß waren, dass sie ganz bis an die Augen reichten. Der Zwerg trat zu ihr und sagte:

»Ich bin Ikaleq. Nimm deine Puppen und folge mir.«

Das kleine Mädchen, das Qâtaitsiaq hieß, antwortete: »Ich habe keine Kamiken und kann nicht ausgehen.«

»So nimm die Kamiken deiner Mutter«, sagte der Zwerg.

Darauf gingen sie zusammen zum Misthaufen hinaus. Als sie dort eine Weile gestanden und ihn angeblickt hatten, tauchte plötzlich ein Haus auf; man sah Fenster und den Hauseingang, und durch diesen krochen sie hinein. Drinnen im Hause waren viele kleine Zwerge, die alle mit Puppen spielten. Das war etwas für Qâtaitsiaq, und sie spielte vom Morgen bis zum Abend.

Als die Eltern am nächsten Morgen erwachten, fragten sie nach Qâtaitsiaq, aber niemand hatte sie gesehen, und die Kamiken der Mutter waren verschwunden. Vergeblich suchten sie nach ihr und mussten sie schließlich als tot beweinen; so verging die Zeit und schließlich wurde es Frühling und sie brachen auf, um sich zu einem Fangplatz zu begeben.

Man sagt, wenn Menschen fortreisen und Wasser auf den Misthaufen ausgießen, so läuft dieses zu den Zwergen hinab; darüber werden diese so böse, dass sie dem Betreffenden den Tod wünschen, der auch ganz richtig nach kurzer Zeit eintrifft.

Als Qâtaitsiaqs Eltern den Sommer über auf dem Fangplatz gewohnt hatten, kehrten sie zu ihrem Winterplatz zurück. Dort wohnten sie nun, während ihr kleines Mädchen noch immer mit Puppen unter dem Misthaufen spielte. Eines Abends aber wurde sie plötzlich so müde und gähnte so furchtbar, dass Mund und Nasenlöcher ihr ganz bis an die Augen gingen, und sie bat flehentlich, dass die Zwerge sie nach Hause bringen sollten. Diese überredeten sie zu bleiben, aber es gelang ihnen nicht. Es wurde Abend, und als die Menschen zur Ruhe gegangen waren, begab sie sich auf den Heimweg. Als sie in den Hausgang kam, hörte sie einen der Hausbewohner sagen:

»Ich höre jemand draußen.«

»Das kann nicht sein!«, antworteten die anderen.

Plötzlich aber flüchteten alle in den Hintergrund des Hauses, hinter die Pritsche, als sie eine Stimme vom Hausgang hörten:

»Ich bin es, Qâtaitsiaq.«

»Wo bist du so lange gewesen?«, riefen die anderen.

»Bei den Zwergen unterm Misthaufen und habe mit Puppen gespielt; sie wollten mich überreden, bei ihnen zu schlafen, ich aber wollte nach Hause.«

»So bist du also endlich gekommen!«, sagte die Mutter.

Als sie sie aber näher betrachteten, sahen sie, dass ihr Mund und ihre Nasenlöcher sich durch starkes Gähnen so erweitert hatten, dass sie ganz bis an die Augen gingen. Die Mutter aber nahm sie zu sich auf die Pritsche, bettete sie und befestigte Stäbchen unter ihren Augen, weil diese sich gar nicht mehr schließen wollten.

Darauf schlief Qâtaitsiaq ein, und als sie erwachte, wurde sie ein fleißiges, kleines Mädchen, das nie mehr mit Puppen spielte.

Von dem Fänger,

der die Zwerge besuchte.

Es war einmal ein junger Fänger, der aufs Meer ruderte, um Seehunde zu fangen. Da erblickte er von Weitem etwas, das wie eine Lumme aussah, bisweilen strich es hastig über den Meeresspiegel, bisweilen lag es ganz still. Er ruderte näher heran und sah nun, dass es ein ganz kleiner Zwerg in einem Kajak war. Der junge Fänger schaute ihm eine Weile zu und sah, dass er eifrig einen Seehund verfolgte, der ihm aber immer im letzten Augenblick entschlüpfte.

Der Zwerg klagte ihm sein Leid, dass er diesen großen, großen Seehund, ja, vielleicht sei es sogar ein Walross, nicht harpunieren könne. Kurz darauf tauchte der Seehund wieder auf und der Zwerg ruderte geschwind auf ihn zu; der Fänger aber sah, dass es nur ein ganz kleines Seehundsjunges war. Wieder kam der Zwerg zu spät und darum bat er den Fänger, ob er ihn nicht für ihn harpunieren wollte. Als der Seehund das nächste Mal auftauchte, ruderte der Fänger an ihn heran und tötete ihn. Der Seehund war so klein, dass er seine Fangblase gar nicht auswarf, sondern ihn ganz ruhig in seinen Kajak zog.

Der Zwerg saß sprachlos vor Staunen in seinem Kajak und sah zu. Nachdem sie eine Weile zusammen geplaudert hatten, fragte der Zwerg den jungen Fänger, ob er nicht Lust habe, ihn zu besuchen; das wollte der Fänger gern.

Sie ruderten auf das Land zu, und als sie sich dem Wohnplatz des Zwerges näherten, hörte der Fänger, wie gerufen wurde: »Seht, dort kommt Makutoq, und er bringt einen Menschen mit!«

Das Haus des Zwerges war so klein, dass der junge Fänger sich nur mit Mühe und Not hineinklemmen konnte. Sie saßen zusammen und plauderten, jeden Augenblick aber sagte Makutoq: »Wie muss der Seehund, den du heute gefangen hast, köstlich schmecken!«

Das wiederholte er so oft, dass der Fänger es schließlich nicht mehr hören mochte und sagte: »Warum holt ihr ihn denn nicht und verspeist ihn?« Das ließen sie sich nicht zweimal sagen, gleich liefen alle die kleinen Zwerge zum Strande und schleppten ihn herbei. Aber es dauerte sehr lange, und als sie ihn schließlich in den Hausgang geschleppt hatten, konnten sie ihn nicht durch das Eingangsloch heben. Darum hob der Fänger ihn an der Vorderflosse und legte ihn dahin, wo er geflenst werden sollte. Die kleinen Zwerge waren sprachlos über seine Riesenkräfte.

Jetzt begann Makutoqs Frau ihn zu zerlegen, aber es dauerte lange, bis sie das große Tier zerteilt hatte, und als sie das Rückenstück über dem Becken abtrennen wollte, glitt ihr Messer ab, und sie schnitt sich tief in ihren Daumen. Darüber war sie sehr verzweifelt und sagte: »Ach, näht mir doch einen Däumling, unter der Pritsche liegt das Fell eines Seehundsjungen.«

Eine von den Frauen nähte ihr einen Däumling, als er aber fertig war, war er zu groß geraten. Ein anderer musste genäht werden, und der geriet zu klein, und so immer weiter, – bald war der Däumling zu groß, bald zu klein, und schließlich hatten sie das ganze Fell bis auf das Schwanzende zerschnitten; das passte glücklich; und so bekam die Frau des Zwerges endlich ihren Däumling. Daraus aber ersah der Fänger, dass die kleinen Zwergfrauen ungeschickt im Nähen waren.

Als der Seehund endlich zerlegt war, wurde er in vielen Töpfen gekocht und auf einer Schüssel angerichtet. Dann gingen sie hinaus, um ihre Wohnplatzgenossen zum Schmaus einzuladen. Ihre Stimmen aber waren so schwach, dass niemand sie hören konnte. Darum wandten sie sich an den Fänger und sagten: »Du bist so groß und hast gewiss auch eine gewaltige Stimme; geh bitte hinaus und rufe unsere Wohnplatzgenossen zum Seehundsschmaus herbei.«

Der junge Fänger ging hinaus, und obgleich er gar nicht sehr laut rief, hätte er den kleinen Zwergen, die sich entsetzt die Ohren zuhielten, fast das Trommelfell gesprengt.

Jetzt kamen die Gäste herbei, eine Menge winzig kleiner Wesen, und darunter war einer, der Qagdlakitsôq hieß. Sie stürzten sich mit großer Gier über das Fleisch, stießen und drängten sich, sodass schließlich die große Fleischschüssel umfiel. Plötzlich war Qagdlakitsôq verschwunden. Man suchte und fand ihn endlich halb erstickt unter der großen Fleischschüssel, von Speck und Suppe triefend, mit einem Seehundsknochen in der Hand. Dieser Anblick erweckte große Heiterkeit, und der Wirt fragte ihn, ob er auch genug Suppe bekommen habe. »Ach, fast gar nichts habe ich bekommen«, klagte er. Da goss man Suppe in seine kleine Fleischschüssel, und er trank sie gierig; denn nur selten geschah es, dass das Zwergenvolk Seehundsfleisch bekam. Bevor man sich dessen versah, waren inzwischen alle Kinder und Enkel Qagdlakitsôqs nach Hause gegangen, und es war Abend geworden. Da jammerte Qagdlakitsôq, dass er allein nach Hause gehen müsse, denn er fürchtete sich in der Dunkelheit. Als er schließlich Mut fasste und sich auf den Weg machte, folgte der junge Fänger ihm heimlich. Nachdem sie ein Stück gegangen waren, pfiff er ganz leise – sofort blieb Qagdlakitsôq stehen und lauschte. Da pfiff er noch einmal, diesmal etwas lauter, und da rannte Qagdlakitsôq in wildem Lauf davon. In seiner Angst aber sah er sich nicht vor, stolperte über ein Loch und stürzte so heftig hin, dass er seine Suppenschüssel und einen Schulterknochen, den er seiner Frau mitbringen sollte, verlor. Trotz der Angst vor der Dunkelheit und den Geistern der Finsternis aber hatte er noch mehr Angst vor seiner Frau, wenn er ohne Fleisch nach Hause kommen würde. Und in aller Eile begann er nach dem Knochen zu suchen. Da es aber dunkel war, griff er nach dem ersten besten, das ihm in die Hand fiel und das er für den Knochen hielt, und lief damit nach Hause. Als er ins Haus kam, sagte er froh zu seiner Frau: »Schau her, liebes kleines Frauchen, ich bringe dir ein leckeres Stück Fleisch.« Die Frau nahm es in die Hand, als sie es aber näher betrachtete, sagte sie: »Aber Qagdlakitsôq, das ist ja gar kein Fleisch, das ist ja ein Stück Torf.« Und wirklich! Qagdlakitsôq hatte in seiner Angst ein Stück Torf ergriffen. Nachdem der junge Fänger sich sattsam über Qagdlakitsôq amüsiert hatte, kehrte er zurück und kroch zu seinem Wirt ins Haus.

Als es aber Nacht geworden war, begannen die jungen Mädchen sich zu putzen und lächelten dem Fremden zu; und indem sie hinausliefen, berührten sie ganz leicht seine Knie, lachten und warteten draußen, in der Hoffnung, dass er zu ihnen herauskommen würde. Schließlich war nur noch ein junges Mädchen da; als es sich geputzt hatte und an ihm vorbei in den Hausgang sprang, gab er ihr einen kleinen Klaps auf den Hintern, nur einen ganz kleinen Klaps, aber er hatte solch furchtbare Wirkung, dass sie laut aufschrie, durch den Hausgang flog und weinend und stöhnend zu ihren Freundinnen hinauskam. Als diese hörten, was geschehen war, trösteten sie sie und sagten, das bedeute sicher, dass der Fremde sie erwählt habe. Das kleine Zwergenmädchen aber hatte solche Schmerzen, dass man sie ins Haus tragen und auf die Pritsche legen musste.

Als es Schlafenszeit geworden war, nahm der junge Fänger Makutoqs Tochter zur Frau, und als die jungen Mädchen das sahen, wurden sie so verzweifelt, dass die meisten von ihnen in Tränen ausbrachen.

Als er am nächsten Morgen erwachte, kehrte er zu seinen Eltern zurück, erzählte, wo er gewesen sei und dass er eine Zwergin zur Frau genommen habe. Als die Mutter dies hörte, sagte sie zu ihrem Sohne: »Du darfst sie nur behalten, wenn sie tüchtig ist. Bringe ihr dies Fell, damit sie es bereite; wenn sie es zu meiner Zufriedenheit macht, darf sie deine Frau werden.«

Und die Mutter gab ihm ein altes Fell, das als Speckbeutel gedient hatte und ganz von Tran durchtränkt war. Dies nahm der Sohn und gab es seiner kleinen Frau. Und sie machte die Arbeit so wundervoll, dass es wie ein ganz neues Fell wurde. Der junge Fänger kehrte nach Hause zurück, und als er seiner Mutter das Fell zeigte, willigte sie ein, dass die kleine Zwergin seine Frau wurde.

Von dem Zwergenvolk aber hat man seitdem nie wieder etwas gehört oder gesehen.

Es lebten einst zwei Brüder im Himmel, der eine hieß Blitz, der andere Donner. Blitz konnte mit solcher Geschwindigkeit durch die Luft fliegen, dass Feuer und Funken um seinen Kopf sprühten. Donner war ein gewaltiger Riese, der solch gewaltigen Lärm machte, dass man sich den Mund mit geronnenem Blut füllen musste, um sich die Zähne nicht auszubeißen. Die Sterne aber, die nie ihre Nachtruhe bekamen, schossen ihm schließlich einen Pfeil durchs Herz, sodass er zur Erde stürzte. Und so stark war er noch im Tode, dass er nicht ausgestreckt liegen konnte, sondern auf seinen Muskeln ruhte.

Geschichten von Mord und Rache

Der Elternlose,

der sich an sieben Feinden auf einmal rächte.

Es war einmal ein Fänger, der hatte Land bei Igdlutalik, westlich von Nôrssît bei Kap Dan. Seine Frau war ihm gestorben, und er wohnte dort nur mit seinem kleinen Sohn.

Etwas östlich von diesem Platz wohnten die fünf Brüder bei Kangârssuk.

Eines Tages ruderte der Fänger mit seinem Kajak aufs Meer hinaus und kehrte nicht zurück. Der kleine Junge wartete und wartete, aber er kam nie wieder.

Die fünf Brüder bei Kangârssuk hatten ihn ermordet.

Eine Zeitlang lebte der kleine Elternlose ganz allein in dem Hause bei Igdlutalik, dann aber erbarmte ein Ehepaar aus Nunakitsoq sich seiner und nahm ihn zu sich. Dort war von nun an seine Heimat, und sowohl der Mann wie die Frau waren gut gegen ihn.

Nachdem er eine Zeitlang bei ihnen gewesen war, begann seine Pflegemutter Zauberformeln über ihn zu sprechen, die ihn zu einem großen Rächer machen sollten.

Der Knabe wuchs schnell heran und empfand niemals, dass er elternlos war, denn seine Pflegeeltern erzogen ihn, als ob er ihr eigener Sohn sei.

Als er so groß geworden war, dass er zum Fischen ausziehen konnte, angelte er Kaulköpfe für seine Pflegeeltern, weil es ihre Lieblingsspeise war.

So lebten sie friedlich, als eines Tages der Pflegevater von einer Kajakfahrt nicht zurückkehrte.

Darüber trauerten der Knabe und seine Pflegemutter sehr; nachdem sie sich aber ihrem Kummer eine Zeitlang tatenlos hingegeben hatten, sprach die Pflegemutter zu dem Knaben:

»Du bist nun zum zweiten Mal elternlos geworden, und wir wissen, dass die Menschen, die deinen Vater getötet, nun auch deinen Pflegevater umgebracht haben. Du kannst jetzt nicht mehr wie andere Kinder unter sorglosem Spiel aufwachsen, du darfst jetzt nur noch an ernste Dinge denken und musst deinen Körper mit schweren Leibesübungen stählen, damit du ein großer Rächer werden kannst. Dann erst wird dir in den Mannesjahren und im Alter der Friede des Gemüts zurückkehren.«

Mit diesem Gespräch endete die Kindheit des Knaben; denn alles Spiel war jetzt aus, er beschäftigte sich nur mit Dingen, die seinen Körper stählten, und darum dauerte es nicht lange, bis er für einen Knaben seines Alters ungewöhnliche Kräfte und Fertigkeiten hatte. Er bekam einen Kajak, übte sich im Rudern, und als er allein auf das Meer hinausrudern konnte, ging er auf den Fang und kam mit einem kleinen Seehund zurück. Es war sein erster Fang, und als er damit an Land kam, hob seine Pflegemutter ihn auf ihren Rücken und trug ihn zum Hause. Das tat sie von nun an stets, wenn er mit irgendeinem Fangtier, das er zum ersten Mal erlegt hatte, nach Hause kam.

So wuchs der Knabe zu einem starken Mann heran, der nur daran dachte, wie er sich an den fünf Brüdern rächen konnte.

Eines Tages, als er über den Fjord ruderte, um Seehunde zu fangen, sah er ein großes Walross, das auf dem Eisrande lag. Etwas weiter hin auf dem Eise aber entdeckte er einen großen Bären, der im Begriff war, sich an das Walross heranzuschleichen, um es zu töten. Der Elternlose versteckte sich hinter einem Eisblock, um den Ausfall des Kampfes abzuwarten. Der Bär, dem es geglückt war, sich an das Walross heranzuschleichen, ohne es zu wecken, nahm einen großen Eisblock und warf ihn dem Walross an den Kopf, sodass dieses das Bewusstsein verlor. Darauf bearbeitete er es mit seinen Tatzen, bis es tot war. Kaum war der Kampf beendet, als der Elternlose auf den Bären zuruderte, der ins Meer entfloh; er aber ruderte hinter ihm her und harpunierte ihn, sodass er auf diese Weise sowohl ein Walross wie einen Bären als Beute heimbringen konnte. Als seine Pflegemutter ihn mit dem mächtigen Fang kommen sah, wurde sie sehr froh, und als er an Land gestiegen war, trug sie ihn auf ihrem Rücken nach Hause. Das aber tat sie, damit die Zauberworte, die sie über ihn gesprochen, als er noch ein Kind war, ihre Kraft bewahren sollten.

Tags darauf kamen zwei Kajaks aus dem Angmagssalik-Fjord, wo zu jener Zeit viele Menschen zum Fischfang lagen, zu Besuch. Sie wurden mit Bären- und Walrossfleisch bewirtet und schwatzten und ließen es sich schmecken. Als sie aufbrachen, wurden sie aufgefordert, alle, die im Fjord zum Fang lagen, zum Schmaus einzuladen, und zum Abschied bekamen sie noch große Fleisch- und Speckstücke als Wegzehrung.

Tags darauf kamen alle Geladenen, nur fünf Mann fehlten, und das waren die fünf Brüder, die seinen Vater und seinen Pflegevater ermordet hatten.

Der Tag verging unter großer Festlichkeit, mit frohem Essgelage, und als die Gäste fortzogen, bekamen sie noch Fleischgaben mit auf den Weg; der Elternlose aber ließ den fünf Brüdern sagen, auch sie möchten kommen und ihren Anteil in Empfang nehmen.

Tags darauf kamen die Brüder und wurden ebenso wie die anderen bewirtet; nur bekamen sie, als sie aufbrachen, so große Fleisch- und Speckstücke, dass ihre Kajaks fast unter Wasser lagen. Der Elternlose bestieg ebenfalls seinen Kajak, um sie zu begleiten und trat ganz harmlos auf; er hatte aber zwei Harpunen, zwei Vogelpfeile und zwei Lanzen an Bord, während man sonst nur eine Waffe von jeder Sorte mitzunehmen pflegt.

Als sie in die Nähe des Wohnplatzes der Brüder kamen, ruderte er etwas zur Seite, sodass er seine Feinde zur Linken hatte, damit er mit der rechten Hand werfen konnte. Er ließ die anderen ein Stück voraus rudern, ergriff seine Harpune und warf sie demjenigen der Brüder, der ihm am nächsten war, in den Rücken. Dieser vermochte nur noch einen einzigen Schlag mit dem Ruder zu machen, dann kenterte er und war tot. Bevor der zweite noch Zeit gefunden hatte, sich umzudrehen, hatte auch er eine Harpune im Rücken, und fast im selben Augenblick flogen dem dritten und vierten Vogelpfeile in den Leib. Das alles spielte sich so schnell ab, dass sie sich nicht einmal umwenden konnten, weil ihre Kajaks so schwer geladen waren. Nur der fünfte Bruder fand gerade noch Zeit, seinen Kajak zu wenden; als er aber seine Harpune werfen wollte, hatte der Elternlose schon seine Lanzen ergriffen und auf ihn geworfen. So kenterte auch der fünfte der Brüder, und auf diese Weise tötete der Elternlose auf einmal alle seine Feinde. Darauf ruderte er auf die Kajaks zu und versenkte sowohl Mann wie Kajak auf den Grund des Meeres, worauf er zu seinem Wohnplatz zurückkehrte.

Tags darauf kamen zwei Kajaks von dem Wohnplatz der Brüder zu Besuch; sie kamen, um zu fragen, ob man nichts von den fünf Brüdern gesehen habe. Der Elternlose antwortete, dass sie tags zuvor davongerudert seien und seitdem hätte man nichts von ihnen gesehen.

Er forderte die beiden Fremden auf, ins Haus zu gehen; als er ihnen aber den Rücken kehrte, merkte er, dass sie Heimlichkeiten miteinander hatten, und da wusste er, dass sie gekommen seien, um die fünf Brüder zu rächen. Darum eilte der Elternlose vor den anderen ins Haus.

Er nahm beim Fenster neben dem Hausgang Aufstellung, und kaum zeigte der erste der beiden Männer sich im Hausgang, als er ihm einen Schlag in den Nacken versetzte, dass er auf der Stelle tot war. Darauf nahm er ihn und schleuderte ihn auf die Pritsche. Kaum zeigte sich der andere, als auch ihm dasselbe Schicksal widerfuhr. Auf diese Weise tötete der Elternlose abermals zwei Feinde und versenkte auch ihre Leichen ins Meer.

Jetzt hatte der Elternlose Ruhe vor seinen Feinden, und darauf begab er sich mit seiner Pflegemutter auf die Reise, um weiter im Norden auf Bären zu jagen. Sie ruderten in einem Boot längs

Weit draußen im Meer lebt ein gewaltiger Zauberbär, der Bär des Meeres genannt. Hin und wieder schwimmt er an Land, das Wasser in den Fjords aber ist seicht, und darum watet er zwischen den Felsen, wie durch eine Wasserpfütze. Wenn er atmet, entstehen solche Wirbel, dass ihm Eisblöcke und ganze Bootsbesatzungen in die Nase fliegen.

der Küste, kamen bei Paotûterajnit, südlich von Kialineq, vorbei, ruderten noch weiter gen Norden, bei Qernererssuit vorbei, und als sie nirgends bewohnte Plätze antrafen, nahmen sie schließlich südlich von Kangerdlugssuaq Land. Hier gab es so viele Bären, dass sie schon in der ersten Nacht drei dicht an ihrem Hause erlegten, und vom Herbst bis zum Winter fingen sie so viele, dass sie die Bärenschädel auf eine Zeltstange reihen konnten, wie Perlen auf eine Schnur.

Als der Winter kam und alles mit Eis bedeckte, fuhr er noch weiter nach Norden, um zu jagen, und bei einer solchen Fahrt erreichte er Kangerdlugssuaq. Indem er hier der Küste folgte, kam er zu einem Wohnplatz, wo ein Haus lag, das so groß war, dass es vier Fenster hatte; sonst pflegen die größten Häuser nur drei Fenster zu haben.

Er wurde von den Bewohnern freundlich empfangen, band seine Hunde und wollte, der Einladung folgend, ins Haus gehen; vorher aber wollte er noch seinen Pelz, wie es an der Ostküste Sitte ist, ausziehen und ins Boot legen, das wie alle Boote dort oben im Winter auf Pfähle gelegt war, mit dem Kiel nach oben. Als er aber seinen Pelz unter die Ruderbänke legen wollte, entdeckte er, dass das Boot ganz angefüllt war mit Bärenfellen und Narwalzähnen, so ungeheuer groß war der Fang dort beim Wohnplatz. Wie sich nun kein Platz fand, wo er seinen Pelz hinlegen konnte, sodass er vor den Hunden sicher war, kam ein alter Mann auf ihn zu und forderte ihn auf, ihn in seinen Kajak zu legen, worauf er sich ins Haus begab.

Es zeigte sich, dass der alte Mann der Vater sämtlicher jungen Leute war, und er wurde in dessem Hause aufs Beste bewirtet.

Als er gegessen hatte, bemerkte er, dass der freundliche Hauswirt ihn prüfend ansah und schon lange angesehen hatte, ohne dass er begreifen konnte, warum. Plötzlich aber sagte der Alte:

»Sag mal, bist du nicht der Sohn des Großfängers von Igdlutalik?«

»Ja«, antwortete der Elternlose.

Da nickte der alte Wirt ihm freundlich zu und sagte, an seine Söhne gewandt:

»Sein Vater war mein Vetter, wir haben also Besuch von einem Verwandten bekommen.«

Als die jungen Leute das hörten, wurden sie noch freundlicher gegen ihn und rückten auf der Pritsche näher an ihn heran.

Da sagte der Alte zu dem Elternlosen:

»Du bist so breitschultrig und hast gewaltige Muskeln, sicher bist du sehr stark.«

»Nein«, sagte der Elternlose, »das meiste ist Fett, meine Muskeln sind nicht sehr stark.«

Als der Alte das hörte, forderte er die Jungen auf, sich mit ihm zu messen, damit sie den Abend mit munterem Spiel und Leibesübungen vertreiben konnten.

Dabei zeigte es sich nun bald, dass der Elternlose die anderen der Reihe nach leicht überwältigen konnte. Der Alte aber hatte die Kraftprobe nur veranstaltet, um zu sehen, über welche Kräfte sein Vettersohn verfügte; denn er wusste, dass der Elternlose viele Feinde hatte, und seine Söhne hätten, wären sie stärker gewesen, den Elternlosen unterrichten und später, wenn es not tat, ihm seinen Feinden gegenüber helfen sollen.

Der alte Hauswirt betrachtete den Elternlosen voller Wohlwollen und sagte:

»Du hast nun gezeigt, über welche Kräfte du verfügst, und wir wundern uns nicht mehr, dass du sieben Feinde auf einmal töten konntest, denn auch davon haben wir gehört.«

Der Elternlose aber sagte bescheiden:

»Nicht meine Kräfte haben es vermocht, sondern die Zauberlieder, die meine Pflegemutter mir von Kind auf vorgesungen hat.«

Nun wollte der Elternlose heimwärts, und gleich erklärten all' die jungen Leute, dass sie ihn begleiten wollten. Unter munterem Scherz brach man auf, spannte die Schlitten vor und mit großem Gefolge zog er davon. Als der Aufzug sich dem Wohnplatz des Elternlosen näherte, entstand große Angst und Verwirrung, denn man wusste nicht, ob es Freunde oder Feinde seien. Kaum aber waren die Schlitten angekommen, als die Angst sich in Freude verkehrte; die Pflegemutter des Elternlosen, die die jungen Leute gekannt hatte, als sie noch klein waren, bewirtete sie aufs Beste und Herzlichste.

Als das Gelage beendet war, kehrten die vielen Schlitten zu ihrem Wohnplatz bei Kangerdlugssuaq zurück; nur einer blieb da, und als der Elternlose ihn erstaunt fragte, warum er sich seinen Brüdern nicht angeschlossen habe, antwortete er, er habe Angst, dass er ihn durch eines seiner Zauberworte, mit denen er seine Feinde umzubringen pflegte, töten würde.

Da lachte der Elternlose laut auf und sagte, dass er das nur aus Bescheidenheit gesagt habe, in Wirklichkeit habe er seine Feinde mit der Kraft seines Armes umgebracht.

»Und außerdem«, fügte der Elternlose hinzu, »seid ihr meine Verwandten und meine Freunde und braucht nie etwas zu befürchten.«

Sie verbrachten einen fröhlichen Winter, indem die Einwohner der beiden Wohnplätze sich gegenseitig häufig besuchten und sich die langen Nächte des Winters mit Festgelagen und mancherlei Spiel vertrieben. Als es aber Sommer wurde, brach der Elternlose auf, um sich wieder bei seinem Wohnplatz in der Nähe von Kap Dan niederzulassen; seine zahlreichen Verwandten aber zogen noch weiter nach Norden an der Küste entlang, und somit schieden sie.

Der Elternlose aber lebte froh und zufrieden bis ans Ende seiner Tage, und so stark war er, dass keiner jemals den Tod der sieben Feinde zu rächen wagte. Von seinen Verwandten aber, die weiter nordwärts gezogen waren, hat man nie wieder etwas gehört.

Der große Geisterbeschwörer von Sermiligâq

Von dem »großen Geisterbeschwörer von Sermiligâq« wird erzählt, er sei ein so mächtiger Zauberer gewesen, dass ihm alle Arten Hilfsgeister zur Verfügung standen. Er gebot über Raubvögel, Menschenfresser, Gnomen, Zwerge und Riesen und allerlei Tiere, sie alle kamen augenblicklich auf seinen Ruf. Wo immer jemand krank wurde, schickte man nach ihm, und er erhielt so viele Gaben, dass er breite Haarbänder von Perlen trug.

In alten Tagen hielt man Perlen für etwas so Kostbares, dass man ein Boot mit einem einzigen kleinen Perlenkranz von den sogenannten Singortuarqat, »den Errötenden«, die innen weiß waren, bezahlen konnte.

Der große Geisterbeschwörer liebte Sermiligâq, einen großen Fjord nördlich von Angmagssalik. Hier gab's im Herbst immer reichlich Bären und Seehunde und man konnte lange im Kajak rudern, ohne von den Dünungen behelligt zu werden. Darum hatte er seinen ständigen Wohnplatz bei Sermiligâq. Und mit der Zeit wuchs seine Macht, und er bekam jedes Jahr einen neuen Hilfsgeist.

Als er eines Tages in seinem Kajak auf dem Fjord war, fühlte er sich plötzlich mit unwiderstehlicher Macht nach dem Lande zu gezogen. Es nützte ihm nichts, dass er mit den Rudern gegenhielt, er wurde schließlich in einen südlichen Arm des Sermiligâq-Fjords gezogen. Dort mündete ein großer Bach, reißend und schäumend, und an seinem Ufer standen drei große Inlandsbewohner. Kaum war er ans Ufer gekommen, als sie sich über ihn stürzten und ihm nicht einmal Zeit ließen, aus seinem Kajak zu steigen. Der eine fasste das Vorderende des Kajaks, der andere die Mitte und der dritte den Achtersteven, und so liefen sie mit ihm landeinwärts, über die Berge, durch Schluchten, weiter und weiter hinein.

Der große Geisterbeschwörer wehrte sich nicht, denn er wusste, dass es vergeblich sein würde. Schluchzend saß er in seinem Kajak und ließ sich entführen und entfernte sich mehr und mehr von Fjord und Küste. Erst als er sich ein wenig von seinem Schreck erholt hatte, begann er seine Hilfsgeister herbeizurufen, jedes Mal aber, wenn er den Namen eines nannte, sagten die Riesen mit boshaftem Lachen:

»So einer steht auch uns zur Verfügung, den fürchten wir nicht! Ruf ihn nur herbei, der kann uns nichts tun.«

Da versuchte er seinen starken Hilfsgeist Tôrnârssuk, den Seelenräuber, den Gebieter über viele Geister herbeizurufen, im selben Augenblick aber wuchsen Tôrnârssukgeister rings herum aus der Erde auf, wie Seehunde, die aus dem Meere auftauchen.

Da bekam der Geisterbeschwörer Angst, und verzweifelt schrie er, so laut er konnte: »Lasst mich los, ich habe Frau und Kinder!«

»Du hast keine Frau; die, die du deine Frau nennst, hatte einen Mann vor dir!«, antworteten die Riesen.

»Meine Kinder!«, schrie der Geisterbeschwörer.

»Du hast auch keine Kinder! Ihre Mutter ist tot, darum brauchst du dich nicht um sie zu kümmern«, antworteten die Riesen und liefen weiter und weiter über Land, immer weiter fort von Meer und Küste. Da erinnerte der Geisterbeschwörer sich eines Hilfsgeistes, den er noch nicht herbeigerufen hatte, eines Qartimaitoq, einer Leiche, die er einst aus einem Grabe bekommen hatte. Diesen rief er jetzt an, und kaum zeigte er sich, als die Riesen unsicher wurden. Er stellte sich vor ihnen auf und versperrte ihnen den Weg. Schließlich aber gewöhnten sie sich an ihn und liefen weiter und weiter über Land, entfernten sich immer mehr von Fjord und Küste.

Da kam der Geisterbeschwörer auf den glücklichen Gedanken, dass er ein Amulett in seinem Kajak habe, ein Band von seiner verstorbenen Großmutter, mit dem sie ihr Haar aufzubinden pflegte. Kaum hatte er dies gedacht, als das Amulett sich bereits im Kajak zu rühren begann, und das Band kam heraus und begann den Riesen ins Gesicht zu peitschen. Nach und nach aber gewöhnten sie sich auch daran und liefen weiter und weiter landeinwärts mit ihm, sich immer mehr von Fjord und Küste entfernend. Der Geisterbeschwörer war verzweifelt, in seiner großen Angst aber fiel ihm ein, dass er seinen Falken noch nicht herbeigerufen hatte, den Riesenfalken mit dem scharfen Schnabel und den furchtbaren Krallen. So rief er ihn denn jetzt herbei, und gleich tauchte er am Himmel auf, so groß wie eine Wolke; auf ausgebreiteten Schwingen und mit gestrecktem Hals kam er daher und warf sich dem ersten Riesen an die Brust, indem er mit seinem Schnabel nach ihm hackte. Der Riese wäre fast gestürzt, aber so groß und stark war er, dass er sich wieder aufrichtete, den Angriff aushielt und weiterlief. Da warf der Falke sich auf den letzten Riesen, und dieser bekam einen solchen Schreck, dass er auf allen Vieren flüchtete.

Darauf warf der Falke sich auf den mittleren Riesen, grub seine Krallen in dessen Brust und zerfleischte sie. Der Riese hielt eine Weile stand, lief dann aber auch davon, und als er den Kajak fallen ließ, brach er gerade beim Mannloch mitten durch. Noch aber hielt der erste Riese aus und schleppte den Kajak beständig hinter sich her, weiter und weiter landeinwärts, sich mehr und mehr von Fjord und Küste entfernend. Da richtete der Riesenfalke noch einen Angriff auf ihn. Mit seinen mächtigen Schwingen sauste er durch die Luft und grub seinen Schnabel so tief in die Brust des Riesen, dass er stehen bleiben musste; damit war auch sein Widerstand gebrochen und er musste fliehen wie die anderen.

So überwand der große Geisterbeschwörer von Sermiligâq die drei Riesen, die ihn weit, weit über Land, fern von Fjord und Küste verschleppt hatten; und nun saß er hier mitten im Lande in seinem Kajak, dessen Spanten gebrochen waren, sodass die Heimreise unmöglich erschien.

Wie er zur Küste zurückgelangte, darüber weiß man nichts. Nachdem es ihm aber geglückt war, sich von den drei Riesen zu befreien, war ihm dies natürlich ein Leichtes.

Bald nach seiner Heimkehr bekam er einen neuen Hilfsgeist, der so viel von ihm hielt, dass er ihn nie wieder verließ.

In jenem Herbst versammelten sich viele Menschen im Angmagssalik-Fjord; sowohl von Nord wie von Süd kamen Boote, und alle wollten Angmagssatten fangen und Sängerkämpfe feiern. Ja, oft wurde sogar der Fang der Feste wegen versäumt.

Ein Mann im Kajak, der, ohne es zu ahnen, von dem Zaubertier Maleruarteq verfolgt wird, das alle Fangtiere verscheucht.

Ein Tupilak in Hundegestalt mit Menschenkopf, von zwei Kajakfahrern harpuniert, die ihn mit ihrer Fangblase hinter sich herziehen. Einen Tupilak harpunieren bedeutet Tod, und man sieht, wie der eine Mann bereits drauf und dran ist zu kentern.

Hier nun trafen zwei Freunde zusammen, die beschlossen, dass sie den großen Geisterbeschwörer von Sermiligâq töten wollten. Sie missgönnten ihm seinen Ruhm und sein Glück und dass er bei allen beliebt war, denn er war nicht nur ein großer, sondern auch ein guter Mensch.

Dies alles weckte den Neid und die Bosheit der beiden Freunde. Sie gaben als Grund ihrer Rachsucht an, dass die Frau des einen gestorben sei, weil der Geisterbeschwörer ihre Seele geraubt habe. Sie warteten nur auf eine Gelegenheit, ihre böse Tat auszuführen.

Als sie eines Tages zum Fang draußen waren, sahen sie ungefähr bei der Mündung des Fjords einen Kajak. Sie ruderten schleunigst darauf zu und sahen, dass just der Mann darin saß, den sie zu treffen wünschten. Sie ruderten an seine Seite und ohne ein Wort zu sagen, harpunierte der eine den großen Geisterbeschwörer von hinten, indem er ihm die Harpune etwas unterhalb des Schulterblattes durch die Brust bohrte.

Der große Geisterbeschwörer aber war so stark, dass er trotz des gewaltsamen Stoßes nicht kenterte, sondern ganz still in seinem Kajak liegen blieb. Der Mann, der ihn harpuniert hatte, legte sich quer davor und sagte herausfordernd:

»Rache!«

Der Geisterbeschwörer sieht ihn nur an, brennt seine Augen tief in die des Mörders, stumm, ohne sich zu rühren.

Der andere aber schreit wieder:

»Rache! Rache! Rache!«

Da greift der große Geisterbeschwörer nach seiner Flügelharpune, hebt sie ganz langsam und wirft sie unversehens. Im Wurf aber bleibt der eine Flügel der Harpune in der Fangleine hängen, und dadurch bekommt sie eine verkehrte Richtung, sodass sie, anstatt die Brust des Mannes zu durchbohren, durch seine beiden Arme geht und diese auseinander nagelt. Die Wunde aber ist nicht lebensgefährlich.

Jetzt kommt der Freund in seinem Kajak herangerudert und nimmt mit erhobener Harpune vor dem großen Geisterbeschwörer Aufstellung; dieser aber sieht ihn nur an und sagt:

»Willst du mich wirklich harpunieren? Hast du vergessen, dass du immer nach mir schicktest, wenn deine Kinder krank waren, auf dass ich ihr Leben rettete, ohne Bezahlung dafür zu nehmen?«

Der andere aber stellt sich taub und wirft dennoch seine Harpune. Da hebt der Geisterbeschwörer die Hände vor seine Brust, um den Wurf abzuwehren, die Harpune aber kommt mit solcher Kraft, dass sie beide Hände gegen die Brust nagelt und sie durchbohrt. So stark aber war der Geisterbeschwörer, dass er trotzdem nicht kenterte, obgleich er jetzt von hinten und von vorn durchbohrt war. Er heftet nur seine Augen auf das Gesicht seines Mörders und stimmt mit lauter Stimme ein Zauberlied an, das mit den Worten beginnt: »Höj, hö–öj, höj«, und damit gleitet er der längelang in seinen Kajak hinein, obgleich dieser sehr klein und schmal war.

Jetzt stürzte sich der unverwundete seiner beiden Feinde auf ihn, aber es glückte ihm nur, ihm seinen Skalp abzuschneiden, denn im nächsten Augenblick kenterte der Geisterbeschwörer und sank in derselben Sekunde unter. Das war sein letztes Kunststück, denn kein Kajak kann im selben Augenblick, in dem er kentert, untersinken. Er tat es, damit seine Feinde seine Leiche nicht schänden und misshandeln sollten.

Darauf nahm der eine der Freunde seinen verwundeten Kameraden ins Schlepptau, um ihn an Land zu bugsieren. Als sie aber die Stelle verließen, wo der Geisterbeschwörer untergesunken war, sahen sie zwei Kajakruder aus dem Wasser ragen, obgleich kein Kajak weit und breit zu sehen war. Es war der alte Hilfsgeist Ajarqissaq, der einen Augenblick zu spät kam, um seinen Herrn zu retten.

Aus Angst vor dem Hilfsgeist flohen die beiden Freunde dem Ufer zu, und kaum waren sie dem Zeltlager so nahe gekommen, dass man sie hören konnte, da rief der unverletzte der beiden Freunde:

»Aus Versehen habe ich meinen Kameraden harpuniert.«

Kaum aber war dieser Ruf erschollen, als eine Frauenstimme antwortete – es war die Schwester des großen Geisterbeschwörers –:

»Nein, nicht aus Versehen! Ich weiß, dass die beiden meinen Bruder ermordet haben!«

So erfuhren alle, dass der große Geisterbeschwörer von Sermiligâq ermordet war, bevor die beiden Mörder noch das Land erreicht hatten.

Die beiden Mörder aber wurden von ihrer Strafe ereilt; bevor der Sommer um war, starben sie beide, und im Laufe kurzer Zeit starben alle ihre Verwandten; nur eine Frau blieb am Leben, mit Namen Uvineressuaq, weil sie so viele Amulette hatte, dass kein Zauber ihr etwas anhaben konnte.

Wenn aber später der alte Hilfsgeist Ajarqissaq, der den Geisterbeschwörer so sehr geliebt hatte, sich bei Beschwörungen zeigte und sagte: »Mir ist's, als röche es hier nach Feinden, Feinden des großen Geisterbeschwörers von Sermiligâq!« Dann stopfte Uvineressuaq sich Tran in die Ohren, damit der Hilfsgeist keine Macht über sie bekommen sollte.

Auf diese Weise wurde der große Geisterbeschwörer selbst nach seinem Tode noch gefürchtet.

Diese Geschichte beruht auf Wahrheit, und es ist noch gar nicht lange her, dass sie sich zugetragen hat, denn ein Enkelkind von Uninererssuaq ist das junge Mädchen, das Katrine heißt und jetzt in Angmagssalik wohnt.

Von Angakasiat,

der seinen Neffen zum Rächer seines Vaters erzog.

Angakasiat soll bei Sermilik Land gehabt und mit seinem Schwager, dem Mann seiner älteren Schwester, zusammen in einem Hause gewohnt haben. Der Wohnplatz am Sermilikfjord hieß Igdlutalik, und dort wohnten sie in Wohlstand, denn der Schwager war ein großer und tüchtiger Fänger.

Eines Winters, als der Schwager zum Seehundsfang auf dem Eise war, lauerten zwei Brüder ihm auf und töteten ihn. Das geschah nicht weit vom Lande, und seine Frau konnte es vom Hause aus sehen. Da ging sie zu der Leiche, indem sie ihren kleinen Sohn mitnahm und den toten Vater von ihm küssen ließ; dann gingen sie beide weinend zum Hause zurück.

Der Winter und der Frühling vergingen und es wurde Sommer. Da entschloss sich der Oheim des Knaben zu flüchten, weil er fürchtete, dass die Feinde des Vaters auch den Jungen töten würden. Darum floh er mit ihm und der Mutter nach Itivdlerssuaq, einem hohen Berg zwischen Sermilik und Tasiussaq.

Dort ließen sie sich nieder. Wenn der Oheim zur Jagd ging, trug er seinen Kajak immer auf dem Rücken über Land nach Tasiussaq, weil er nicht im Sermilikfjord zu rudern wagte. Wenn er abends mit seinem Fang nach Hause kam, spielte er wilde Spiele mit dem kleinen Jungen, prügelte sich mit ihm, kitzelte ihn und pflegte ihn auf alle mögliche Weise zu reizen. Die Mutter hatte Mitleid mit ihrem Jungen und fragte den Oheim, warum er den Kleinen so roh behandele. Der Oheim aber antwortete, dass er ihn zu einem großen, starken Mann entwickeln wolle, weil die Zeit kommen würde, wo er alle seine Kräfte nötig habe.

Bald begann er seinen Neffen auch mit auf den Fang zu nehmen. Der Junge war noch zu klein, um selbst einen Kajak zu rudern, und musste darum an Land warten, wenn der Oheim draußen war. Kam er dann mit Fang zurück, gab er seinem Neffen ein Stück Fleisch zu tragen, erst ganz kleine Stücke, dann aber größere und größere, die dem Kleinen so viel Beschwer machten, dass er oft vor Verzweiflung und Überanstrengung weinte. Bald aber kam die Zeit, wo sein Oheim ihm die größten Stücke Fleisch zum Tragen geben konnte, ohne dass er vor Anstrengung weinen musste. Die Kraft des Jungen nahm so zu, dass der Oheim ihm ganze Seehunde aufbürdete. Anfangs weinte er wieder vor Überanstrengung, bald aber kam die Zeit, wo er auch mit Leichtigkeit ganze Seehunde trug, und schließlich wurde der Knabe so stark, dass er mit einem Seehund auf dem Rücken so schnell gehen konnte, dass sein Oheim ihm kaum zu folgen vermochte; und lange dauerte es nicht, da war der Junge schon längst zu Hause, wenn der Oheim ganz ermattet eintraf.

Wenn sie nicht auf dem Fang waren, setzten sie zu Hause ihre Kraftproben fort, und bald war der Knabe so stark, dass der Oheim ihm nicht mehr gewachsen war. Darum meinte er, dass die Zeit gekommen sei, wo er den Mord, der an seinem Vater begangen ward, rächen konnte. Der Oheim wusste, dass bei einem Zusammentreffen mit ihren Feinden Sängerkämpfe und Freudenlieder zur Zaubertrommel die Einleitung sein würden; darum begann er sich in solchen Gesängen zu üben, wenn er allein zu Hause war. Während er sang und tanzte, konnte es geschehen, dass er plötzlich durch den Erdboden verschwand und unsichtbar wurde. Dann pflegte er unter der Pritsche wieder zum Vorschein zu kommen und hatte eine

Schüssel mit Seehunds-Mameq – Fett, das zu Gelee gekocht wird – auf dem Kopf; damit tanzte er dann auf die drolligste Weise weiter.

Als er schließlich der Meinung war, dass sie in jeder Beziehung auf das Zusammentreffen mit ihren Feinden vorbereitet wären, brach er mit seiner Schwester und derem kleinen Sohn auf und ruderte nach Sermilik. Dort hörten die beiden Mörder zu ihrem großen Erstaunen, dass Angakasiat, den sie schon längst tot geglaubt, gekommen sei. Als sie ihn fragten, wo er denn so lange gewesen sei, antwortete er, dass er sich auf dem Lande versteckt gehalten habe, aus Furcht, dass sie ihn töten würden.

Gegen Abend teilte Angakasiat mit, dass er Freudenlieder singen wolle, und viele Menschen strömten herbei, um ihm zuzuhören. Als das Sängerfest seinen Anfang genommen hatte, kam sein kleiner Neffe mit den beiden Männern herein, die seinen Vater getötet hatten, und sie nahmen auf der Pritsche Platz, sodass der Knabe zwischen seinen beiden Feinden zu sitzen kam. Jetzt tanzte der Alte, und zum Erstaunen aller Zuschauer verschwand er hin und wieder durch den Fußboden, war ganz unsichtbar und tauchte dann unter der Pritsche wieder auf, mit einer Schüssel Mameq auf dem Kopfe. So oft er sich so zeigte, fingen die Zuschauer an zu lachen; währenddessen aber hatte der Neffe seinen einen Feind ganz unbemerkt so fest um den Leib gefasst, dass er sein Inneres sprengte und ihn so tötete. Jetzt sah keiner mehr dem tanzenden Onkel zu, sondern alles floh Hals über Kopf aus dem Hause. Der Alte lief hinter ihnen her, und als sie einen Hügel erreicht hatten, forderte er die Fliehenden auf, sich umzublicken. Da sahen sie, dass der Knabe den Toten an einem Bein in die Höhe hielt, und als alle es sehen konnten, fasste er mit der anderen Hand das andere Bein und riss die Leiche in zwei Teile. So rächte er sich an dem Mörder seines Vaters, und seitdem lebte er glücklich mit Frieden im Gemüt und wurde ein großer und gewaltiger Fänger.

Kuriose Geschichten

Von dem Mädchen,

das den Junggesellen durch ihre Schönheit tötete.

Es war einmal ein Junggeselle, der nie auf den Fang ging, sondern nur von der Beute anderer lebte. Wohl hatte er einst einen Kajak besessen, doch war er nur ein einziges Mal auf dem Meere gewesen. Darum wusste er gar nicht, wo sein Kajak lag.

Einst kam das Gerücht zum Wohnplatz, dass in östlicher Richtung ein Mädchen lebte, das so schön sei, dass jeder, der sie ansehe, sterben müsse.

»Die muss ich sehen«, sagte der Junggeselle und begann nach seinem Kajak zu suchen.

»Wo ist mein Kajak?«, rief er, »wo, wo?« So eifrig hatte man ihn noch nie gesehen.

Er durchsuchte den ganzen Wohnplatz und fand ihn schließlich in einer Ecke, ganz von Kräutern überwachsen.

»He, ihr kleinen Mädchen alle«, rief er, »holt Speck und esst die Kräuter*, die auf meinem Kajak wachsen.«

Die kleinen Mädchen kamen mit großen Stücken Speck angelaufen, denn es waren so viele Kräuter, dass eine Menge Speck dazu gehörte. Da waren Sauerampfer und Löffelkraut und Läusekraut und mancherlei essbare Dinge. Als der Kajak schließlich ans Tageslicht kam, hatten all' die kleinen Mädchen sich den Magen verdorben.

»Jetzt mag es genug sein«, sagte der Junggeselle, trug seinen Kajak zum Wasser, ruderte in östlicher Richtung davon und kam zu dem Wohnplatz, wo das schöne Mädchen lebte.

* Für den Ostgrönländer sind Bergkräuter mit Speck eine Delikatesse.

»Da kommt ein alter Junggeselle!«, riefen die Leute, als sie ihn kommen sahen. Der Junggeselle stieg aus seinem Kajak und ging ins Haus. Kaum aber hatte er einen Blick auf das schöne Mädchen geworfen, als er in Ohnmacht fiel.

»Der Junggeselle ist in Ohnmacht gefallen!« Und die Leute eilten herbei und zogen ihn an den Haaren, damit er wieder zu sich käme. Als er das Bewusstsein wieder erlangt hatte, setzte er sich auf die äußerste Kante der Pritsche und wagte das Mädchen nicht mehr anzusehen. Immer, wenn er es versuchte, fiel er wieder in Ohnmacht; nach und nach aber gewöhnte er sich daran, mit ihr in einem Hause zu sein, und schließlich saß er nicht mehr auf der äußersten Kante der Pritsche, sondern mitten drauf und wagte hin und wieder einen Seitenblick auf ihre Schönheit.

Es wurde Abend, und als man sich zur Ruhe begeben wollte, löste das Mädchen ihr langes Haar, und als es ihr auf die Schultern fiel, lächelte sie durch die schwarzen Haarsträhne dem Junggesellen zu.

Es war das erste Mal, dass ein Mädchen ihm zulächelte, und als er nun dieses Lächeln sah, fiel er in Ohnmacht und wäre fast nie wieder zu sich gekommen. Als er erwachte, war es dunkel im Hause, die Leute hatten sich zur Ruhe begeben, und er sah, dass das Mädchen ein Lager für zwei bereitete. Kaum hatte er es gesehen, als er von Neuem in Ohnmacht fiel.

Zur Besinnung gekommen; bestieg er ihr Lager und schmiegte sich fest an sie an. Sein Eifer und seine Verwirrung aber waren so groß, dass er ganz verging und in dem Schoß des Mädchens verschwand.

Als man am nächsten Morgen im Hause erwachte, wunderte man sich, dass der Junggeselle schon so zeitig aufgebrochen sei;

als man aber seinen Kajak sah, schloss man, dass er noch da sein müsse und begann nach ihm zu suchen.

»Der Junggeselle ist verschwunden!«, riefen die Leute, aber er war nirgends zu finden.

Spät am Vormittag erwachte die Schöne und ging hinaus, um ihr Wasser zu lassen, und die Hausgenossen wunderten sich, dass ihr Unterleib so geschwollen war. Sie blieb eine Weile draußen, und als sie wieder hereinkam, hatte sie ihre gewöhnliche Figur.

Als man aber hinters Haus ging, fand man das Skelett des Junggesellen an der Stelle, wo das Mädchen das Wasser gelassen hatte. Er war ganz aufgelöst, man sah nur einen Haufen Knochen und dazwischen seinen Kopf. So überwältigend war seine Liebe gewesen.

Von der Frau,

die so schön war, dass das Meer immer spiegelblank vor ihrem Wohnplatz lag.

Es lebte einst ein Fänger, der hatte eine Frau, die so schön war, dass der Wind in ihrer Nähe zu wehen vergaß; darum lag das Meer immer spiegelblank vor ihrem Zelt. Wenn ihr Mann vom Kajakfang nach Hause kam und eine ganz schwache Kräuselung auf dem Meere sah, nur einen bläulichen Schimmer, dann wusste er, dass seine Frau im Zelt war; wenn sie sich aber draußen aufhielt, und wehte es noch so sehr, dann war trotzdem das Meer vor seiner Wohnstätte spiegelblank.

Einst war ihr Mann wie gewöhnlich draußen. Er ruderte weit umher und kam erst gegen Abend nach Hause. Da sah er, dass aufgeregte Wogen bis ans Zelt schlugen, und gleich wusste er, dass seine Frau nicht da sei. Er legte an, ging ins Zelt, fand aber nicht seine Frau, sondern nur einige Kleidungsstücke von ihr vor; er ahnte nicht, wo sie geblieben war. Da brach er das Zelt ab, setzte das Boot ins Wasser und ruderte an der Küste entlang. Als er eine Weile gerudert war, kam er zu einem Zelt, aus dem ein Mann heraustrat, ein ungewöhnlich großer Mann, der seine langen Haare zu einem Knoten im Nacken zusammengebunden hatte. Diesem Mann rief er zu, ob tags zuvor ein Boot vorbeigekommen sei.

Und der große Mann antwortete:

»Gestern ist ein Boot, von Süden kommend, vorbeigerudert.«

Rief der Mann wieder zurück:

»Kann ich hier jemanden zum Rudern bekommen?«

Der große Mann antwortete, dass er einen elternlosen Knaben bekommen könne, und forderte ihn auf, erst hereinzutreten und ein leckeres Gericht aus Sauerampfer und verdorbener Leber zu kosten. »Der Fänger kam herein, kostete schnell von der Speise und ruderte darauf mit dem Elternlosen weiter.

Wieder fuhr er längs des Ufers und kam abermals zu einem Zelt. Dort kam ein Mann heraus, der dem anderen genau glich, er hatte auch so langes Haar, das im Nacken zu einem Knoten gebunden war. Diesen fragte er wieder, ob er tags zuvor ein Boot gesehen habe, und der große Mann antwortete wie der vorige, dass am vergangenen Tage ein Boot vorbeigekommen sei. Der Fänger fragte, ob er nicht einen Ruderer bekommen könne, und wieder bekam er einen elternlosen Knaben. Der große Mann lud ihn ebenfalls zu Sauerampfer und verdorbener, süßlicher Leber ein, er ließ sich aber so wenig Zeit, dass er nur einen Mundvoll aß und dann weiterruderte.

Sie ruderten und ruderten längs der Küste, bis sie in die Nähe eines Zeltplatzes kamen, wo das Wasser ganz still in der Bucht um den Wohnplatz lag, obgleich hin und wieder eine Kräuselung über das Meer ging. Da wusste er, dass seine Frau sich dort aufhielt; die leichte Kräuselung aber bedeutete, dass sie nicht mehr so schön war wie früher, weil sie Kummer bedrückte. Sie landeten, und als sie die Leute, die sie am Ufer empfingen, ausfragten, erfuhren sie, dass ein Mann, der in dem größten Zelt wohnte, die Frau geraubt und sie zu sich genommen habe. Als der Fänger dies vernommen hatte, schlug er sein Zelt daneben auf und war auf diese Weise Wohnplatzgenosse seiner Frau, ohne ihr nahekommen zu können, denn ihr Zelt wurde von vielen Männern bewacht, die dem Häuptling dienten, weil sie ihn fürchteten. So wohnte der Fänger lange neben seiner Frau; weil er aber nichts unternehmen konnte, beschloss er schließlich wieder heimzureisen. Er ließ sein Boot ins Wasser, belud es mit dem Zelt und seinen übrigen Habseligkeiten und schickte die Ruderer an Bord.

Darauf begab er sich zu dem Zelt, wo seine Frau sich aufhielt und sagte zu den Männern, die Wache hielten, er wolle seiner Frau nur zum Abschied die Hand drücken. Erst schlugen sie es ab, schließlich aber erlaubten sie es ihm doch. Auf diese Weise gelangte er ins Zelt, und indem er sich mit der einen Hand an der Zeltstange festhielt, streckte er die andere nach seiner Frau aus. Kaum aber hatte er ihre Hand berührt, als die Wächter sagten:

»Genug, du hast ihre Hand berührt, du hast ihr die Hand gedrückt.«

Er aber hielt die Hand seiner Frau fest, zog sie mit aller Gewalt an sich und warf sich darauf mit solcher Heftigkeit aus

Wenn wir nachts schlecht träumen, liegt es daran, dass ein altes Zauberweib hereinkommt und auf uns zeigt. Dann stürzt unsere Seele in einen großen Schlund und wir haben böse Träume.

dem Zelt, dass er alle Männer, die draußen auf Wache standen, umriss; dann lief er mit seiner Frau zum Boot. In dem Augenblick, wo sie das Boot besteigen wollten, sauste ein Pfeil an ihnen vorbei; zum Glück hatte der Mann, der den Pfeil abgeschossen, keinen zweiten bei sich, so sicher war er seiner Sache gewesen. Als er sich aber wandte, um einen neuen aus dem Zelt zu holen, ergriff der Fänger seinen Bogen und schoss ihn nieder. Darauf begab er sich zum Zelt und tötete seinen Hund. Die beiden Leichen aber trug er in sein Boot, stieß vom Lande und zog von dannen.

Als sie eine kleine Weile gerudert waren, tauchte ein großer Seehund neben ihnen auf; auch diesen erschoss er mit einem Pfeil und zog ihn ins Boot. So ruderten sie heimwärts, und als sie eines Tages an einem Zeltplatz vorbeikamen, riefen die Bewohner ihm zu:

»Was hast du mit dem Mann gemacht, der Anteil an deiner Frau hatte?«

Er rief zum Lande hinüber, indem er den Seehund, dem noch der Pfeil im Körper saß, hochhielt:

»Nur diesen hab' ich getötet!«

Da gaben sich die Frager am Lande zufrieden.

Sie ruderten weiter, und als sie wieder zu einem Zeltplatz kamen, riefen die Bewohner wieder:

»Was hast du mit dem Mann gemacht, der Anteil an deiner Frau hatte?«

Und der Mann hob den Hund, dem noch der Pfeil im Leibe saß, und sagte:

»Nur diesen hab' ich getötet!«

Damit gaben die Frager am Land sich zufrieden, und sie ruderten weiter und kamen zu ihrem Wohnplatz; unterwegs aber hatte der Fänger den Frauenräuber in kleine Stücke zerschnitten und ins Meer geworfen, damit er sich nicht an ihm rächen sollte.

Von da an lebte er glücklich mit seiner schönen Frau, die nie wieder geraubt wurde; und das Meer lag immer blank und still vor ihrem Wohnplatz, da sie so schön war, dass der Wind es nicht wagte, in ihrer Nähe zu wehen.

Von den beiden Schwestern,

die so schnell laufen konnten, dass das Haar ihnen wie Flammen um den Kopf stand.

Es waren einmal zwei kleine Schwestern, die gingen so gern zusammen über Land, um sich im Laufen zu üben. Wenn man sie laufen sah, umflatterten ihre Haare sie wie Flammen.

Als sie einst über Land gingen, kamen sie zu einer Stelle, wo eine Menge Nujaussat wuchs, und sie pflückten davon. Nujaussat ist eine Sandblume mit vielen haarfeinen Wurzeln; diese Wurzeln wuschen die Mädchen im See und spielten dann mit ihr, dass es Haar sei, und sie flochten es oder banden es zu einem Knoten.

Wie sie noch in dies Spiel vertieft waren, sahen sie einen Hund auf sich zukommen, und als sie ihn näher betrachteten, siehe, da hatte er einen Haarknoten wie eine Frau. Da liefen sie aus allen Kräften davon und schlüpften schließlich in ein Haus. Der Hund aber, der sie verfolgt hatte, legte sich quer vor den Gang und versperrte ihnen den Ausweg.

Nun wussten die beiden Mädchen nicht mehr aus noch ein, und die jüngste sagte: »Ach, wüsste ich doch ein Zauberlied, um den Hund einzuschläfern.

»Ich weiß eins«, sagte die ältere, und sie sang es, bis der Hund in tiefen Schlaf versank. Darauf sprang sie über ihn weg und kam in den Hausgang, ohne dass er etwas merkte. Die kleinere Schwester folgte ihr, trat aber unglücklicherweise dem Hund aufs Ohr. Sie erschrak sehr, denn sie fürchtete, dass der Hund erwachen würde; der aber lachte nur im Schlaf.

So kamen sie glücklich aus dem Hause und liefen, was ihre Beine sie tragen wollten, zu ihrem Wohnplatz, während ihr Haar sie wie Flammen umstand.

Sie hatten ihren Wohnplatz fast erreicht, als sie sich umdrehten und zu ihrem Schrecken sahen, dass der Hund hinter ihnen herkam. Ein Frauenboot war gerade im Begriff, von Land zu stoßen, und sie riefen: »Nehmt uns mit, nehmt uns mit!« Und obgleich das Boot schon abgestoßen war, waren sie so leichtfüßig, dass erst die Älteste und dann die Jüngste mitten ins Boot sprang.

Der Hund aber lief ratlos am Ufer hin und her und wagte nicht hinter den Mädchen herzuspringen; darauf begab er sich zum Zeltplatz, und jedes Mal, wenn er ein weibliches Bekleidungsstück fand, ein Paar alte Hosen oder einen alten Pelz, zog er es an und sah urkomisch aus.

Das Boot aber ruderte zu einer Insel und nahm dort Land.

Auf dieser Insel spielten die beiden Mädchen wieder ihr Lieblingsspiel, indem sie Nujaussat pflückten und Flechten oder Haarknoten daraus banden. Als sie einmal an einem See spielten, hörten sie, wie sich etwas unter gewaltigem Getöse näherte, und als sie sich umblickten, sahen sie, dass ein gewaltiger Wurm auf sie zugekrochen kam; jedes Mal, wenn er einen Teil seines Oberkörpers hob und wieder streckte, entstand das Getöse, das ihnen so rätselhaft erschienen war.

Sofort sprangen sie auf und liefen zum Wohnplatz, indem sie schrien: »Wir werden von einem großen Wurm verfolgt! Macht das Boot bereit, wir müssen fliehen!«

Das Boot aber lag schon bereit, und sie sprangen mit einem Satz hinein. Als es von Land stieß, reckte sich der Wurm über das Wasser und schleuderte seinen Oberkörper mit solcher Wucht über das Boot, dass es kenterte und alle Menschen ertranken.

Und so endet die Geschichte von den beiden kleinen Mädchen, die so schnell laufen konnten, dass ihr Haar sie wie Flammen umstand.

Von den Wildgänsen,

die den Blinden sehend machten.

Es war einmal eine alte Frau, die lebte allein mit ihren Enkelkindern, einem Knaben und einem Mädchen; der Junge war schon so groß, dass er auf den Fang ging. Als er eines Tages draußen gewesen war, kam er mit einem jungen Seehund nach Hause, dessen Fell ganz weiß war. Es war zu der Zeit, als Frauen weiße Seehundsfellhosen so gern trugen. Kaum sah die Alte den Seehund, als sie rief:

»Wie schön! Davon will ich Hosen haben!«

Der Knabe aber sagte:

»Ich möchte mir lieber Riemen daraus machen.«

Und die Großmutter antwortete, ohne ihm zu widersprechen: »So mache dir meinetwegen Riemen daraus.«

Darauf bereitete sie das Fell und entfernte den Speck und die Haare; als sie aber fast fertig war, flüsterte sie über das Fell hin:

»Platze in dem Augenblick, wo er dich strecken will, und springe ihm in die Augen, sodass er erblindet!«

Und so geschah es. Als der Enkel die Riemen spannen wollte, sprang ihm das Fell in die Augen und er erblindete. Nun konnte er nicht mehr auf die Jagd gehen, sondern musste zu Hause bleiben. Eines Tages, als der Frühling nahte, sah die Großmutter einen großen Bären angetrottet kommen. Schnell lief sie zu ihrem Enkel hinein und sagte:

»Ein großer Bär kommt angetrottet; wir wollen den Bogen für dich einstellen, sodass du den Pfeil nur abzuschießen brauchst.«

So geschah es, und der Blinde traf den Bären ins Herz.

»Ach, du hast fehlgeschossen!«, schrie die böse Großmutter.

Der Blinde aber sagte: »Ich hörte den Bären doch brummen, als ob er ins Herz getroffen sei.«

Enttäuscht kehrte er ins Haus zurück, von seiner kleinen Schwester geführt. Die Schwester ging hinaus, kam aber gleich darauf wieder zurück.

»Was willst du?«, fragte der Bruder.

»Ich soll Großmutters Messer holen.«

»Was will sie mit dem Messer?«

»Weiß ich's?«, sagte die Schwester, denn die böse Großmutter hatte ihr streng verboten, von dem toten Bären zu sprechen. Die Großmutter zerlegte den Bären und verwahrte das Fleisch wohl. Den Blinden aber ließ sie hungern, weil sie den ganzen Bären für sich haben wollte; nur dem kleinen Mädchen gab sie etwas. Die Schwester jedoch verbarg von ihrem Anteil unter ihrem Zeug und gab ihrem Bruder davon, ohne dass die Großmutter es merkte.

Schließlich bekam der Blinde es satt, immer im Hause zu hocken, und er bat seine Schwester eines Tages, ihn auf den Gipfel eines Berges hinter dem Hause zu geleiten. Als sie den Gipfel erreicht hatten, sagte er:

»Drei Tage will ich hier bleiben, dann sollst du mich holen und zurückgeleiten.«

So saß denn der Blinde auf dem Berge und lauschte auf alles, was um ihn herum vorging. Bisweilen flogen ganze Vogelschwärme über seinen Kopf hin, und er konnte das Rauschen ihrer Flügel hören.

Eines Tages kamen sechs Wildgänse vorüber, und als sie ihn sahen, ließen sie sich bei ihm nieder und sagten:

»Ei, dort sitzt ein Mensch! Warum er wohl so traurig aussieht?«

Da erzählte der Knabe von seinem Unglück. Als die Wildgänse das hörten, sagten sie:

»Du irrst, nicht der Riemen ist schuld, sondern deine böse Großmutter, die ihn verhext hat. Wir wollen versuchen, dir zu helfen; bleibe ruhig sitzen und lass alles, was wir tun, über dich ergehen.«

Darauf hüpfte die jüngste der Gänse vor ihn hin und ließ einen großen Klecks Vogeldünger in seine Augen fallen und trocknete sie ihm darauf sorgsam mit ihren Flügeln wieder aus. Dann kam die nächste und ließ noch mehr in seine Augen fallen, sodass die Masse sein Gesicht förmlich wärmte, während sie ihm über die Backen rann. Auch sie trocknete ihm dann sorgsam die Augen mit ihren Flügeln wieder aus. So taten sie der Reihe nach. Er merkte bald, wie seine Umgebung heller wurde, noch aber konnte er nichts sehen. Da kam die älteste und größte, ein alter Gänserich, holte tief Atem und ließ dann einen so gewaltigen Klecks in seine Augen fallen, dass der Blinde fast das Gleichgewicht verloren hätte. Als aber der alte Gänserich auf ihn zuhüpfte und seine Augen austrocknete, konnte er plötzlich sehen, so weit und scharf, wie ehedem.

So gaben die Wildgänse ihm sein Augenlicht zurück und flogen darauf weiter über die Berge.

Als die drei Tage um waren, kam seine kleine Schwester, um ihn zu holen. Er tat, als ob er noch immer blind sei und schloss die Augen. Sie geleitete ihn und wunderte sich, dass er so schnellfüßig geworden war und gar nicht fehltrat, wenn sie über eine Schlucht mussten. Als sie zum Hause kamen, öffnete er die Augen ein klein wenig und sah über dem Hausgang einen herrlichen Bärenrücken liegen und an dem Trockengestell ein schönes Bärenfell hängen. Im Hause öffnete er die Augen wieder ein ganz klein wenig, und entdeckte gleich unter der Pritsche, auf der Schüssel seiner Großmutter, einen herrlichen Bärenschinken. Seine Großmutter betrachtete ihn prüfend und sagte:

»Na, du Armer, wie geht es deinen Augen?«

»Es ist immer dasselbe«, antwortete er.

Nachdem er eine Weile schweigend dagesessen hatte, begann er:

»Heute Nacht hatte ich einen seltsamen Traum. Mir träumte, ich sähe einen Bärenrücken über dem Hausgang und ein Bärenfell, das zum Trocknen ausgespannt war, und unter Großmutters Pritsche einen großen Bärenschinken!«

»Wahrscheinlich ist ein Bär schuld, dass du dein Augenlicht verloren hast«, sagte die Großmutter, »ein Zauberbär, der jetzt in deinen Träumen wiederkehrt.«

Bei diesen Worten schlug der Blinde die Augen auf, beugte den Kopf herab und zeigte auf den großen Bärenschinken unter der Pritsche und sagte:

»Von diesem Schinken hat mir geträumt, liebe Großmutter.«

»Nicht möglich!«, sagte sie und lachte einschmeichelnd. »Denk dir, diesen Schinken habe ich für dich aufbewahrt, damit du etwas Gutes haben solltest, wenn du vom Berg herabkämest.«

»Nein«, sagte der junge Mann, »diesen Schinken will ich nicht anrühren, werde mir schon selbst etwas zu essen verschaffen.«

Und damit ging er aus dem Hause. Im selben Augenblick aber kam ein großer Zug Weißfische am Wohnplatz vorbei. Der Knabe griff nach seiner Harpune und harpunierte einen Fisch, worauf er ihn an seiner Fangleine an Land zog. Da kam die Großmutter mit ihrem Messer aus dem Hause gestürzt und rief:

»Ich werde den herrlichen Weißfisch zerlegen!«

»Der ist nicht für dich«, sagte der Junge, »der ist für meine kleine Schwester und mich; wenn du auch einen Weißfisch haben willst, werde ich einen für dich harpunieren, doch musst du ihn selbst an der Fangleine halten.«

Dazu war sie bereit. Als aber der Enkel mit der Leine kam und sie ihr um den Leib band, wurde sie doch ein wenig ängstlich:

»Der Weißfisch darf aber nicht zu groß sein«, sagte sie.

Sie gingen nun zusammen zu einer kleinen Landzunge. Als ein kleiner Weißfisch ganz in ihrer Nähe auftauchte, rief die Großmutter:

»Der soll es sein!«

Als der Enkel aber schon die Harpune gehoben hatte, tauchte gleich daneben ein gewaltiger Weißfisch auf, und auf den warf er seine Harpune. Die böse Großmutter griff nach der Fangleine, suchte sich eine kleine Felsspalte, stemmte die Beine dagegen und hielt den Weißwal mit ihrer ganzen Kraft. Jedes Mal, wenn er auftauchte und anzog, erbebte sie am ganzen Körper.

Der Enkel gab ihr aber einen kleinen Stoß, sodass sie den Boden unter den Füßen verlor und ins Wasser flog. An der Stelle, wo sie verschwunden war, sah man nur ein wenig Schaum. Kurz darauf kam der Weißfisch an die Oberfläche, um zu atmen, und da sah man auch den Haarschopf der Alten, der durch das Wasser schnitt, und kurz darauf tauchte sie selbst auf und schrie aus vollem Halse:

»Uluga, uluga, uluga! Mein Schlachtmesser! Gebt mir mein Schlachtmesser!«

Darauf verschwand der Weißfisch wieder und mit ihm das Weib; jedes Mal aber, wenn er auftauchte, sah man, dass sie sich näher an ihn herangezogen hatte, und schließlich saß sie rittlings auf ihm, bereit, ihn zu schlachten, immerzu nach ihrem Messer schreiend. Der Weißwal aber schwamm weiter und weiter ins Meer hinaus, und die böse Großmutter, die jetzt ihre Strafe bekam, wurde mit hinausgezogen, und man hat nie wieder etwas von ihr gesehen.

Bär »Messerschwanz« und »Sägerücken«

Es war einmal ein Fänger, der hatte zwei Pflegekinder, einen Bruder und eine kleine Schwester. Im Herbst, wenn die Beeren reif wurden, pflegten die Kinder auszuziehen, um die Beeren für den Wintervorrat zu pflücken.

Eines Tages, als sie wie gewöhnlich den ganzen Tag Beeren gesammelt hatten und sich auf dem Heimwege befanden, sahen sie einen Riesen, der nur ein Auge und ein Bein hatte und hinter ihnen herlief. Sie flüchteten und verbargen sich in einer Felsenkluft, der Bruder zuoberst und die Schwester zuunterst. Der Riese aber entdeckte sie und schleuderte den Bruder zur Seite, packte die Schwester und sagte:

»Die will ich zur Frau haben.«

Worauf er die kleine Schwester entführte. Der Bruder aber ging weinend nach Hause und erzählte seinen Pflegeeltern, was sich zugetragen hatte. Die Pflegeeltern trauerten sehr, da sie aber nichts machen konnten, mussten sie sich schließlich damit abfinden. Nur der Bruder konnte seine Schwester nicht vergessen, und während er heranwuchs, übte er sich in mancherlei Fertigkeiten, suchte Berggeister auf, um Geisterbeschwörer zu werden, und bildete seine Kräfte auf alle mögliche Art aus. Als er herangewachsen war, fragte er seine Pflegemutter:

»Welche Tiere gebraucht man als Gespann?«

Man kannte an diesem Wohnplatze keine Hundegespanne.

Darauf antwortete die Pflegemutter:

»Ich habe sagen hören, dass man Hasen vor den Schlitten spannt.«

Nun ging der Pflegesohn über Land, um Hasen zu fangen. Nachdem er so viele gefangen hatte, wie er nötig zu haben meinte, kehrte er nach Hause zurück. Dort baute er sich einen Schlitten und spannte die Hasen davor. Er fuhr weit über Land, als er aber auf dem Heimweg war, wurden die Hasen so müde, dass er fast nicht nach Hause kommen konnte. Darum tötete er sie alle nach seiner Rückkehr und fragte seine Pflegemutter von Neuem:

»Welche Tiere gebraucht man als Gespann?«

»Und die Pflegemutter antwortete: »Ich habe erzählen hören, dass man Füchse vor den Schlitten spannt.«

Da zog der Pflegesohn aus und fing Füchse. Als er genug zu haben meinte, ging er nach Hause. Dort machte er Zügel für alle und begab sich mit ihnen auf den Weg. Er fuhr weit; als er aber umkehrte, ging es nicht anders als das erste Mal, sein Gespann war so ermattet, dass es fast nicht nach Hause kam. Darum schlug er sie tot und sagte zu seiner Pflegemutter:

»Weißt du, welche Tiere man als Gespann braucht?«

Die Pflegemutter antwortete: »Ich habe sagen hören, dass man Bären vor Schlitten spannt.«

Zeitig am nächsten Morgen zog er aus, um einen Bären zu fangen. Er ging über Land, erspähte einen großen Bären, fing ihn, band sein rechtes Vorderbein hoch, damit er ihm nicht davonlaufen konnte, und nahm ihn mit nach Hause. Dort fuhr er ihn ein, und als er gelernt hatte, einen Schlitten zu ziehen, machte er eine Probefahrt mit seinem neuen Zugtier. Er fuhr weit über Land und kam zurück, ohne dass der Bär ermüdete. So versuchte er es mehrfach, und als er zufrieden war, fragte er seine Pflegemutter wieder:

»Weißt du, welche Tiere man als Gespann benutzt?«

Die Pflegemutter antwortete: »Ich habe sagen hören, dass man Tiere mit Eisenschwänzen vor den Schlitten spannt. Es sind große Tiere, die sich zwischen Steingeröll aufhalten.«

Darauf machte er sich einen Zaum für das Tier und ging ins Land hinein; als er lange gegangen war, kam er zu einer Stelle, die aus lauter Steingeröll bestand, und dort fand er nach einigem Suchen ein großes Tier, das einen Eisenschwanz hinter sich herzog. Es fraß von dem Steingeröll. Er ging auf das Tier zu, das aber schwang die ganze Zeit seinen Schwanz, der wie ein Messer geformt war, hin und her, um ihn zu stechen. Schließlich aber glückte es ihm doch, das Tier zu fangen. Er band das eine Bein hoch, befestigte den Schwanz und zog es mit nach Hause. Anfangs wollte es immer mit dem Bären kämpfen, schließlich aber gewöhnten sie sich aneinander, und als sie gute Freunde geworden waren, fuhr er eines Tages mit ihnen zusammen aus. Er fuhr weit über Land und kam nach Hause, ohne dass sein Gespann müde geworden war. Jetzt war er zufrieden. Da er aber gern noch ein Tier haben wollte, fragte er eines Tages seine Pflegemutter:

»Weißt du, welche Tiere man als Gespann benutzt?«

Und die Pflegemutter antwortete: »Ich habe sagen hören, dass es große Tiere gibt, die eine Säge auf dem Rücken haben.«

»Wo aber findet man ein solches Tier?«

Die Pflegemutter antwortete: »Ich habe sagen hören, dass sie sich in tiefen Gletscherspalten aufhalten.«

Am nächsten Tage machte er sich auf den Weg, um ein solches Tier zu fangen. Er kam zu den Spalten des Inlandeises und begann zu suchen; und siehe da: In einer tiefen Spalte erblickte er ein Tier, das eine scharfe Säge auf dem Rücken hatte. Obgleich das Ungeheuer ihn schneiden wollte, fing er es doch, band das eine Vorderbein hoch und zog es mit sich nach Hause. Anfangs vertrugen sich Bär, Messerschwanz und Sägetier schlecht, als sie sich aber aneinander gewöhnt hatten, fuhr er mit ihnen aus. Er fuhr weit über Land und kam zurück, ohne dass sie im Geringsten ermüdet waren. Jetzt endlich war er mit seinem Gespann zufrieden.

Gleich nach seiner Heimkehr begann er Geister zu beschwören. Er wollte die Fußspuren seiner Schwester sehen, und als alles Verborgene sich ihm mithilfe der Geister offenbart hatte, entdeckte er die Spuren und folgte ihnen mit seinem Gespann.

Mit starker Geschwindigkeit fuhr er übers Eis und erblickte bald eine Insel. Dort entdeckte er große Fußspuren und sah gleich, dass es die Spuren des einbeinigen Riesen waren. Diesen Spuren folgte er. Nachdem er lange mit Windeseile gefahren war, kam er zu einem Hause, band seine Zugtiere an den Eisfuß desselben und ging hinein. Dort saß seine Schwester, er erkannte sie gleich. Ihr Mann war auf den Fang gegangen. Nachdem sie eine Weile schweigend beisammen gesessen hatten, sagte er zu ihr:

»Soll ich deinen Mann erschlagen?«

Die Schwester antwortete: »Mein Mann liebt mich und sorgt gut für mich, darum sollst du ihn nicht erschlagen.«

Der Bruder antwortete: »Ich sterbe vor Sehnsucht nach dir und deshalb muss ich ihn töten.«

Als die Schwester das hörte, sagte sie: »So töte ihn denn.«

Endlich kehrte der Mann vom Fang nach Hause. Schon von Weitem sah er die fremdartigen Zugtiere und den Schlitten und lief eiligst auf sein Haus zu. Gleich als er hereinkam, fiel sein Auge auf den fremden Gast. Er starrte ihn mit einem bösen Blick an. Seine Frau sagte:

»Das ist mein Bruder, mit dem ich zusammen war, als du mich raubtest.«

Als der Riese das hörte, wurde er gleich freundlich gegen den Gast, sie plauderten zusammen, und schließlich lud der junge Mann den Riesen ein, ihn zu besuchen.

»Besuchen will ich dich nicht, denn ich fürchte mich vor deinem Gespann.«

»Vor meinem Gespann brauchst du dich nicht zu fürchten. Du musst nur die ganze Zeit voranlaufen, damit es dich nicht erreichen kann.«

So beruhigt, versprach der Riese, ihn zu besuchen. Zeitig am nächsten Morgen brachen sie auf.

Und der Riese lief vor dem Schlitten, und das Gespann setzte hinter ihm her. Wenn die Tiere ihm auf den Fersen waren, sprang er mit gewaltigen Sätzen voran, und die Tiere blieben zurück. So kamen sie mit riesiger Geschwindigkeit zu Hause an. Als die anderen ins Haus gingen, musste der Riese draußen bleiben, weil er zu groß war. Der Schwager aber sagte zu ihm:

»Ich will ein Fell im Hausgang breiten, damit du dich dort strecken kannst.«

So geschah es. Der Schwager aber ging zu seinem Gespann und sagte zum Bären: »Du sollst dich auf ihn werfen und in sein Hinterteil beißen.«

Zum Sägetier aber sagte er: »Du sollst mit aller Macht auf seinen Leib lossägen.«

Und zum Messerschwanz sagte er: »Du sollst ihn am ganzen Körper stechen.«

Kaum hatte er das gesagt, als alle Tiere sich auf den Riesen stürzten. Als aber der Bär ihn zu beißen begann, sagte er:

»Ich glaube, eine Laus beißt mich.«

Und als er ihn immer mehr peinigte, kroch er hinaus. Hier aber fiel das Sägetier über ihn her und sägte ihn an, bis seine Gedärme herausfielen; der Messerschwanz aber sprang um ihn herum und stach ihn am ganzen Körper, bis er tot im Schnee umfiel.

Auf diese Weise bekam der Mann seine geraubte Schwester zurück, und sie sollen noch heutigentags zusammen wohnen.

Von einem alten Junggesellen,

der jung und hübsch wurde, weil er einem Unterirdischen das Leben rettete.

Es war einmal ein alter Junggeselle, der an einem großen Wohnplatz lebte. Er war so faul, dass er immer schlief; wenn seine Wohnplatzgenossen morgens auf Fang auszogen, lag er und schlief; und wenn sie nachmittags zurückkamen, schlief er noch immer. Seine Kleidung war verschmutzt, sein Körper und sein Kopf voller Läuse, und sein Kajak, der immer auf Land lag, war von Unkraut und Gras überwachsen.

Eines Tages aber geschah es, dass der alte Junggeselle seinen Kajak zum Meere trug und hinausruderte. Nachdem er ein Stück gerudert war, stieß er auf einen Kajak, der kielaufwärts lag; er drehte ihn um und sah, dass es ein Ingnerssuaq, ein Unterirdischer ohne Nase war, der Schiffbruch gelitten hatte. Der Junggeselle zog den Kajak an Land und machte Wiederbelebungsversuche. Als der Unterirdische zu sich gekommen war, wandte er sich an den Junggesellen und sagte:

»Du hast mein Leben gerettet, wie soll ich es dir lohnen?«

Der Junggeselle überlegte, was er sich wünschen könnte, als ihm aber nichts einfiel, sagte der Unterirdische:

»Ich werde für dich wählen. Ich will dich zu einem hübschen jungen Mann machen, alle Läuse sollen von deinem Kopf verschwinden, dein Haar soll wieder wachsen und du sollst ein tüchtiger Fänger werden.«

Der Junggeselle ruderte nach Hause und legte sich gleich schlafen. Als er am nächsten Morgen erwachte, sah er zu seinem Staunen, dass es noch ganz zeitig war, und als er sich betrachtete, war er ein junger und hübscher Mann, mit langem Haar, die

Läuse hatten Kopf und Körper verlassen und seine zerlumpten Kleider, die sonst von Schmutz starrten, waren rein und heil geworden. Er ruderte hinaus und kam nach kurzer Zeit mit reicher Beute zurück. So ging es Tag ein, Tag aus. Zum großen Erstaunen seiner Wohnplatzgenossen war er in einen ganz anderen Menschen verwandelt, der morgens früh auszog und abends mit Beute nach Hause kam.

Da begannen auch die jungen Mädchen ihre Blicke auf ihn zu werfen, und es dauerte nicht lange, da nahm der alte Junggeselle sich das hübscheste Mädchen zur Frau, und sie lebten froh und glücklich miteinander. Aber nicht lange darauf begann die Frau ihren Mann auszufragen, was ihn so verwandelt habe. Da der Unterirdische ihm aber Schweigen auferlegt hatte, so wich er ihr immer aus. Die Frau aber fuhr fort, ihn zu quälen, besonders des Nachts, und schließlich wurde sie so einschmeichelnd, dass er ihr nicht widerstehen konnte und erzählte, wie er einem Unterirdischen das Leben gerettet habe und dass die Verwandlung der Lohn gewesen sei.

Kaum aber hatte er seiner Frau die Geschichte erzählt, als er furchtbar gähnen musste, und bald darauf fiel er in tiefen Schlaf. Als er aber am nächsten Morgen erwachte, war er wieder der alte Junggeselle mit Läusen schmutzstrotzenden Kleidern, und sein Kajak lag wieder am Lande und war von Gras und Unkraut überwachsen.

Die Frau aber, die an dieser Verwandlung schuld war, wollte nicht mehr mit dem alten schmutzigen Junggesellen, der immer schlief, zusammen leben, verließ ihn und nahm sich einen anderen Mann.

Von dem dicken Imarasugssuaq,

der seine Frauen fraß.

Imarasugssuaq war ein dicker und breitschultriger Fänger. Er wohnte allein an seinem Wohnplatz, der fern von dem anderer Menschen lag. Jedes Mal, wenn man hörte, dass Imarasugssuaq sich eine Frau genommen hatte, dauerte es nicht lange, bevor man erfuhr, dass er wieder Witwer geworden sei. Und dabei wählte er immer die schönsten und kräftigsten Frauen.

An einem Wohnplatz lebte ein junges Mädchen, das Misána hieß; sie war sehr hübsch und tüchtig und wusste es selbst. Als sie hörte, dass Imarasugssuaq wieder Witwer geworden war, erwartete sie daher, dass er kommen und um sie anhalten würde. Und so geschah es. Imarasugssuaq kam und begehrte sie zur Frau, und sie folgte ihm. Aber sie ging nicht allein, sondern nahm ihren kleinen Bruder mit. Als sie eine Zeitlang zusammen gelebt hatten, begann der Mann den kleinen Bruder zu mästen; er gab ihm viel zu essen, aber nichts zu trinken, und wenn er auf den Fang ging, verschloss er den Wasserbehälter. Misána war es unerklärlich, warum ihr Mann so gegen ihren kleinen Bruder handelte.

Als einige Zeit vergangen war, kam Imarasugssuaq bei seiner Rückkehr vom Fang immer mit solcher Heftigkeit durch den Hausgang in die Stube gesprungen, dass seine Frau und sein kleiner Schwager furchtbar erschraken. Und seine Heftigkeit schien mit jedem Tage zuzunehmen. Als er eines Tages wieder so hereingesprungen kam, erstach er unversehens den kleinen Jungen mit seinem Messer. Darauf zerlegte er ihn und befahl seiner Frau, einen großen Topf aufs Feuer zu setzen. Sie weinte heimlich vor Kummer und Schmerz, hütete sich aber, den

Mann etwas merken zu lassen. Als das Fleisch gekocht war, verlangte Imarasugssuaq, dass sie mitessen solle. Sie wehrte sich lange, weil sie sich aber vor ihm fürchtete, gab sie sich den Anschein, als ob sie äße und ließ die Bissen unter ihre Jacke fallen. Imarasugssuaq aber aß mit großem Appetit, bis nichts mehr übrig war.

Als wieder einige Zeit vergangen war, begann er seine Frau auf dieselbe Weise zu mästen; jedes Mal, wenn er auf den Fang ging, verschloss er den Wasserbehälter, und als die Zeit kam, wo er sich nicht mehr beherrschen konnte, und mit immer größerer Wildheit ins Haus gesprungen kam, war sie sich klar darüber, dass auch ihre Stunde bald geschlagen habe. Darum grub sie ein Loch in der Nähe der Wand, und als es so groß war, dass sie sich darin verstecken konnte, nahm sie ihre Kleider, stopfte sie mit Torf aus und setzte sie auf die Pritsche, wo sie zu sitzen pflegte. Zu den Kleidern aber sagte sie: »Wenn er euch mit seinem Messer durchsticht, so schreit: ›Au, au, au!‹«

Darauf kroch sie in das Loch, das sie gegraben hatte. Es dauerte nicht lange, da hörte sie den Mann nach Hause kommen, noch wilder als sonst; er kam mit einem Satz in die Stube und jagte das Messer durch die Puppe, die sie gemacht hatte. Sie hörte die Puppe au, au, au schreien, und kurz darauf hörte sie ihren Mann sagen: »Was ist denn das? Ich glaubte, es sei ein Mensch, der so schrie, und dabei ist es nichts als Torf und Kleider!« Dann hörte sie, wie der Mann aus dem Haus ging, um sie zu suchen. Da kam sie aus ihrem Versteck hervorgeschlichen und rannte davon, was ihre Beine sie tragen wollten. Als sie ein Stück gelaufen war, merkte sie, dass er hinter ihr her kam, und als er sich immer mehr näherte und sie nicht mehr aus noch ein wusste, fiel ihr plötzlich ein, dass sie ein Amulett aus Holz bei sich hatte. Und im selben Augenblick wurde sie in ein Stück Holz verwandelt. Als der Mann sie eingeholt hatte und nur ein Stück Holz vor sich sah, sagte er zu sich selbst:

»Ich glaubte, es sei ein Mensch, und dabei ist es nur ein Stück Holz!«

Darauf nahm er sein Messer und begann in das Holz hineinzustechen, und bei jedem Stich fühlte Misána einen Schmerz im Körper. Als der Mann aber einsah, dass er ihr auf diese Weise nichts anhaben konnte, sagte er:

»Zu Hause habe ich eine Axt, die will ich holen und sie damit klein hacken.« Kaum hatte der Mann sich entfernt, als die Frau wieder Mensch wurde und aus allen Kräften zu laufen begann.

Als der Mann aber zu der Stelle kam, wo das Stück Holz gelegen hatte, und es nicht mehr fand, folgte er ihren Spuren und kam ihr immer näher. Misána aber lief zum Strande, und als sie ihn erreicht hatte, dachte sie bei sich:

»Ich habe ja eine Muschel als Amulett.«

Und im selben Augenblick wurde sie zu einer Muschel verwandelt und fiel ins Wasser.

»Ha, ha, ich glaubte, dass ich einen Menschen verfolgte!«, rief der dicke Imarasugssuaq und sprang ins Wasser, um die Muschel zu suchen, aber er fand sie nicht. Schließlich gab er es auf und ging nach Hause. Da kam Misána aus ihrem Versteck hervor und lief, was sie konnte, um den Platz zu erreichen, auf dem ihr älterer Bruder wohnte.

Sie folgte der Küste und versteckte sich in einer Falle, die ihr Bruder gemacht hatte. Als er tags darauf kam und den Stein beiseiteschob, erstaunte er sehr, als er seine Schwester dort sitzen sah.

»Was in aller Welt machst du hier? Was hat das zu bedeuten?«, rief er.

»Mein Mann hat unseren kleinen Bruder gekocht und gegessen, und als er auch mich fressen wollte, bin ich geflohen und habe mich hier versteckt.«

Sie berichtete alles von Imarasugssuaq, und da begriff man, dass er seine Frauen immer gefressen hatte und darum so oft Witwer geworden war.

Misána ging nun mit ihrem Bruder und blieb bei ihm.

Eines Tages aber tauchte ein Schlitten auf, und als er näherkam, saß der dicke Imarasugssuaq darin. Er hielt seine Hunde an, ging ins Haus, setzte sich auf die Pritsche und fing an zu weinen:

»Hu, hu, meine Frau ist tot, ich habe meine Frau verloren, meine Frau ist tot, hu, hu, hu!«

So weinte er lange und machte einen sehr kläglichen Eindruck.

Misána aber hörte, hinter dem Wandfell versteckt, was gesprochen wurde.

»Hu, hu, meine geliebte Misána ist tot!«

Aber niemand antwortete und niemand bedauerte ihn. Da nahm Misánas Bruder die Zaubertrommel, trat vor und sang:

»Und es war der große Imarasugssuaq, der sich an seinen Frauen mästete, der sich an seinen Frauen mästete.«

»Wer hat das gesagt, wer hat das gesagt?«, platzte Imarasugssuaq heraus, und er stand auf und blickte sich erschrocken um.

»Ich habe es gesagt!«, sagte Misána, indem sie hinter dem Wandfell hervorkam. Kaum hatte der Mann sie erblickt, als er aus dem Hause rannte, an den Strand, wo das Boot des Wohnplatzes auf seinem Holzgestell lag; dort hatte er seinen Pelz untergebracht. Als er ihn nun in aller Eile anziehen wollte, kam Misána ihm nach, mit einem Messer bewaffnet, und als er seinen Kopf in den Pelz steckte, machte sie einen gewaltigen Schnitt in seinen dicken Leib, sodass alle Eingeweide herausfielen.

So rächte Misána ihren kleinen Bruder und all' die Frauen, die er gefressen hatte.

Gesänge und Spottlieder

Alle Lieder werden im Menschen draußen in der großen Einöde geboren. Bald kommen sie als Tränen, aus tiefem Herzensweh zu uns, bald als mutwilliges Lachen, der Freude entsprungen, die man über das Leben und die herrlichen Länder der Welt empfinden muss.

Ohne dass wir selbst wissen, wie, kommen mit dem Atemzug Worte und Töne, die nicht alltägliche Rede sind, und die das Eigentum desjenigen werden, der anderen vorzusingen versteht.

Der alte Kilimê.

Ein Eskimo kann in seinem täglichen Jagdleben mit einem Forscher verglichen werden, der von Land zu Land zieht, um Neues zu entdecken; er hat beständig nur das eine Ziel vor Augen, mehr und mehr Gegenden kennenzulernen, wo er sich seiner Wissenschaft und seinem Erwerb hingeben kann, die auf geniale Weise eins sind.

Der eskimoische Entdeckungsreisende aber zieht niemals mit einer zuverlässigen Ausrüstung aus, er muss sich unterwegs durch Jagd den Unterhalt verschaffen, Frau und Kinder mit sich führen und meistens ganz unbekannte Gestade aufsuchen. Mit Wohnplatzgenossen, in ganzen Völkerwanderungen pflegt er aufzubrechen, wenn die Wanderlust ihn überkommt, und häufig lässt er sich erst fern von seinem alten Wohnplatz in ganz fremden Gegenden nieder.

Dies Leben, aus dem er täglich Spannung und Inhalt schöpft, hat die Fähigkeit in ihm entwickelt, Eindrücke von Begebenheiten zu bewahren, und diese Eindrücke wurden zu Traditionen, die sich wie eine Einfriedigung um alles Erlebte legte. Alle Erinnerungen wurden gewissenhaft von Geschlecht zu Geschlecht durch das Gedächtnis bewahrt, und da die Eskimos keine Schriftsprache besitzen, die die nüchterne Prosa des Alltags festhalten kann, nahmen die Geschichten mit der Zeit an Farben und Wundern zu und wurden zu den Sagen, die wir bereits kennengelernt haben.

Die tierische Einfalt, mit der die Eskimos in ihren Stimmungen aufgehen, haben ihnen eine Sonderstellung zwischen den Naturvölkern gegeben.

Diese Gabe sich hinzugeben, findet auch Ausdruck in den eskimoischen Liedern.

Wie wilde Gebirgsblumen schießen sie aus fruchtbaren Gemütern in die Höhe und formen sich zu einer unbewussten Kunst, die mit der ganzen Kraft des Instinktes entsteht.

Man kann die verschiedenen Formen der Lieder in Gruppen teilen:

Stimmungslieder,

Spottlieder,

Kajaklieder, die auch eine Art Stimmungslieder sind, meistens aber den Zweck haben, die Zeit auf langen, einförmigen Fahrten zu verkürzen. Sie werden von Fängern als Chorlieder gesungen, wenn sie nach einem anstrengenden Tag heimwärts rudern.

Uâjêrutit; dies ist eine Art Singspiel, die viel Darstellungskunst erfordert.

Es ist schwer, nur durch Textwiedergabe einen richtigen Eindruck der Lieder und der ganzen Rolle, die sie für die Eskimos spielen, zu geben; man muss sie an Ort und Stelle hören.

Ich will versuchen, durch die Schilderung eines Sängerfestes den Rahmen zu schaffen, der nötig ist, um die eigentümliche Stimmung zu verstehen, die Menschen und Umgebung einhüllen.

Ein Sängerfest

Unsere Gäste kamen singend in einem Boot, eine ganze Fracht froher, festlich gekleideter Menschen, die unserer Einladung zum Sängerfest gefolgt waren.

Wir hatten sie schon voller Ungeduld den ganzen Tag erwartet, oftmals waren wir auf die Höhen gestiegen, um über den blanken Fjord zu spähen, wo die großen Eisschollen sich um die Wette mit den Bergen spiegelten; doch wollte kein Ruf die Nahenden künden. Die Sonne war schon, nach der kurzen Dämmerung, unterm Horizont verschwunden, der Mond war aufgegangen, mit seinem weißen Nordlicht im Gefolge, und als gerade der große Abendstern ruhig leuchtend wie ein Feuer am Himmel stand, hörten wir die ersten Rufe vom Meere und blieben lauschend am Strande stehen.

Sehen konnten wir nichts, aber wir hörten, wie der Gesang auf dem Fjord zu den Uferlosen aufstieg, und lange bevor wir das Meerleuchten sahen, das wie Funken von den Rudern stob, waren wir mitten drin in der Stimmung, die uns wie ein linder Wind entgegenkam. Alte, lebensfrohe Frauen führten den

Chorgesang mit ihren dünnen Stimmen an, und dazwischen klangen, wie ein Gruß von Wind und Wetter und Sonne, einzelne tiefe Männerstimmen aus den begleitenden Kajaks.

In der Nähe des Strandes wurden sie durch einen Anruf zurückgehalten: Man meldete, dass ungewöhnlich tiefe Ebbe Landung fast unmöglich mache. Große Eisblöcke, die gestrandet waren, lagen wie eine Barrikade um den Wohnplatz. Man beriet sich, und bald darauf fand man eine zweckdienliche Klippe, wo der ganze Inhalt des Bootes entladen wurde.

Meist waren ältere Frauen und Männer gekommen. Die Jungen werden nicht mehr zu Gesang und Tanz erzogen. Das ist ein Opfer, das der Stamm der Mission gebracht hat, die diese alte Form für Lebensfreude mit dem Christentum unvereinbar hält.

Nun waren die Gäste da, und das große Haus war warm und beleuchtet, bereit, uns alle aufzunehmen.

Wir waren fast hundert Seelen, die im Wohnraum verstaut wurden. Die Frauen mussten sich entkleiden, um auf der Hauptpritsche Platz zu finden, während die Männer die Seitenpritschen längs der Wände füllten. Außerdem waren auf dem Fußboden Seehundsfelle ausgebreitet, wo man in Schichten übereinander lag. Das Haus, das mir ursprünglich durch seine Größe imponiert hatte, war ganz klein und in einen wimmelnden Ameisenhaufen verwandelt worden. Die Temperatur war nicht arktisch, von der Atmosphäre will ich schweigen.

Der Wirt, der das »Menschenkind« hieß, übrigens in der Taufe den Namen Christian erhalten hatte, sprach sein Bedauern darüber aus, dass sein Haus kleiner sei als seine Gastfreiheit. Er habe aber so viele geladen, weil er auf echt ostgrönländische Art die fremden Nordgrönländer feiern wolle. Damit meinte er mich und den Polareskimo Ajako, der mich auf meiner Expedition begleitete.

Das Menschenkind war als einer der stärksten Männer an der Ostküste bekannt; wenn er eine Bewegung machte, bebten die Muskeln seines nackten Oberkörpers. Er war auch ein angesehener Sänger. Er hoffe, sagte er, dass das Fest bis zum nächsten Tage dauern würde. Vor dem Gesang aber sollten wir essen.

Die Anrichtung des Festmahles war einfach, die Dimension aber großzügig, denn es bestand aus einem Fleischgericht von gut 300 Kilo.

Am Vormittage war bereits eine Vorratsgrube geöffnet worden; jetzt wurden einige junge Leute hinausgeschickt, kurz darauf wurde eine Fangleine durch den Hausgang geworfen, die Zunächststehenden zogen, und bald rollte ein riesiger Seehund (Klapmyds) herein, ungeteilt, mit Haut und Haar.

Allen Anwesenden lief das Wasser im Munde zusammen. Da waren Kinder, die schon den ganzen Tag darauf gewartet hatten und denen beim bloßen Anblick der Mund offen stand. Da waren Feinschmecker unter den Frauen, die kaum auf eine so üppige Mahlzeit gehofft hatten; sie sprangen auf die Erde mit ihren geschliffenen Krummessern und begannen das große Tier zu zerlegen.

Die Anrichtung war ebenso einfach wie die Zubereitung. Den Gästen wurde Speck und Fleisch hingereicht, bis nichts mehr da war, und was man nicht auf der Stelle oder im Laufe des Abends verzehrte, nahm man mit nach Hause. Man aß ohne Gier, in heiterer Stimmung, der Überfluß machte uns froh und verband uns in herzlicher Stimmung. Es war nicht zu leugnen, dass das Ganze sich wie ein Fressgelage formte, andererseits aber herrschte doch das Gefühl vor, dass dieses nur eine

Einleitung sei. Für die Kinder dieses barschen Landes liegt ein Behagen darin, dass alle materiellen Wünsche aufhören; danach war man bereit, das Konzert, das mindestens acht Stunden dauern sollte, aufzunehmen.

Jetzt trat der Wirt vor und stellte sich auf den Platz, der den Mitwirkenden des Abends vorbehalten war. Er hielt die Zaubertrommel in der Hand und sah sich gutgelaunt zwischen den Zuschauern um. Dann begann er langsam beim Trommelklang seinen Körper im Tanz zu winden, und indem er einen einleitenden Gesang ohne Worte anstimmte, dessen »Awaija-awaija« wie die Rufe eines Einsamen in der Einöde klangen, schloss sich sofort der brausende Chor der Zuhörer an.

Der Gesang der Ostgrönländer wurzelt wie der aller Naturvolker in der Religion. Geisterbeschwörer und Medizinmänner, die ihr Wissen in der Einsamkeit, fern von den Wohnstätten suchten, brachten den Gesang ihren Landsleuten, und darum war er einst heilig und ertönte nur bei den großen religiösen Beschwörungen des Übernatürlichen.

Später wurde es Sitte, dass man das Ungewöhnliche durch Töne ausdrückte, man sang von seinem Schmerz oder seiner Freude, um sie mit anderen zu teilen; die Zaubertrommel aber wurde ein Gefühlsvermittler, selbst für die, die nicht Geisterbeschwörer waren.

Und der Tanz kam hinzu, wie eine festliche Beigabe, die die Inspiration verstärkte; denn der Vorsänger tanzt eine Art Bauchtanz zum Takt der Trommel, während der Chor um ihn herum hockt oder auf der Erde liegt.

Die Mimik des Vorsängers während des magenverrenkenden Tanzes ist sehr wirkungsvoll, besonders komische Situationen werden durch Grimassen hervorgehoben, die mit Jubel begrüßt werden. Der Eskimo besitzt einen drastischen und derben Humor, der nicht nur nach Gelächter angelt, sondern auch wie Peitschenhiebe treffen kann.

– – –

Das erste Lied war zu Ende gesungen; es war nur eine kurze Melodie gewesen, die den Chor sammeln und den Ton anschlagen sollte. Kaum war dies geschehen, als ein anderer vortrat und die Trommel ergriff. Es war der alte Kilimê, einer der ältesten des Stammes, ein Mann aus jener Zeit, als noch alle Heiden waren. In seinem Kajak bedeutete er nichts mehr, er ernährte sich dadurch, dass er den Jungen Gerätschaften machte. Sein langes, graues Haar umflatterte seinen Kopf wild, wenn er tanzte. Er teilte uns mit, dass er uns ein Kampflied vorsingen wollte, wie man es in seiner Jugend sang, als alle Streitigkeiten noch durch Sängerduelle entschieden wurden.

Wenn zwei Männer sich entzweit hatten, meistens einer Frau wegen, oder wenn eine ungesühnte Blutschuld zwischen ihnen stand, konnte eine Affäre, bei der es um Leben und Tod ging, durch einen Sängerkampf entschieden werden. Zwei Feinde, die sich jahrelang aus dem Wege gegangen waren, die nie miteinander sprachen, und die, traditioneller Verpflichtungen zufolge, sich eine Harpune in den Leib rennen mussten, wenn sie sich auf dem Meere begegneten, versammelten Freunde und Bekannte als Zeugen und hielten so ihre Abrechnung.

Die Zuhörer kamen dann alle festlich gekleidet, in ganz neuen Anzügen, im Sommer in großen Flotten von Böten, mit vielen begleitenden Kajaks, im Winter in munteren Schlittenzügen. Die Herausforderung musste bei guter Zeit geschehen, damit der Gegner Gelegenheit hatte, seine Antwort, seine Verteidigung und seinen Gegenangriff vorzubereiten.

Der Kampf ging auf die Weise vor sich, dass die Feinde inmitten der Zuhörer voreinander Aufstellung nahmen, im Winter im Wohnhause, im Sommer in einem Tal. Der Herausforderer hatte das erste Wort, und es war seine Aufgabe, bei Trommelschlag ein Spottlied von dem Gegner zu singen. Wer seinem Gegner so zusetzte, dass er die Lacher auf seiner Seite hatte, wurde mit Beifallsgeschrei als Sieger erkoren.

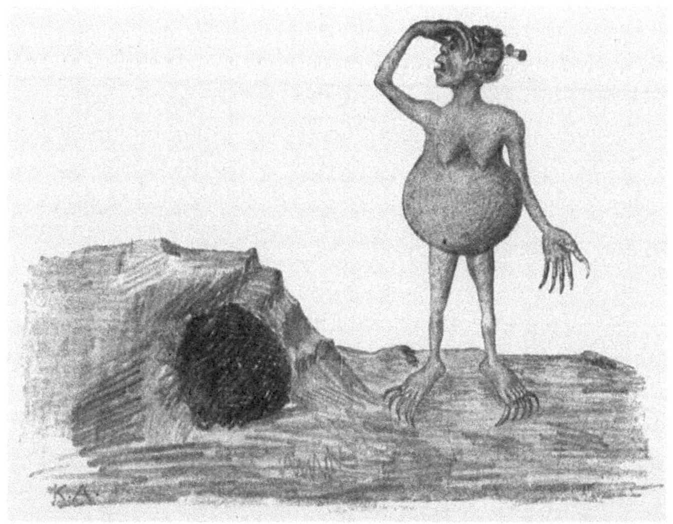

Tief drinnen im Lande, fern von der Küste, wo die Wohnplätze der Menschen liegen, leben die Riesenweiber, Kûpajit genannt. Sie haben an Händen und Füßen Eisenkrallen und können selbst in das härteste Gestein Löcher graben.

Die Worte aber waren nicht die einzige Waffe; denn während er sang, tanzte der Sänger um seinen Gegner herum und gab ihm mit kurzen Zwischenräumen solche Ohrfeigen, dass das Gesicht des Angegriffenen oft so anschwoll, dass seine Augen ganz verschwanden. Seine Vergeltung kam an einem anderen Abend; während der Feind sein Spottlied sang, musste er lächelnd dastehen und sowohl den Hohn wie die Schläge möglichst ungerührt entgegennehmen. Wenn später alles entschieden war, vergaß man alte Zwietracht, und ehemalige Feinde wurden häufig die besten Freunde, die sich gegenseitig beschenkten.

———

Der alte Kilimê schlug die Trommel mit der Kraft eines Jünglings und sang zuerst Marratses Herausforderung an Eqerqo, »den Kleinenfinger«, der Marratses geschiedene Frau geheiratet hatte; durch diese Ehe war Marratses alte Liebe und Eifersucht wieder wach geworden, und es hatte mit einem Sängerduell geendet.

Das Lied war sehr lang und dauerte mit Tanz und Mimik mindestens eine Stunde. Hier ist etwas daraus:

Worte will ich spalten,
kleine scharfe Worte,
wie Holzsplitter, die ich
mit meiner Axt zerhacke.
Ein Lied aus alten Zeiten,
ein Atemhauch der Ahnen,
meiner Frau ein Sehnsuchtslied,

ein Lied, das Vergessen bringt.
Ein frecher Schwätzer hat sie geraubt,
hat sie zu erniedrigen versucht,
ein Elender, der Menschenfleisch liebt,
ein Kannibale aus Hungerszeiten.

Darauf antwortete »der Kleinefinger«:

Frechheit, die in Erstaunen setzt!
Wut und Mut zum Lachen:
Ein Spottlied,
das die Schuld mir geben will!
Schreck willst du mir einjagen,
mir, der ich gleichmütig dem Tode trotze.
Hei – du besingst meine Frau,
die einst war die Deine;
damals warst du nicht so liebenswert.

Während allein sie war,
vergaßest du, durch Gesang sie zu preisen,
durch herausfordernden Kampfgesang.
Jetzt ist sie mein,
und nimmer sollen sie besuchen singende,
falsche Liebhaber,
Frauenverführer
im fremden Zelt.

– – –

Diese Sängerduelle sind jetzt von der Mission verboten und Kilimê musste sich darum damit begnügen, sie wie eine Demonstration vorzuführen. Er bildete sich ein, dass ein Gegner vor ihm stand, und der Alte umkreiste ihn, wie ein Vogel seine Beute, schlug unversehens auf ihn nieder, mit Zischlauten und Fauchen, stieß nach ihm mit seinem Kopf, schlug dazu die Trommel und tanzte und schrie die Worte heraus. Bei jedem Angriff brauste Beifall über ihn herab, und dem Chor verging fast der Atem vor Eifer.

Und unwillkürlich schweiften die Gedanken zu Kilimês Jugend, als die Sängerkämpfe nicht nur eine Unterhaltung, sondern eine juristische Handlung waren, wo es manche zerbrochene Gehirnschalen gab, die sogar dem Geübtesten nicht erspart blieben. Und die Übung selbst war keine Spielerei. Man rannte mit dem Kopf gegen einen Seehundsschädel, der an einem Pfosten in der Hütte festgebunden wurde. Manch liebes Mal aber ist ein zerschlagenes Nasenbein oder ein blaues Auge die Einleitung zu späterer Freundschaft geworden.

Nach Kilimê kamen zwei alte Frauen an die Reihe; für gewöhnlich führten sie ein recht bescheidenes Dasein auf der Seitenpritsche, heute Abend aber war aller Aufmerksamkeit auf sie gerichtet. Sie gruben in ihrer Erinnerung und sangen von ihrer Jugend. Jetzt waren sie allerdings steif von Gicht und in Lumpen gekleidet, wie sie denen zukommen, die verbraucht sind, einst aber hatten Männer ihretwegen Sängerkämpfe abgehalten und gewetteifert, ihnen Festkleider zu schenken. Und auch ihr eigenes Gemüt war voller Lebenshunger und Eifersucht gewesen. Jetzt waren ihnen nur noch die Erinnerungen und die Lumpen geblieben, noch aber besaßen sie Humor genug, um die übermütigen Grimassen des Liedes auszudrücken, und vermochten, ohne sich lächerlich zu machen, in Saiten zu greifen, die einen fernen Klang von Weisheit und Erlebnissen hatten.

– – –

Das Fest entwickelte sich zu einer ununterbrochenen Reihe barocker Bilder.

Ein Mann lag plötzlich der Länge nach auf der Erde, singend, nur den Kopf auf und nieder bewegend; er war mitten in einem Tierspiel und stellte einen Wal vor. Der Fußboden hatte sich zu fernen Horizonten erweitert, das Meer plätscherte gegen den Fuß der Pritsche.

Das Lied schilderte das Leben des Wals. Und das große Seetier richtete sich vor der gefüllten Wassertonne auf, sog so viel Wasser ein, wie es bei sich behalten konnte, und blies es über die zunächstsitzenden, nackten Frauen, die von Wasser troffen. Es war Anschauungsunterricht in Naturgeschichte bei Gesang und Trommelschlag, und Stürme von Gelächter und Geschrei begrüßten jedes Mal den Wal, wenn er sich aufrichtete, um Wasser auszublasen.

Dies Spiel wird ein Uâjêrut genannt, und damit waren alle Schleusen der Heiterkeit geöffnet.

In dieser Nacht waren alle ein einziges, zusammenklingendes Instrument. Man war zum Fest zusammengekommen, der Alltag war beiseitegeschoben, die Nacht sollte wie ein kostbares Erlebnis auf Händen getragen und der Sonne als Geschenk überreicht werden, wenn sie durch die blumenbereiften Fenster hereinbrach.

Das Sehnsuchtslied des alten Fängers

Es war einmal ein Großfänger, der in seiner Jugend Land bei Aputitêq, nördlich von Sermiligâq, gehabt hatte, wo die großen Narwalzüge spannende und reiche Jagden geben.

Als alter Mann kehrte der Großfänger zu dem Wohnplatz seiner Jugend zurück und sieht noch einmal die Wale im Meere spielen, sieht sie in großen, schnaufenden Zügen längs der Küste vorbeiziehen.

Der Alte starrt auf dieses gewaltige Schauspiel, das seine Leidenschaft war, als er noch auf dem Gipfel des Daseins stand, und indem er die Ohnmacht des Alters fühlt, schmerzt es ihn tief, dass ihm nichts wie der Tod geblieben ist. Er ergreift die Trommel und singt:

Ijaja-a – – ijaja, aje,
Ich will versuchen, meine Gedanken,
meine großen Gedanken
von mir zu schieben,
ijaja-a – – ijaja – aje.

Ich will versuchen, meinen Kummer,
meinen großen Kummer
hinunterzuschlucken,
ijaja-a – – ijaja – aje.

Möge mein Lied
davon mich befreien,
möge heilend mein Lied
durch meine Kehle atmen.
Möge mein kleines Lied

meinen großen Kummer
mir aus der Seele scheuchen,
ijaja-a – – ijaja – aje.

Aber nein, nein, nein,
unmöglich ist's,
den Schmerz aus meiner Kehle zu jagen,
unmöglich ist's,
die drängenden Tränen zu lösen,
ijaja-a – – ijaja – aje.

Müde sind meine Augen;
meine erloschenen Augen,
nie werden sie mehr dem Narwal folgen,
wenn er aus der Tiefe heraufschießt,
um die Welle des Meeres zu brechen,
nie werden meine Muskeln mehr erbeben,
wenn zur Harpune ich greife,
ijaja-a – – ijaja – aje.

Ach, wenn doch alle die Seelen
der Seetiere, die einst ich getötet,
mir ihre Hilfe schenkten,
meine schweren Gedanken zu bannen.
Wenn die Erinnerung früherer Jagden
von des Alters Schwäche
mich doch würde befreien!
Ijaja-a – – ijaja – aje.

Stimme, mein Geist, ein Lied
von meinen Fangtieren an,
von den Narwalen, die in Zügen
die Meeresfläche teilten
in schäumender Gischt vor meinem Wohnplatz
Aputitêq,
ijaja-a – – ijaja – aje.

Die Kehllieder vieler Narwale
durch das Schnaufen erklangen,
wenn wild es stürmte –
tiefe Töne und gellendes Flöten.
Andere ruhten schläfrig
auf dem Wasserspiegel.
Ich singe von den Erinnerungen
meiner Jugendzeit.
Und zugleich mit dem Atem des Lebens
bricht mir das Lied aus der Kehle.

Lied an das Meer

Den ganzen Winter liegt das Großeis vor den Küsten Ostgrönlands, unzugänglich für Schlittenreisende; wenn aber das Frühjahr kommt und das Eis sich zu lockern beginnt, kommt eine Zeit mit frohen Fangtagen für kühne Jäger.

Kein langweiliger Zeitverschwender
bin ich.
Kein schweigsamer Duckmäuser,
ava – ajaja, ajaja – aja.
Die Sermilik-Berge bestieg ich
und blickte über das Meer,
das große Meer,
ava – ajaja, ajaja – aja.
Längs der Küste das Packeis lag,
ein Eisberg wollte ins Meer hinaus segeln,
die Uigordlit-Felsen standen
wie Balken im Meer.
Ava – ajaja, ajaja – aja.
Mir schwindelte und
mein Atem ging schwer,
und mich dünkte, es würde
mein Leben nur allzu kurz sein,
ava – ajaja, ajaja – aja.

Lied an den Frühling

Der Winter ist lang und hart und der Fang so schlecht gewesen, dass die Leute des Wohnplatzes Not gelitten haben. Alle sind ermattet und kraftlos, und manche meinen, dass die Kräfte nicht mehr ausreichen werden, bis der Frühling kommt und Sonne und neue Zeiten bringt.

Ein Mann fährt in seinem Kajak längs der Küste, wo das erste offene Wasser sich zu bilden begonnen hat. Er kommt zu einem Felsen, den er besteigt, um zu sehen, ob er weiter draußen Waken entdecken kann, wo Seehunde sich aufhalten. Schwach und matt arbeitet er sich den Berg hinauf, bis er eine Schneewehe entdeckt, die sich durch die Sonnenwärme bereits vom Felsen löst.

Darüber wird er so froh, dass er folgendes Lied anstimmt:

Aja-ha, aja-ha.
Im Kajak fuhr ich,
um Land zu suchen,
aja-ha, aja-ha!
Zu einer Schneewehe ich kam,
die zu schmelzen begann.
Aja-hai-ja, aja-ha!
Da wusste ich, dass der Frühling nah
und dass der Winter vorbei!
Aja-hai-ja, aja-hai-ja!
Und ich fürchtete, meine Augen
könnten zu schwach wohl sein,
viel zu schwach,
um das Herrliche alles zu schauen.
Aja-hai-ja,
aja-hai-ja,
aja-ha!

Lied an einen Geizhals

Es ist Sitte, dass mehrere Familien in einem großen Winterhaus zusammen wohnen – fünfzig bis sechzig Personen –, das Haus ist aus Stein und Torf erbaut. Im Winter, wenn der Fang knapp ist, pflegt man alles Fleisch, das ins Haus kommt, gleichmäßig unter die Familien zu verteilen, ohne Rücksicht auf den Besitzer.

Einst hatte man entdeckt, dass ein Mann nachts aus seinen Fleischgruben Fleisch holte und sich satt aß, während die anderen schliefen. Wenn er gegessen hatte, wickelte er die Reste in ein Fell und versteckte sie unter der Pritsche.

Einer der Hausgenossen rächte sich an ihm, indem er folgendes Lied dichtete, das er eines Abends unter schadenfroher Heiterkeit der Bewohner vortrug.

Der Geizhals soll darüber so beschämt gewesen sein, dass er nie wieder eine heimliche Mahlzeit einnahm.

Ich setze Worte zusammen
zu einem Lied,
einem ganz kleinen Lied,
das eines Tages ins Haus ich brachte.
Unkenntlich und in ein Fell gewickelt
warf ich es unter die Pritsche.
Keiner sollte Anteil dran haben,
niemand es erleben.
Mein sollte es sein,
mein, mein, mein,
heimlich und ungeteilt.

Der Finnwal

Uâjêrutit ist ein Singspiel, das den Zweck hat, die Zuhörer zu belustigen und sie zum Lachen zu bringen. Das Spiel ist auf einer Nachahmung aufgebaut, man stellt sich, als ob man in irgendeinen anderen Menschen, einen Seehund oder Walfisch verwandelt worden ist; und das Dargestellte versucht man mit irgendetwas Selbstgesehenem in Einklang zu bringen.

Auf dem Gipfel des allerhöchsten Berges leben Mákákâjuits und beobachten die Menschen, um ihnen ihre Fangtiere auf dem Meere zu rauben. Wenn ein Seehund harpuniert ist, ziehen sie ihn auf den Meeresgrund herab und zerlegen ihn; darum entgeht den Menschen so viele Beute. Auf dem Bilde sieht man einen Haifisch, der auch seinen Anteil haben will.

Einige ahmen Kajakleute nach, deren Bewegungen besonders charakteristisch sind, indem sie sich stellen, als ob sie ihren Blasenpfeil werfen, und spielen, wie Kajakflotten es zu tun pflegen, wenn sie ein Boot begleiten. Diese Singspiele werden nach dem genannt, was sie gerade vorstellen. Es gehören Worte dazu, und diese Worte werden von dem Chorgesang der Zuhörer begleitet.

Hier das Lied von dem Finnwal:

Amaqâ-rrê-e.
Ich stelle mich, als sei ich ein Mensch,
ich stelle mich, als sei ich ein Mann,
und forme den Text meines Liedes
nach einer Beute,
die einst ich erlegte.
Amaqâ-rrê-e.
Den Wal,
den großen Finnwal,
amaqâ-rrê-e,
ahm' ich jetzt nach.
Ich bin der Wal,
der große Finnwal,
der das Wasser teilt,
um zu verschnaufen,
um Luft auszublasen.
Amaqâ-rrê-e!
Der große Finnwal,
den ich einst verwundet,
mit meiner Harpune traf.
Amaqâ-rrê-e!

Dieses Lied wird von Sänger und Chor gesungen, indem der Auftretende mit Kopf und Körper die Bewegungen des Wals nachahmt. Beständig singend, macht er Schwimmbewegungen zu einem Wasserbehälter hin und taucht seinen Kopf hinein, damit es aussieht, als ob er in die Tiefe taucht. Er füllt seinen Mund mit Wasser und kehrt mit gebeugtem Kopf und gekrümmtem Rücken zurück. In der einen Hand hält er die Trommel, in der anderen den Trommelschläger, und beide Arme sind nach hinten gestreckt, sodass die Trommel wie eine Finne auf seinem Rücken liegt. So bewegt er sich durch den Raum bis zur Pritsche, schießt plötzlich an die Oberfläche des Wassers – man stellt sich den Rand der Pritsche darunter vor –, reckt den Hals und hebt den Kopf, um nach Luft zu schnappen und bläst den ganzen Inhalt des Mundes über die nackten Menschen auf der Pritsche aus, die den Wasserstrahl mit Geschrei und Gelächter empfangen.

Und dann stimmt er sein Lied wieder an, das von dem Chor wiederholt wird:

Ich bin der Wal,
der große Finnwal,
der das Wasser teilt,
um Luft auszublasen.
Amaqâ-rrê-e!

Die Bettlerin

Durch den Hausgang kommt ein Mann, der als Riesenfrau verkleidet ist. Sie sieht zum Erschrecken aus, mit einer grotesken Gestalt, die eine Frau in weit fortgeschrittener Schwangerschaft vorstellt. Darum ist auch ihr Gesicht geschwärzt. In der Hand hält sie einen Sack und geht von Pritsche zu Pritsche, um sich von jedem einzelnen eine Gabe zu erbetteln. Sie klagt und jammert, macht ein klägliches, wehleidiges Gesicht und erzählt, dass ihr Kind im Amaut drauf und dran ist, Hungers zu sterben.

Wenn sie die Reihe rund ist, muss man sie fragen:

»Kannst du nicht singen? Kannst du nicht den Trommeltanz tanzen?«

Darauf antwortet sie: »Doch, ich kann singen und tanzen.«

Dann ergreift sie die Trommel, die im Hause bereit liegt, und beginnt sie eifrig und fanatisch zu schlagen, indem sie sich gleichzeitig den Rand der Trommel gegen den Bauch stößt. Dabei verzerrte sich ihr Gesicht zu Grimassen; ihre Nase ist durch einen Riemen bis fast an die Augen hinaufgezogen; im Munde hat sie ein Holzstück, das ihre Backen spreizt. Trotz dieses verzerrten Mundes muss sie singen, während der ganze Chor einfällt.

Sie tanzt durch den Raum, bleibt aber hin und wieder stehen, stößt sich selbst den Trommelschläger in den Leib, verdreht ihren Körper im Takt zum Chorgesang und ruft:

»Ihre Schuld da drinnen ist's, dass ich nicht singen kann!«

Dann tanzt sie weiter, bis sie wieder stehen bleibt, um auf das eingebildete Kind im Amaut mit dem Trommelschläger zu zeigen:

»Ihre Schuld dort oben ist's, dass ich nicht singen kann!«

Ihr Zorn über den missglückten Gesang wird immer heftiger. Vergeblich gibt sie sich Mühe, aber das Band unter ihren Nasenlöchern gibt ihrer Stimme einen näselnden Klang, und das Stück Holz im Munde hindert sie. Auf einmal verstummt sie unter furchtbaren Körperverrenkungen, während der Chor immer weiter singt. Da ist es, als ob die arme Bettlerin plötzlich vor Wut außer sich gerät, und um sich Luft zu verschaffen, ergreift sie einen Stock und stürzt sich auf den Chor, um ihn durchzuprügeln. Wilde Panik entsteht. Am härtesten und ganz unbarmherzig schlägt sie diejenigen, die vor ihr flüchten, ohne Rücksicht darauf, ob es Kinder oder Ältere sind, während diejenigen, die die Schläge ruhig entgegennehmen, besser davonkommen. Aber nur die wenigsten bewahren ihre Ruhe; unwillkürlich wird man von Furcht vor ihrem schrecklichen Aussehen und ihrer Wut ergriffen und das ganze Haus wird ein Chaos von Verwirrung. Der Chor ist längst verstummt, der Gesang von Geschrei abgelöst, und der größte Teil der Festgenossen stürmt zum Eingangsloch, wo man in einem Haufen übereinander kugelt und nicht hinauskommen kann. Man hört die klatschenden Schläge des Stockes auf den nackten Rücken. Die Kinder schreien und sind außer sich vor Angst, und nur wenige der Älteren versuchen, ihre Schmerzen und ihre Verwirrung fortzulachen; endlich gelangt man unter Balgerei durch den Hausgang und ins Freie, wo man sich splitternackt aufhält, bis die Riesenfrau den Stock wegwirft und unter die Pritsche kriecht, als Zeichen, dass das Spiel beendet ist.

Eskimoische Mythologie

Zum Verständnis religiöser grönländischer Vorstellungen

Lebensanschauung

»Ich weiß nichts; unablässig aber stellt das Leben mich Kräften gegenüber, die stärker sind als ich! Erfahrungen von Geschlechtern lehren uns, dass das Leben schwer ist, und dass stets das Unabwendbare unser Schicksal wird.

Darum glauben wir an das Böse.

Auf das Gute braucht man keine Rücksicht zu nehmen, das ist in sich selbst gut und bedarf keiner Anbetung.

Das Böse aber, das in der großen Dunkelheit auf uns lauert, bedroht uns durch Sturm und Unwetter, schleicht in feuchtem Nebel an uns heran und muss von unseren Wegen fern gehalten werden.

Menschen vermögen nur wenig, und wir wissen nicht einmal, ob das, was wir glauben, richtig ist. Nur eines wissen wir mit Bestimmtheit: Was geschehen soll, geschieht.«

Das ist die wörtliche Antwort eines alten Grönländers, als ich ihn über das Leben und seine Rätsel ausfragte; diese düstere und fatalistische Lebensanschauung steht in merkwürdigem Gegensatz zu dem täglichen Leben der Eskimos. Denn der erste unmittelbare Eindruck, den man von dem Leben in den Wohnplätzen bekommt, ist wie ein Idyll jener kindlichen Unschuld, die der Kulturmensch verloren hat. Die gute Laune des Eskimos, sein schallendes Lachen und seine ganze unbekümmerte Sorglosigkeit wirken so überwältigend auf uns, dass wir geneigt sind, ihm Mangel an Ernst vorzuwerfen.

Aber trotz dieses leichten Sinnes, der täglichen Freude und der munteren Kameradschaft, sind die Eskimos dennoch, wie alle Naturvölker, außerordentlich misstrauisch gegeneinander. Denn hinter dieser einnehmenden Freimütigkeit verbirgt sich ein Gefühl von Abhängigkeit, und zwar nicht allein den Naturmächten, sondern auch den Menschen gegenüber, mit denen sie zusammen leben, und von dieser Abhängigkeit werden ihre religiösen Vorstellungen in starkem Grade geprägt.

Die arktische Natur, die drückende Schwere der Finsternis, die Unheimlichkeit der Stürme und die Einsamkeit auf den unendlichen öden Strecken geben der eskimoischen Religion ihren Hintergrund – eine Religion, die nur kategorische und barsche Gebote und Verbote kennt und nichts von der Sanftheit und Milde weiß, die mit Anbetung verbunden ist.

Alle wilden Kräfte der Natur sprechen zum Menschen und machen ihn klein im Verhältnis zu der gewaltigen Sprache der Elemente, unsicher gegenüber der Mystik der Dunkelheit, und sie staunen über all das, was sie nicht verstehen.

Will man die religiösen Vorstellungen der Grönländer charakterisieren, muss man vor allem das schildern, was ihren Kampf gegen die unbekannten Mächte veranlasst hat.

Die Gebote und Verbote ihrer Religion sind so kompliziert, dass man anfangs meint, einem Wirrwarr gegenüberzustehen, der nur von kranken Gehirnen geboren ist; hat man die Dinge aber erst einmal durchschaut und den roten Faden gefunden, der alles durchzieht, so erstaunt man über die sinnreiche und systematische Weise, mit der versucht ist, die Rätsel und Gefahren des Lebens einer Erklärung nahezubringen. Man bewundert, dass ein Naturvolk, anscheinend so materiell veranlagt, solches Beschwörungssystem organisieren kann. Die erfinderische Art, mit der man den Unberechenbarkeiten des Lebens begegnet, und die Phantasie, mit der man die Mittel wählt, um die Gefahren zu überwinden, wirken tatsächlich überraschend.

Grundlegend für die Religion der Eskimos ist, dass diese sich ganz und gar auf die Unfehlbarkeit ihrer Vorfahren verlassen und ihren Glauben auf überlieferten Mythen und Sagen aufbauen, die man für wahr hält und die die ganze Natur mit mächtigen und grausamen Wesen bevölkern.

Hier stehen wir vor dem Zentralen in der eskimoischen Religion, die, wie bereits kurz erwähnt, darauf aufgebaut ist, dass man nur auf das Böse Rücksicht zu nehmen braucht. Menschen würden zu Grunde gehen, wenn die Vorfahren nicht Anweisung gegeben hätten, wie man bis zu einem gewissen Grade sich gegen Naturmächte wehren kann. Dies kann auf folgende Weise geschehen:

1. Agdlerneq, Buße, die man tun muss, wenn man unrein ist, z. B. wenn man einen Toten berührt hat.

2. Arnugssat, Amulette, die Unglück abwenden und Glück bringen können.

3. Serratit oder Zauberworte, die an Verstorbene gerichtet werden, die darauf helfend eingreifen.

Neben diesen drei Hauptmitteln soll der Vollständigkeit halber hier auch eine Art Opfer genannt werden, das bei allen Eskimostämmen dasselbe ist, wenn es im täglichen Leben auch keine große Rolle spielt. Das ist:

Mingulertineq oder tunigdlaineq, ein Opfer, das darin besteht, dass man Toten Fleisch ins Grab legt; es brauchen nur ganz kleine Stücke zu sein, weil die Toten die Gabe besitzen, sie zu vergrößern. Auf diese Weise kann man auch Bergen oder Steinen opfern, um gutes Reisewetter oder Jagdglück zu bekommen. Die Opfer für die Toten richten sich an die Seele oder an die Lebenskraft, die den Körper überlebt hat.

Riesen in blauen Anzügen.

Ein Tupilak in Kindergestalt, von einem Zauberkundigen geschaffen, schleicht sich an sein Opfer heran.

Doch allein würden die Menschen sich durch Buße, Zauberworte und Opfer nicht helfen können, sie brauchen einen Mittler zwischen sich und dem Übernatürlichen, und darum haben Einzelne besondere Fähigkeiten erhalten, wodurch sie sich unter Beobachtung gewisser Zeremonien zum Herrn über das Böse machen können.

Das sind die Geisterbeschwörer.

Nun sind es aber nicht nur die Geister der Natur, die die Menschen bedrohen, mehr noch ist es die Bosheit des Lebens, die die Menschen selbst ausüben. Am schlimmsten sind die Feinde, die aus Hass oder übler Nachrede geboren werden, Unverträglichkeit und Neid, besonders, wenn diese Feinde gleichzeitig das Übernatürliche in ihren Dienst nehmen. Darum werden entscheidende Momente in der Religion der Eskimos von den Menschen selbst bestimmt, wie ich in Folgendem nachweisen werde.

Auffassung von der Seele

Die eskimoische Auffassung von der Seele greift so tief in die Tätigkeit der Geisterbeschwörer ein, dass ich näher auf sie eingehen muss.

Die Ostgrönländer teilen, ebenso wie andere Eskimos, den Menschen in einen Namen, einen Körper und eine Seele.

Der Name ist die Namenseele eines Verstorbenen, die auf der Erde bleibt, wenn ein Mensch stirbt, und die in einem anderen Körper Wohnung nehmen muss. Dieser neue Körper erhält dann die Fähigkeiten, die dem früheren eigen waren. Darum ist die Wahl des Namen, den man einem Neugeborenen gibt, wichtig. Man überlässt sie meistens den Alten, die man für weise hält, oder den Geisterbeschwörern.

Der Name hat die Kraft und die Fähigkeit, sich zu erneuern, solange Menschen auf Erden leben.

Der Körper dagegen wird nur als ganz vorübergehender Aufenthalt der Namenseele und der eigentlichen Seele betrachtet. Ein Ostgrönländer hat mir dies auf folgende Weise erklärt:

»Ein Körper ist vergänglich und verwest wie alles andere Fleisch, darum kann die Seele nicht an ihn gebunden sein. Ein Mensch hat viele Seelen, die über seinem Körper verteilt sind; jedes Glied hat seine Seele, und jede Seele ist wie ein Mensch, ein winzig kleiner Mensch, nicht größer als ein Daumen. Diese Seelen vereinigen die Lebenskraft des ganzen Menschen, die aus dem Munde ausgestrahlt wird. Wenn ein Mensch stirbt, hört er darum auf zu atmen.

Wenn der eine Mensch dem anderen Böses zufügen will, versucht er, ihm eine seiner Seelen zu rauben; dann muss das Glied, das seiner Seele geraubt ist, erkranken. Es ist die wichtigste Aufgabe der Geisterbeschwörer, Menschen ihre geraubten Seelen zurückzugeben.

Die Seelen sind nicht alle gleich groß; es gibt drei große, eine in der Kehle und zwei im Darm. Diese Seelen haben ungefähr die Größe eines jungen Vogels. So haben unsere Vorfahren uns das Wesen der Seele erklärt. Wir Jetztlebenden wissen nichts mehr von diesen Dingen, die die Alten durchschauten.

Auch sagt man, dass Qardimaitut, die Toten, lange nach ihrem Tode zu ihrem Grabe und ihrem Körper zurückkehren können, um im Sommer, wenn die Erde warm ist, dort Wohnung zu nehmen. Davon aber weiß man nichts Genaues. Alles ist dunkel und rätselhaft, wie es in den Sagen erzählt wird.«

Im Anschluss hieran möchte ich zwei Übergangsformen für ein Leben nach dem Tode erwähnen, das oft in den Sagen genannt wird. Das eine ist Arnagtoq, das andere Angerdlartugssiaq.

Arnagtoq bedeutet: »der Wiederkehrende«, wie es in der Sage von Navagiaq erwähnt wird, dessen Seele in vielen Tieren wiedergeboren wurde, bis sie schließlich in einem Menschen endete.

Man stellt sich gewisse Zustände vor, wobei die Seele anstatt sich gleich in das Land der Toten zu begeben, erst längere Zeit auf der Erde zubringt, unter anderen Lebensformen als der Mensch.

Unter Angerdlartugssiaq dagegen versteht man einen Menschen, bei dessen Geburt Zauberformeln gesprochen worden sind, durch deren Kraft er instand gesetzt ist, mehrere Leben zu leben, indem die Seele, nachdem sie eine abenteuerliche Weltumseglung vorgenommen hat, zu ihrem Wohnplatz in menschlicher Gestalt zurückkehrt.

Dieser Zustand wird in den Sagen von Alorutaq und Tagta geschildert. Doch sind es nur Menschen, die auf dem Meere umkommen und deren Körper nicht begraben worden ist, die auf diese Weise wiedererstehen können.

Wenn ein Mensch stirbt, vereinigen sich alle kleinen Seelen zu einer Hauptseele. Sie allein macht die Reise zu den ewigen Jagdgefilden, wo sie sich von Neuem zu einem Körper materialisiert, von derselben Gestalt wie die ehemalige irdische Hülle. Dies geschieht, damit die Toten sich untereinander wiedererkennen können.

Die Überlebenden müssen durch Buße die Todesreise zu erleichtern versuchen; wird diese Buße nicht getan, dann kann die Seele heimatlos werden und tritt als ein Geist auf, der alle, die ihm auf seinem Wege begegnen, zu Tode erschreckt.

Die Menschen gebrauchen ein Jahr, um sich vom Tode in das neue Leben hineinzuarbeiten; denn man muss sich der Säfte entledigen, die der Erde angehörten. Darum dauert die Trauerzeit und die Buße der Überlebenden ein Jahr.

Es gibt verschiedene Arten, wie man den Körper von den irdischen Säften befreit.

Einige sagen, dass man sich ein ganzes Jahr lang von der einen Seite eines ausgebreiteten Felles bis zur anderen durcharbeiten muss. Wenn man dieses Übergangsdasein überwunden hat, dann ist der Mensch wie ein Geisterkörper. Seine Gestalt ist der eines richtigen Menschen gleich, berührt man ihn aber, so ist er ohne Materie.

Andere dagegen behaupten, dass die Übergangszeit auf einem mächtigen »Weltabhang« verbracht wird, einer Stelle im großen Raum, wo der Mensch verblutet, indem er beständig auf einem schrägen Abhang hinabgleitet; wenn ein Jahr vergangen ist, ist er zu einem luftigen Wesen geworden, ohne Fleisch und Knochen, im Übrigen aber von demselben Aussehen wie vor seinem Tode.

Die Ostgrönländer fürchten den Tod nicht; darum ziehen sie es bei einer langwierigen Krankheit oft vor, ihrem Leben selbst ein Ende zu machen. Ihre Angehörigen müssen sie dann in ein Leichenfell einnähen und von einer Klippe ins Meer stürzen, oder sie so auf den Strand legen, dass die Flut sie mit sich nimmt.

Menschen, die auf dem Meere umkommen, fahren in das »Land der Toten« unter das Meer hinab. Der Ostgrönländer liebt das Meer wie ein Wesen, das ihm die Nahrung und alle spannenden Erlebnisse schenkt; darum will er das Leben am liebsten in der Unterwelt fortsetzen, wo die Jagden, wie die

Geisterbeschwörer behaupten, viel günstiger sind als im Erdenleben.

Menschen, die auf Erden sterben und in einem Steingrab begraben werden, kommen in den Himmel. Dieser Aufenthalt ist aber nicht so begehrt, weil es dort keine Seehunde und andere Seetiere, und darum auch keinen Speck gibt. Außerdem soll das Trinkwasser dort nicht frisch sein, und man muss sich hauptsächlich an Beeren und Raben satt essen.

Man sorgt stets dafür, dass man die Verstorbenen dorthin begleitet, wo ihre Vorfahren sind. Doch gibt es ein Mittel, mit dessen Hilfe man an beide Orte kommen kann. Man legt die Leiche vor den Flutgürtel und lässt sie dort drei Tage und Nächte liegen, dann erst wird sie ins Meer geworfen. Dann kann der Tote sowohl in den Himmel wie unter das Meer kommen.

Wenn aber ein Mensch im Meere ertrinkt, kann er, selbst wenn seine Leiche an Land gebracht wird, nicht in den Himmel kommen.

Geisterbeschwörer

Geisterbeschwörer sind Priester und Deuter verborgener Dinge, Ärzte für Kranke und Trauernde, Mittler zwischen Menschen und Geistern in der Natur.

Durch eine heilige Kunst, die sie sich durch eine lange und schwierige Lehrzeit, die viele Jahre dauert, aneignen, werden ihre Augen für das geöffnet, das gewöhnliche Menschen nicht sehen können.

Sie werden von allen geachtet, von vielen gefürchtet, und sorgen dafür, das durch religiöse und diätetische Vorschriften die ererbten Sitten befolgt werden. Und alles gehorcht ihnen.

Im täglichen Leben teilen sie die Geschicke ihrer Mitmenschen, sind bald tüchtige, bald mittelmäßige Fänger, und sind wie alle anderen, den großen und kleinen Widrigkeiten des Lebens ausgesetzt. Niemals umgeben sie sich mit einem Kultus, bis ein Ereignis ihnen die Zaubertrommel in die Hand drückt und sie von der Erde in den Himmelsraum erhebt, wohin kein anderer ihnen zu folgen vermag. Dann besitzen sie die Macht, das Böse von dem Wege der Menschen fernzuhalten, und üben dadurch die höchste Form von Güte in den Augen ihrer Landsleute, oder sie werden zu Handlangern der Finsternis im Dienste einer schlechten Sache und tun dadurch ihren Mitmenschen Böses an.

Sie verwalten die Fangtiere, indem sie in Missfangzeiten zur Mutter des Meeres hinabfahren; sie unternehmen Luftreisen zum strafenden Mondmann oder erwirken Wetterveränderung bei Asiaq, der Beherrscherin des Wetters, und sie besuchen das »Land der Toten« im Himmel und unter dem Meere, um dort zu erfahren, was die Menschen nach dem Erdenleben erwartet.

Wenn an einem Wohnplatz etwas geschieht, das die Hilfe der Geister wünschenswert macht, ruft ein Geisterbeschwörer seine Hilfsgeister herbei. Vorher werden verschiedene Vorbereitungen getroffen. Zuerst wird ein Fell im Hause vor das kleine Eingangsloch gehängt, durch das man vom Hausgang ins Haus kommt, darauf werden die Fenster geblendet, und zuletzt wird ein Fell, das ebenso wie die anderen neu und ungebraucht sein muss, vor dem Eingangsloch auf die Erde gelegt. Dort nimmt der Geisterbeschwörer Platz, der bis auf einen schmalen Ledergürtel nackt ist. Wenn er sich niedergesetzt hat, werden ihm die Hände mit einem starken Fellriemen auf dem Rücken verschnürt, und der Kopf mit dem stark vorgestreckten Hals wird an die Beine gebunden, sodass er außer Stande ist, sich zu bewegen. Darauf wird die Zaubertrommel mit dem Trommelschläger neben ihn gelegt und die Lampen im Hause werden gelöscht.

Man glaubt, dass schon die Trommel in der Hand eines Geisterbeschwörers im Besitz mystischer Kräfte ist und dazu beiträgt, die Geister herbeizurufen. Darum kann sie bei einer Beschwörung lebendig werden und frei im Hause herumschweben, ohne von dem Geisterbeschwörer berührt zu werden. Wenn ein großer Geisterbeschwörer eine Séance abhält, kann die Trommel gleich nach dem Verlöschen der Lampen ertönen. Wenn man bedenkt, dass der Geisterbeschwörer gefesselt ist und immerhin einige Zeit gebraucht, um seine Fesseln zu lösen, nehmen sogar Zweifler dies als ein Zeichen, dass die Trommel Kräfte besitzt, die an der Arbeit sind, oder dass der Geist die Trommel bedient.

In dem Augenblick, wo es dunkel geworden ist, wird der Geisterbeschwörer von einer unerklärlichen Angst befallen; ja, einige von ihnen haben erzählt, dass sie in einen solchen Angstzustand versetzt wurden, dass sie zu sterben meinten. Gleichzeitig beginnt die Trommel zu tönen und schwebt über den Köpfen der Anwesenden; manchmal scheint der Laut von hoch oben unter dem Dachbalken, manchmal vom Fußboden zu kommen.

Bei einer Geisterbeschwörung ist das Haus immer überfüllt. Alle Zuhörer singen Geisterlieder, um die Geister herbeizurufen. Währenddessen stöhnt der Geisterbeschwörer, als ob er mit gewaltigen Kräften ringe, bis man schließlich die ersten Hilfsgeister lärmend durch den Hausgang kommen hört; und im selben Augenblick verstummt der Gesang der Zuhörer.

Es erscheinen meistens mehrere Hilfsgeister zugleich, man kann sie rufen und schreien hören, bald aus weiter Ferne, bald im Hause, wo sie sich wie gewaltige Körper tummeln, während andere lautlos durch den Raum zu schweben scheinen, sodass man nur einen Hauch von ihnen merkt; einige sprechen in hohem Diskant wie Frauen, andere mit tiefem Männerbass. Sowohl Geisterbeschwörer wie Geister drücken sich in einer besonderen Geistersprache aus, die nur Eingeweihte verstehen.

Jetzt gehört diese Art Geisterbeschwörung bei den Ostgrönländern einer entschwundenen Zeit an. Alle Versuche, mit der Natur und ihren Rätseln in Berührung zu bleiben, wurden mit der Einführung des Christentums verboten. Darum ist alles, was ich während meines Aufenthaltes bei den Ostgrönländern sammeln konnte, nur Tradition von Dingen, die einst waren. Nie wird die Zaubertrommel mehr den Takt zu den düsteren Liedern schlagen, die gemurmelt werden, wenn der bunte und gefürchtete Geisterzug sich nähert. Darum ist es von größter menschlicher und wissenschaftlicher Bedeutung, dass ein Mann wie Gustav Holm, der Verständnis für solche Studien hatte, den Stamm vor 35 Jahren besuchte, als er sich noch in völligem Naturzustande befand.

Wenn ein Geisterflug zu fernen Gegenden unter Begleitung der Hilfsgeister nötig ist, muss ein Hilfsgeist statt des Geisterbeschwörers zurückbleiben und darf das Haus nicht verlassen, bevor der Geisterflug beendet ist.

Bei einem solchen Geisterflug unternimmt der Geisterbeschwörer weite Reisen durch den Himmelsraum; viele meinen, dass seine Seele und sein Geist sich vom Körper loslösen, der dann zurückbleibt, während andere wiederum glauben, dass auch sein Körper diesen Flug mitmacht. Die Geisterflüge werden meistens in Krankheitsfällen und bei Seelenraub vorgenommen.

Es ist nicht leicht, das Verhältnis der Geisterbeschwörer zu ihren Mitmenschen und zur Wahrheit gerecht zu beurteilen; doch empfing ich den bestimmten Eindruck, dass die meisten Geisterbeschwörer für ehrenwerte Leute gehalten wurden, die selbst an ihre Beschwörungen glaubten und ihre Berufung stark empfanden.

Wenn sie auch weder in den Himmel noch unter das Meer gefahren sind, noch je alle die Hilfsgeister, die sie so lebendig schildern, gesehen haben, würde man doch eine große Ungerechtigkeit begehen, wollte man das Ganze als Betrügerei erklären.

Man muss vor allen Dingen den Zustand von Erregung und Ekstase in Betracht ziehen, die Furcht und das Entsetzen, das den Knaben ergreift, der als Geisterbeschwörerlehrling sich selbst überlassen ist, wenn er die Einsamkeit zwischen den Bergen aufsucht, um mit dem Übernatürlichen in Verbindung zu kommen. Dadurch entwickelt sich eine Anlage zu Halluzinationen, die er nicht als eine nervöse Krankheit erkennt, sondern für eine heilige Gabe ansieht. Wenn er sein Gemüt durch Hunger und Einsamkeit, durch Angst und Beben erhitzt hat, kommen die Erscheinungen zu ihm.

Wenn er später als Geisterbeschwörer die Geister anruft, suggeriert er nicht nur sich selbst, sondern auch seinen Zuhörern, dass eine Verbindung mit übernatürlichen Mächten besteht.

Viele, die die Geisterbeschwörer in ihrem Verhältnis zur Wahrheit geschildert haben, haben ihnen allzu leichtfertig den Namen von Taschenspielern und Komödianten gegeben; wenn auch manches, was bei den Geisterbeschwörungen vorgeht, durch Bauchredekunst und Taschenspielerei erklärt werden kann, muss man doch die Wirkung auf die Zuhörer in Verbindung mit der Mystik, welche die Handlung begleitet, beurteilen, und mit der Bedeutung, welche die Entscheidung einer wichtigen Sache auf leichtbewegliche und abergläubische Gemüter hat.

Was das Bauchreden anbetrifft, so hat der Geisterbeschwörer sicher selbst geglaubt, dass die Geister durch ihn sprachen, und hat er sich bewusst einzelner Kniffe bedient, so tat er es höchstwahrscheinlich nur, weil er sich dazu gezwungen sah, da er sich in seiner Kunst zu gering fühlte und nicht in dem Maße wie andere größere Geisterbeschwörer die Gunst der Geister besaß.

Diese Auffassung wird durch Berichte bestärkt, die ich durch alte Geisterbeschwörer erhielt, die mir ihre Lehrzeit und ihren Verkehr mit den Geistern zu schildern versuchten; sie glaubten selbst daran, und sogar Geisterbeschwörer, die getauft worden waren und denen ihre Priester und Lehrer erklärt hatten, dass ihre alten Kunststücke nur Lug und Trug wären, haben mir gegenüber behauptet, dass die übernatürliche Welt, in der sie früher lebten, nicht zu existieren aufgehört habe, dass nur sie durch ihren Übertritt zum Christentum auf die Verbindung mit ihr verzichtet hätten.

Die Buße unreiner Menschen

In dem primitiven Seelenleben der Naturmenschen spielen die Vorstellungen von Leben und Tod eine entscheidende Rolle. Betrachtet man aber die Verhältnisse genauer, so zeigt sich ein auffallender Unterschied zwischen der Lebensführung und der Lebensauffassung dieser Menschen. Sorglos und mutig spielen sie mit dem Leben in ihren gebrechlichen Kajaks und gehen dem Tode mit einer Furchtlosigkeit entgegen, die die Kulturmenschen nicht mehr kennen.

Sobald sie aber anfangen, über die Mystik des Todes nachzudenken, über den kurzen Schritt, der vom handgreiflichen Leben ins Unbekannte führt, legt der Ernst und die Unheimlichkeit des Todes einen Druck auf ihre Gemüter und schafft einen Gegensatz zwischen dem Leben selbst und den Lebensanschauungen. Darum verbindet der Eskimo den Eintritt ins Leben und das Aufhören desselben mit einer Unzahl wichtiger Regeln und Zeremonien, die genau innegehalten werden müssen, will man böse Einflüsse der Menschen wie der übernatürlichen Mächte fernhalten.

Ein Erqilik, Inlandsbewohner, halb Mensch, halb Hund, der einen Wohnplatz bezeichnet, der vernichtet werden soll.

Ein Tupilak, der einen Mann im Kajak zu Tode erschreckt.

Wenn ein Mensch geboren wird

Eine Geburt geht in dem großen Wohnhause vor sich, wo alle Hausbewohner, oft hundert an der Zahl, sich bis zu dem Augenblick aufhalten, wo die Leibesfrucht zum Vorschein kommt.

Wenn eine Frau die Geburtswehen kommen fühlt, werden mehrere ältere Weiber herbeigerufen, die ihr beistehen sollen; die eigentliche Geburtshelferin setzt sich hinter der Frau auf die Pritsche und drückt und reibt den Leib der Wöchnerin, um ihr die Geburt zu erleichtern.

Sowohl die Frau, die niederkommt, als auch die Frauen, die ihr helfen, dürfen nicht wie sonst das Haar in einem Knoten, sondern müssen es offen tragen.

Aller Hausrat, besonders Felle, neue wie alte, müssen hinausgeschafft werden, selbst bei schlechtem Wetter. Verläuft die Geburt normal und lebt das Kind, können alle Sachen wieder hereingebracht werden. Kommt das Kind dagegen tot zur Welt oder stirbt es unmittelbar nach der Geburt, so müssen sie drei Tage lang unzugedeckt bei Wind und Wetter draußen bleiben.

Die Hebamme versucht die Wöchnerin auf redegewandte und eindringliche Weise zu unterhalten, damit sie die Schmerzen vergisst. Wenn die Geburt sich ungewöhnlich lange hinzieht, muss die Hebamme die Leibesfrucht rufen, indem sie kurze Flötentöne in den Schoß der Frau hineinruft. Zieht sich die Geburt in die Länge, muss sie ein Kind herbeirufen, einen Knaben oder ein Mädchen, das leicht zur Welt gekommen ist. Sie nimmt dann ein Stückchen Sehne, streicht damit über den Leib der gebärenden Frau und gibt es dem Kinde, das damit aus dem Hause läuft und die Sehne auf die Mauer der Eingangstür legt. Nach der Sehne nimmt sie kleine Stücken Fleisch, danach wieder Speckstücke, die sie alle schnell über den Leib der Wöchnerin reibt und draußen vor dem Hause auf dieselbe Stelle legen lässt.

Während dieses Vorganges spricht die Hebamme die ganze Zeit hindurch Zauberformeln, die nur sie kennt, und mittlerweile sollen die Sehnen auf mystische, für Menschen unerklärliche Weise helfen, das Kind aus dem Mutterleibe zu ziehen, während die Fleisch- und Speckstücke es nur im Allgemeinen locken sollen. Dieses Mittel muss mit kurzen Pausen wiederholt werden; wenn eine Geburt sich lange hinzieht, sind bisweilen sämtliche Löcher und Vertiefungen in der Mauer mit Lockstücken gefüllt.

Helfen alle diese Verhaltungsmaßregeln nicht, so ruft die Hebamme den Mann der Frau herbei, der ununterbrochen zum Hause herein- und herauslaufen muss, um sein Kind zu veranlassen, hinterher zu laufen. Während der Vater aus- und einläuft, muss die Hebamme fortgesetzt dem Kinde flöten und gleichzeitig in den Schoß der Frau hineinrufen:

»Komm, eil' dich und folge deinem Vater. Lass deine Mutter nicht so lange leiden und das ganze Haus warten!«

Sobald der Kopf des Kindes sich zeigt, muss die Hebamme rufen:

»Es kommt, es kommt, es kommt!«

Und gleich müssen alle Hausbewohner aus dem Hause flüchten. Das geschieht oft unter solcher Panik, dass sie sich im Hausgang drängen und weder herein- noch herauskommen können.

Die Flucht muss für den Fall unternommen werden, dass das Kind totgeboren ist, weil die Hausbewohner sonst mit einem Toten unter einem Dach sein würden, und das muss auf alle Fälle von denen, die dem Toten nicht sehr nahe stehen, vermieden werden.

Geht die Geburt normal vor sich und lebt das Kind, dann kommen die Hausbewohner wieder herein; ist das Kind aber tot, muss die Leiche erst hinausgeschafft werden.

Drei Tage nach der Geburt des Kindes darf die Mutter nicht mit anderen aus einer Schüssel essen, sondern muss ihr eigenes Fleischgefäß haben. Auch darf sie nicht selbst aus dem Wasserbehälter schöpfen, sondern andere müssen es für sie tun und ihr das Gefäß an die Lippen halten.

Unmittelbar nach der Geburt bekommt das Kind einen Namen. Hat es eine Großmutter, so muss diese ihm den Namen geben, sonst ist es die Pflicht der Hebamme. Sie reinigt den Nagel ihres Goldfingers und gießt einige Tropfen Wasser unter den Nagel. Einen davon lässt sie auf den Mund des Neugeborenen fallen, fasst darauf den rechten Goldfinger des Kindes mit ihrer linken Hand und spricht den Namen.

Soll das Kind z. B. Kive heißen, erhält es den Namen auf folgende Weise:

»Qaut – Qaut – Qaut – Qaut!
Kivetaqaut.
Sie haben, sie haben, sie haben
einen Kive bekommen!«

Darauf werden Verstorbene, die dem Kinde am nächsten stehen, angerufen, ohne Unterschied zwischen Knaben- und Mädchennamen.

Eine schwangere Frau darf für das Kind, das sie zur Welt bringen soll, kein Zeug nähen, weil es tot zur Welt kommen kann, denn eine Frau muss vermeiden, Zeug für eine Leiche zu nähen; erst wenn die Geburt glücklich überstanden ist, näht man Seehundszeug für das Kind, das in der Zwischenzeit mit ganzen Fellen zugedeckt wird.

Ist das Kind ein Junge, so wird er gegen alle Gefahren des Lebens widerstandsfähig gemacht, indem Vater oder Großvater Zauberformeln über ihn sprechen.

Wenn Leute, die zauberkundig sind, ein Kind bekommen, auf das sie besonderen Wert legen, können sie dem Kinde ein »Ukutsuk«, eine abgeschnittene Seehundsnase, geben, die an der Spitze der Kapuze festgenäht wird; dadurch erhält der Knabe die Fähigkeit, Tupilaks oder Unglückstiere zu bekämpfen, muss dafür aber in seiner Jugend sehr enthaltsam sein und eine Diät befolgen, die beschwerlich ist.

Tauffest für einen Knaben

Der Knabe, der bei seiner Geburt mit einem Ukutsuk-Amulett versehen wird, muss auch durch ein Tauffest gefeiert werden, außerdem sind in seiner Jugend bei besonderen Gelegenheiten festliche Mahlzeiten zu geben.

Wenn die ersten Zeremonien, die mit seiner Taufe und dem Amulett verbunden waren, vorgenommen sind, bringt der Vater einen ganzen Seehund aus seinem nächsten Winterdepot; dieser Seehund wird von der Hebamme zerlegt und gilt als der erste Fang des Jungen. Er wird darum so zerlegt, wie der Junge später seinen ersten Fang zerlegen soll.

Der Speck des Bauches wird in schmale Streifen geschnitten, darauf die Streifen in Würfel geteilt und alle Bewohner des Hauses, Erwachsene und Kinder, bekommen ein Stück. Der Vater teilt diese Speckstücke aus, indem er zu jedem einzelnen sagt: »Dies ist der erste Fang meines Sohnes, dies ist wirklich der erste Fang meines Sohnes.«

Wenn jeder etwas bekommen hat, sagt der Vater:

»Esst den Seehund, esst ihn ganz auf, doch dürfen keine Knochen genagt oder zermalmt werden!«

Man muss sich hüten, etwas von dem Skelett dieses Seehundes zu beschädigen, denn denselben Seehund soll der Junge sein ganzes Leben hindurch fangen. Das ist so zu verstehen:

Man hält die Tiere ebenso wie die Menschen für unsterblich, und der Seehund, den ein Mann zum ersten Male erlegt, bleibt immer bei ihm und lässt sich jedes Mal, wenn er sterben soll, von demselben Fänger töten; wenn man aber rücksichtslos die Knochen eines Seehundes benagt, der von einem Neugeborenen gefangen ist, dann kann die Seele sich rächen, indem sie den Knaben von irgendeinem Ungeheuer auffressen lässt.

Diese Zeremonie wiederholt sich jedes Mal, wenn der Neugeborene neue Kleidung bekommt, bis er so groß ist, dass er zwischen den Fängern aufgenommen wird; auch später wird sie wiederholt, wenn der junge Fänger zum ersten Male eine Möwe, einen Eidervogel, einen Seehund, einen Narwal oder einen Bären erlegt hat.

Kinder, die weniger willkommen sind, erhalten nicht so viele Amulette und Beschützer in Gefahren und können ein viel freieres Leben führen. Wenn Eltern Kinder in frühem Alter verloren haben, versuchen sie häufig, die anderen gegen Krankheit und Tod zu schützen, indem sie sie zu Piarqusiat, das heißt, durch Kleidung lächerlich machen, aus dem Gedanken heraus, dass der Tod weniger Wert auf sie legt, wenn sie hässlich sind.

Ein Piarqusiat ist so gekleidet, dass die eine Seite nie wie die andere ist. Hat er zottige Kamiken an einem Bein, muss er Wasserkamiken ohne Behaarung an dem anderen tragen. Wenn die Haare an seinem einen Hosenbein gegen den Strich gehen, müssen sie am anderen mit dem Strich laufen. Sein Pelz muss dadurch komisch wirken, dass die Felle verschieden sind. Ganz gegen eskimoische Sitte schneidet man außerdem den Pelz vorn auf und versieht ihn mit einer großen Anzahl kleiner Knöpfe, sodass der Pelz zum Zuknöpfen ist. Einige befestigen auch einen Hundeschwanz hinten am Pelz, oder nähen Fetzen von Hundefell oder Bärenfell in den Pelz ein.

Wenn ein Mensch stirbt

Wenn ein Mensch im Sterben liegt, muss dafür gesorgt werden, dass sein Eigentum aus dem Hause geschafft wird, bevor er stirbt.

Wenn der Tod eingetreten ist, wird die Leiche in ein Fell genäht und auf das Fell gelegt, worauf der Kranke gestorben ist; darauf wird sie zu dem Abhang geschleift, von wo sie ins Meer gestürzt, oder zu dem Steinhaufen, worunter sie begraben werden soll.

Ist der Verstorbene ein Mann, wird er in seine Jägertracht gekleidet und der Pelz an Hals und Handgelenken gut festgeschnürt. Ist es eine Frau, wird ihr die Pelzkapuze mit einem Tau um den Hals gebunden, weil der Pelz oben am Hals wegen des Amauts sehr offen ist. Man bindet die Kleidungsstücke so fest zu, damit die Verstorbenen nicht frieren.

Dem toten Mann gibt man seinen Kajak und alle Fanggeräte mit ins Meer. Der Kajak aber wird zerschlagen, bevor man ihn den Wellen übergibt. Wird der Mann begraben, zerschlägt man den Kajak nicht, sondern schneidet die Felle herunter, legt sie über den Toten und darauf wieder Steine.

Ist der Verstorbene ein großer Fänger gewesen und hat man Felle genug, legt man andere Felle über den Leichnam, rollt die Kajakfelle zusammen und legt sie neben das Grab.

Die tote Frau bekommt all' ihre Nähgeräte, Fleischgefäße und Perlen mit, wenn sie großen Wert darauf gelegt hat. Ihre Lampe bekommt sie indessen nicht mit, weil Tran darauf ist, der sie auf ihrer Reise zum Lande der Toten beschweren würde.

Man muss sich hüten, die Toten zu berühren. Keiner außer den allernächsten darf beim Leichenbegängnis zugegen sein.

Unmittelbar nach dem Todesfall muss das Haus gereinigt werden, und alle Hausbewohner müssen sich am ganzen Körper waschen. Wer die Leiche berührt hat, muss alle seine Kleider fortwerfen und neue anziehen.

Amulette und Zauberei

Im Vorhergehenden ist bereits gesagt, dass die schlimmsten Gefahren, die den Menschen drohen, von den Menschen selbst ausgehen. Ein Mann oder eine Frau können durch Zauberworte oder durch böse Gedanken allein Schaden tun. Man hält Neid für eine sehr gefährliche Eigenschaft, da das Verlangen, andere, die glücklicher sind, zu vernichten, dem Menschen verborgene Kräfte verleiht. Auch ein hitziger Mensch wird als gefährlich betrachtet. Von einem erregten Gemüt bis zur Bosheit ist es nicht mehr weit; Drohungen können lebendig werden, Flüche in Erfüllung gehen, und das machen sich Geister und Hexen zunutze.

Zauberei wird im geheimen betrieben, das macht die Gefahr und die Unsicherheit noch größer. Darum müssen alle Menschen mit Arnuat oder Amuletten geschützt sein, die sie gleich bei der Geburt bekommen; jedes Amulett hat seine besondere Bedeutung. Menschen, die ihren Landsleuten durch Zauberei schaden oder sie töten, werden Ilisitsut genannt.

Sind die verschiedenen Arten der Zauberei phantastisch und bizarr, so sind die Mittel, sich dagegen zu schützen, nicht weniger erfinderisch. Es gibt eine Unzahl von Amuletten, die in ihrer Kraftausstrahlung alle gleich rätselhaft, vielleicht aber gerade deshalb so begehrenswert sind.

Die gebräuchlichsten Fangamulette werden »Reiniger der Wurfwaffen« genannt; sie sind sehr verschiedenartig und werden meistens in den Kajaks angebracht. Man verwendet dazu getrocknete Flossen von einem Seehund, Gefieder von einer Schnepfe oder das Fell eines Seehundskopfes.

Amulette muss man von Kind auf haben, und man betrachtet es als ein Glück, so viele wie möglich zu besitzen, damit keine Gefahr einem hinterrücks nahen kann.

Frauen haben nicht so viele Amulette, denn ihr Leben ist weniger kostbar und darum auch weniger von den Mächten der Dunkelheit bedroht.

Schutz gegen Mord und Blutrache

Der Anlass zu den meisten von Ostgrönländern begangenen Mordtaten ist der Aberglaube, dass man die Seehunde erbt, die der Getötete erlegt haben würde, und in alten Sagen wird oft von Helden berichtet, die Menschen ohne Hass erschlugen, nur weil sie sich deren Fangtiere sichern wollten.

Ein Fänger nimmt seine Zuflucht zu Mord, wenn er beständig Unglück beim Fang hat und nicht mehr imstande ist, seine Familie zu ernähren. Der ganze Beutevorrat, den das Schicksal ihm bestimmt hat, ist aufgebraucht, und er hat nur noch den Ausweg, sich durch Mannesmord Seehunde zu verschaffen.

Mord, an einem Menschen begangen, fordert indessen immer Vergeltung, Tod muss mit Tod bezahlt werden, und auf diese Weise entsteht die sogenannte Blutrache. Darum ist diese nicht nur ein Racheakt, sondern eine religiöse Pflicht. Nicht allein, dass die Hinterbliebenen dadurch die Ehre der Familie retten, die Vergeltung gibt dem Ermordeten auch Genugtuung, ehrt sein Andenken und verschafft seinem Namen den notwendigen Frieden.

Wird der Tod nicht von den nächsten Verwandten des Ermordeten gerächt, kann er selbst Rache nehmen, und dann meistens auf viel schlimmere Weise.

All die Regeln, die man einhalten, und all die Rücksichten, die man auf einen möglichen Geist nehmen muss, sind übrigens Beweis dafür, wie schwierig es ist, einen Mord zu begehen.

Wenn ein Mann einen Mord begehen will, nimmt er das Schienbein von dem Vorderbein eines Hundes, befestigt es an einem Riemen und nimmt es mit auf alle Kajakfahrten. Lange muss er den Menschen, den er töten will, beobachten, ohne dass dieser eine Ahnung davon hat. Begegnet er ihm dann eines Tages auf dem Meere unter Verhältnissen, die seinem Vorhaben günstig sind, so harpuniert er ihn; ist es auf dem Lande, so benutzt er einen Pfeil. Der Überfall muss plötzlich geschehen, sodass der Ueberfallene sich erst über sein Schicksal klar wird, wenn er sich nicht mehr wehren kann. Sobald das Opfer tot ist, schneidet der Mörder ein Loch über der Nasenwurzel zwischen den Augen und zieht den Riemen hindurch, der an das Schienbein des Hundes festgebunden ist. Mithilfe dieses Riemens wird die Leiche an Land geschleift. Sobald sie an Land gezogen ist, muss der Kopf vom Rumpfe, der zweite Finger von der Hand und der zweite Zeh von den Füßen getrennt werden. Der Rumpf kann entweder zerlegt und auf dem Lande in kleinen Stücken über weite Strecken verstreut oder mithilfe eines Steines ins Meer versenkt werden. Dieser Stein muss von einem Grabe genommen und mit Flechten bewachsen sein.

Darauf schneidet der Mörder die Augen aus dem Kopf, legt sie mit dem Kopf und den Goldfingern in die Fangblase des Ermordeten und trägt sie über Land in die Richtung des Inlandeises. Die Augen werden in einen Bergsee versenkt, der so tief sein muss, dass er im Sommer nie austrocknet, außerdem muss ein flacher Stein darüber gelegt werden, der die Augen verbirgt. Die Fangblase mit dem Kopf und den Fingern kann ebenfalls in einen Bergsee versenkt oder auf einem Berge an einem Stein aufgehängt werden.

Diese Vorsichtsmaßregeln werden getroffen, damit der Ermordete seinen Körper nicht sammeln und sich an dem Mörder rächen kann. Trotz aller Vorsichtsmaßregeln aber kann der Mörder nie sicher sein, dass der Tote sich nicht doch rächt, und muss sich darum noch mithilfe von Amuletten und Amulettriemen, den sogenannten Qigssutit, schützen.

Alle Ostgrönländer sind mit einem Amulett versehen, das aus einem Stück altem Speckschlamm aus einer Lampe besteht, das in einen Fellbeutel eingenäht und an Amulettriemen auf der Brust getragen wird. Dies ist ein allgemein gebräuchlicher Beschützer gegen Gefahren, indem dieser Schlamm, der sich bei einer Lampe absetzt, durch Feuer gestählt, besondere Kraft besitzt.

Ein Mensch aber, der einen Mord begangen hat, kann sich nicht mit einem gewöhnlichen Amulett begnügen, sondern muss die Kraft desselben noch erhöhen, indem er ein Stück Reisig aus dem Nest eines Raben, oder die Laus von einem Hai in den Schlamm legt; neben dem gewöhnlichen Beutel wird außerdem noch ein sehr kleiner Beutel getragen, in dem sich die Nägel vom Goldfinger des Getöteten befinden.

Raben sind kluge und geschickte Vögel, die das Reisig, woraus sie ihr Nest bauen, auf so geschickte Weise anbringen, dass es schwer zu finden ist. Sollte der Rächer indessen doch auf die rechte Spur kommen, wird er die Laus entdecken, die sich als ein schreckeinflößendes Ungeheuer zeigt und den Rächer abschreckt.

Überwindet er auch die Laus des Hais, setzt der Mörder seine letzte Hoffnung auf die Nägel des Ermordeten. Denn wenn die Seele sich dem Mörder nähert und bei ihm die Nägel seiner eigenen »Namen-Finger« entdeckt, wird sie glauben, dass es der Mensch ist, der nach ihr benannt wurde, und der ihr darum heilig ist. Dann vergisst die Seele alle Rachegedanken und nimmt in dem Körper des Mörders Wohnung.

Der beste Schutz gegen Vergeltung aber ist ein Sohn, der dem Mörder nach der Tat geboren wird. Dieser Sohn wird sein Igdlerssigssa genannt: sein Helfer gegen die Rächer. Er muss außer den gewohnten Amuletten stets ein Messer mit einem blanken Kupferblatt bei sich tragen. Dieses Blatt wird den Toten weit fortscheuchen. Außerdem muss er an dem linken Oberarm ein Armband tragen, das aus der Vorderflosse eines Seehundes gemacht ist; die Krallen der Vorderflosse werden den Rächer schrecken. Am rechten muss er ein Armband mit Perlen tragen, das bewirken soll, dass alle Krankheiten, die seinen rechten Arm, mit dem er die Harpune wirft, befallen, schnell durch die Löcher wieder abziehen. Der rechte Kamik, der im Gegensatz zum linken unbehaart sein muss, soll ihn schneller und behänder machen als seinen Vater.

Außerdem muss er das Haar auf der rechten Seite kurz geschnitten tragen, während es auf der linken lang ist. Dadurch wird er nicht allein die verfolgende Seele schrecken, sondern auch gegen Krankheiten, die diese ihr anhexen will, immun gemacht.

Unglückbringende Zaubertiere,

die von Menschen geschaffen werden.

Ein Tupilak oder Unglückstier kann von Männern oder Frauen geschaffen werden, die zauberkundig sind, und mithilfe des Wesens, das sie geschaffen haben, können sie Krankheit und Tod über denjenigen bringen, der ihren Hass erweckt hat.

Einen Tupilak kann man auf verschiedene Weise schaffen. Entweder aus einer Kinderleiche, in die man Leben zaubert und mit verschiedenen gefährlichen Eigenschaften ausrüstet, oder indem man auf folgende Weise ein ganz neues Wesen schafft:

Man sammelt die Knochen verschiedener Tiere und legt sie unter Moos, neben einen Elv. Die Knochen müssen von verschiedenen Tieren stammen, damit der Tupilak phantastisch und schreckeinflößend wird.

Wenn man die Knochen zu einem Skelett zusammenbindet, darf man sie nur mit dem Daumen und dem kleinen Finger berühren, sonst verliert der Tupilak seine Kraft. Als Fleisch und Muskeln verwendet man Torf und bekleidet schließlich das Tier mit einer alten abgenutzten Pritschenunterlage. Wenn das ganze Tier beisammen ist, spricht man Zauberworte, um es lebendig zu machen. Kaum hat es Leben bekommen, ruft es seinen Schöpfer, indem es kläglich Vater und Mutter sagt, je nachdem ob es von einem Mann oder einer Frau geschaffen wurde. Dann muss der Tupilak täglich, lange Zeit hindurch, an dem Geschlechtsteil seines Erzeugers saugen, damit er wächst und groß wird. Wenn er die Größe erreicht hat, die man ihm zu geben wünscht, setzt man ihn in einem Elv aus und mit diesem fließt er ins Meer. Dort taucht er unter und bleibt eine Zeitlang fort; wenn er den Kopf wieder aus dem Wasser steckt, ruft er seinem Erzeuger zu: »Was soll ich tun?« Dann muss der Betreffende den Namen seines Feindes nennen, und der Tupilak schwimmt darauf zu ihm hin. Oft wird das Opfer allein durch den schrecklichen Anblick des Tupilaks getötet.

Ein Tupilak hat immer ein Gesicht wie ein Mensch, kann aber die Gestalt eines Seehundes, eines Bären, eines Hundes oder einer Frau haben. Soll ein Mann getötet werden, tritt der Tupilak meistens als Seehund auf und lässt sich harpunieren. Wenn er die Harpune im Leibe hat, zieht er den Mann mithilfe der Harpunenleine unter Wasser, sodass er ertrinkt.

Ein Tupilak kann ebenso gut durch Erde und Klippen wie durch Wasser schwimmen.

Ein Zauberkundiger, der Leben in einen Tupilak zaubert, der aus den Knochen aller möglichen Tiere gefertigt ist. Zeichnung von Gêrteraq von Qerrovtusoq.

Er bekommt dasselbe zu essen, wie der Mensch, den er umbringen soll. Geschieht es, dass der Mann, den er umbringen soll, an Zauberkunst größer ist als sein Urheber, dann ist er machtlos, kann keinen Schaden anrichten, kehrt zu seinem Schöpfer zurück und frisst ihn auf. Darum ist es stets mit Gefahr verbunden, einen Tupilak zu machen. Sobald er seine Aufgabe erfüllt hat, hört er auf zu existieren.

Tupilak und Angiaq treten oft in Sagen auf, aber auch im täglichen Leben gibt man ihnen Schuld an den meisten Unglücksfällen.

Serratit oder Zauberworte

»Serratit« heißt Worte von Alten oder Worte, die von Vorfahren vererbt sind; sie dürfen nur selten und in äußerster Not angewandt werden.

Zauberworte werden von alten Männern und Frauen verschenkt oder verkauft und sollen, wenn man sie richtig verwendet, alle Schwierigkeiten überwinden und das Unmögliche möglich machen.

Eine »Serratgabe« kann nur zeitig am Morgen, vor Sonnenaufgang vergeben werden, und wird Artarsserpa genannt.

Ein junger Mann, der einem alten Fänger beim Herbeischaffen von gefrorenem Fleisch behilflich zu sein pflegte, erzählte mir einst, dass der Alte ihm aus Dank eine Serratgabe geschenkt habe. Eines Tages hatte er zu ihm gesagt:

»Morgen vor Sonnenaufgang sollst du mich auf den Gipfel eines hohen Berges begleiten; dort will ich dir etwas sagen.«

Am nächsten Morgen bei Tagesgrauen folgte der junge Mann ihm auf einen hohen Berg, und erst als sie das Meer nicht mehr sehen konnten, lehrte der Alte ihm eine Zauberformel, die ihm später oft das Leben gerettet hatte.

Ein Serrat wird gesprochen, indem man seinen Finger tief in den Hals steckt, bis man aufstößt. Dadurch bekommt man die Gewissheit, dass die Worte aus der Tiefe dringen. Die Kapuze muss man beim Hersagen über den Kopf ziehen, auch wenn man im Hause ist.

Wenn man jemand einen Serrat gelehrt hat, besitzt man ihn nicht mehr, er kann dann nur von dem benutzt werden, der ihn geschenkt bekommen hat.

Derartige Zauberworte werden benutzt:

Als Schutz gegen Gefahren und Widrigkeiten. Gegen Zauberei, Schreckgespenster, Spuk. Um Fänger zu retten, die auf dem Meere in Gefahr sind. Um Kranke zu heilen und die Wogen des Meeres und Stürme zu besänftigen. Um Tupilaks zu vertreiben und unschädlich zu machen, und in vielen anderen Fällen, wo Menschen Gefahren machtlos gegenüberstehen.

Zauberworte werden in der Regel sehr deutlich hergesagt und jedes Wort zweimal wiederholt. Zu einigen gehört auch eine Melodie; die Melodien werden ungefähr wie gewöhnliche Trommellieder gesungen. Die Zauberworte sind sehr schwer zu übersetzen, indem sie keinen eigentlichen Sinn enthalten. Ihre Wirkung und Kraft liegen in einer bestimmten Reihenfolge der Worte und Sätze, und auch darin, dass mehrere der Worte von Vorfahren stammen und in täglicher Rede nicht mehr gebraucht werden.

Hier ein Zauberlied, mit dem man Tupilaks verjagt:

Ia – ia,
er verfolgt mich, er verfolgt mich,
ein großer schwarzer Hund verfolgt mich.
Kriech in den Zügel meiner Hunde und geh
deines Wegs,
kriech in den Zügel meiner Hunde und
geh deines Wegs!

Ia – ia,
du sollst zu einem Fänger gehen,
ia – ia.
Was habe ich zwischen den Beinen?
Was habe ich zwischen den Beinen?
ia – ia.

Du gehst doch sonst deines Wegs,
du gehst doch sonst deines Wegs,
So geh deines Wegs!
Ia – ia!

Ein Serrat wie dieser ist sehr umständlich. Erst muss man ihn auf dem Dache des Hauses hersagen, dann beim Hauseingang vor dem Hause und schließlich beim Eingangsloch im Hausgang. Auf dem Dache des Hauses muss man beim Hersagen in der Richtung der Sonnenbahn gehen; wenn man fertig ist, muss man mit einem Messer durch die Luft schlagen. Das wird an allen Orten wiederholt, erst dann ist das Haus von bösen Geistern gereinigt.

Für alle schwierigen und drohenden Lebenslagen gibt es Serratit. Besonders die Geisterbeschwörer sind auf ihren Reisen geschützt, wenn sie Serratit in ihren Dienst nehmen, ja sogar ihre Hilfsgeister haben besondere Zauberworte, die sie zugunsten ihrer Herren benutzen.

Woher diese Formeln ursprünglich stammen, weiß man nicht genau; einige glauben, dass die Vorfahren sie von den Tieren gelernt haben, als diese noch sprechen konnten.

Das einzige, das man mit Bestimmtheit weiß, ist, dass ein Mensch Ruhe und Frieden findet, wenn die Zauberworte gesprochen sind, und darum bezweifelt man nicht, dass sie der Menschen beste Beschützer sind.

Nachwort

Mit vorliegendem Bande beginnt die Veröffentlichung grönländischer Sagen und Mythen, die ich auf meinen Reisen in Grönland gesammelt und nach der mündlichen Wiedergabe alter Sagenerzähler niedergeschrieben habe.

Seit ich im Jahre 1902 meine Arbeit an der Westküste von Grönland begann, ist es mir gelungen, reichhaltiges Material aus dem Kap York-Distrikt, wo ich mich die längste Zeit aufgehalten habe, und auch aus allen anderen Distrikten von Upernivik bis Julianehaab zu sammeln.

Nachdem ich auf einer Reise nach Angmagssalik, die unter dem Namen IV. Thule-Expedition 1919 von der Kap York-Station Thule ausgerüstet wurde, dieses Material durch ostgrönländische Sagen noch vervollständigt hatte, konnte ich meine Sammlungen in Grönland vorläufig als abgeschlossen betrachten. Dem Unterrichtsministerium, das durch finanziellen Beitrag sein Interesse bewiesen hat, und dem Verlage, bei dem ich Entgegenkommen und Verständnis für den ethnografischen Wert dieses speziellen Stoffes gefunden habe, danke ich es, dass ich mit der Veröffentlichung dieser Sammlungen in Grönlands Jubiläumsjahr beginnen kann.

Ich beabsichtige, diesem Bande ostgrönländischer Sagen in dem folgenden Jahre einen oder zwei Bände mit Sagen aus Westgrönland und aus dem Kap York-Distrikt folgen zu lassen.

Im Übrigen enthält dieser Band nur einen Teil des von mir in Ostgrönland gesammelten Materials. Den Stoff zu beschneiden und zu grenzen war eine schwierige und auch wenig befriedigende Arbeit, weil ich der Ansicht bin, dass das Material gerade durch seine Vollständigkeit Bedeutung hat. Hierin hat der Inspektor von Nordgrönland, Harald Lindow, mir verständnisvoll beigestanden.

Außer dem Ostgrönländer Kârale, der die Illustrationen gezeichnet hat und dessen Hilfe beim Niederschreiben der Sagen ich an anderer Stelle erwähne, schulde ich dem Missionar der Ostgrönländer, Pastor Chr. Rosing, besonderen Dank für die Hilfe, die er mir bei Angmagssalik stets bereitwillig zuteilwerden ließ.

Für alle diese Hilfe meinen aufrichtigsten Dank!

Hundested, April 1921.

Knud Rasmussen.

Inhaltsverzeichnis

Bilderverzeichnis

39°
38°
66°
30°
SERMILIK
Pikiutdleq
Angitit
Igdlutalik
Sivinganârssuk
ANGMAGSSALIK 4
Sømandsfjeldet
Tasiussaq
Anordlijuitsoq
Orsuluviaq
Amitsuarssuk
Pûl
1 Simiutaq
2 Siorartôq
3 Kigdluisâjuit
4 Uverssat
5 Nunakitsormiut
6 Sivtungassormiut
7 Pusisarqaq
8 Utorqarmiut
39°
38°

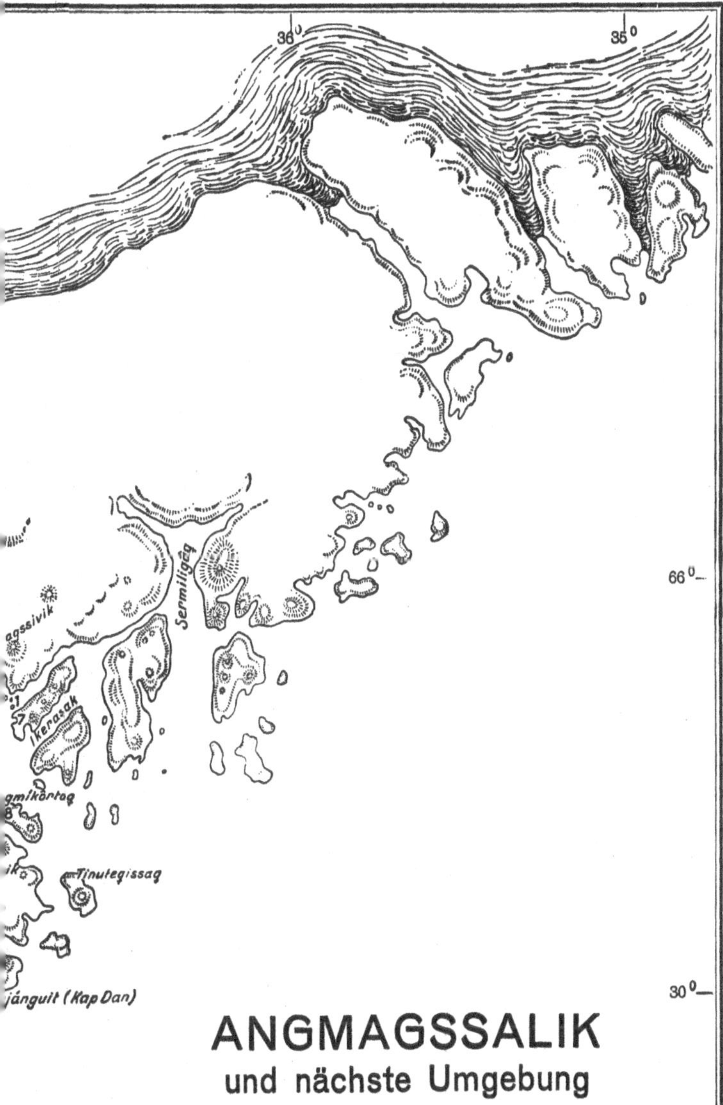

36°
35°
66°
30°
Sermiligâq
agssivik
Ikerasak
gmikôrtoq
Tinutegissaq
jánguit (Kap Dan)
ANGMAGSSALIK
und nächste Umgebung
nach Holms und Amdrups Messungen
36° westl. v. Grw.
35°